小津の汽車が走る時

続・精読　小津安二郎

中澤千磨夫

言視舎

まえがき、あるいはサイロがラップに変わっても

武田泰淳は、「サイロのほとりにて」（一九四八年）という小品において、北海道が抱える課題の本質を鋭く剔抉《てっけつ》してみせた。北大に赴任した語り手（「私」＝杉）は、札幌郊外にある「純日本式の庭」（ここでの引用は『武田泰淳全集　第二巻』一九七八・二増補版、筑摩書房）の隅に「趣味の良い石灯籠」を発見し、「無遠慮に押しよせてくる自然」の中に「そぐわない、みじめ」さ、「あわれ」な「愚かし」さを感じてしまう。

図式化してしまえば、北海道（札幌）＝田舎・自然、東京＝都会・文化という対比で捉えようとしていることになる。当時の札幌の人口は二十五万ほど。とはいえ、必ずしも都市の規模によって文化の差が決定してしまうわけでもない。札幌にも都会人が居ることに触れているからだ。北海道大学法文学部助教授の泰淳その人を想起させる語り手「私」は、道内を巡り自然の「複雑」さを実感するし、「時代に逆行した」「石灯籠」への「空しい愛情」に「都の文化を知らぬ」「西国の成上がり者、薩長土肥」への「怒りと軽蔑」を読んでもいる。つまり、「サイロ」と「石灯籠」を単純に比較して、どちらに付くかというようなものではないのだ。武田泰淳自身は、結局「石灯籠」に帰っていったのだが、この作品に示されているのは、二つの間で揺れる魂なのである。そもそも、自然は文化を包摂するし、文化もまた自然を包摂するといえるのだ。

私がいう北海道の課題とは、当時から八倍ほどの規模の大都会に膨張成りあがった札幌の意識も、泰淳の時代と本質的に変化していないのではないかということなのだ。東京一極集中が収まりそうもないこの国において、武田泰淳が描いた都鄙の対比は、こと北海道に限らぬ問題であり続けている。「石灯籠」が朽ちていく宿命をも負った文化の一面を表すとすれば、それは明らかであろう。私が住む小樽は、かつて北のウォール街と称されたこともある。毎日上り下りしている船見坂にも、しばらく前まで朽ちた石灯籠が取り残されていた。栄えたところほど哀しい。東京ですらも例外ではないのだ。つい先日、釧路へ出張した。田中眞澄が育った町だ。十数年ぶりだろうか。釧路駅から幣舞橋に至るメインストリートに、文字通り崩壊し始めている廃墟ビル。それも、あちらこちらに。いかにも考え抜かれ使い勝手が良さそうな釧路市中央図書館七階の窓から町並みを見下ろし、職員の熱心な説明を聞いた。根室の漁師が釧路末広までタクシーを飛ばして飲みにきたなんて話は幻だろうか。こんな光景がやがて日本中に溢れるだろう。いや、もう溢れている。かといって、必ずしも文化は朽ちないのである。「石灯籠」文化へのコンプレックスを抱え、「サイロ」の機能も身に着けるしたたかさを養うしかない。

ところで、泰淳が見た塔型サイロはもうほとんど廃墟となり、いまや白いポリエチレンにくるまれたラップサイロが主流となった。私が再三強調してきたように、この三十年で映画は書物となった。サイロがラップになったように、映画という文化が手軽に読めるようになり、読者もその便利を無意識に享受している。であるがゆえに、一回的な箱（映画館）の中の快楽の意味はかつてよりも大きくなっているかもしれない。難しい。残念だけど、箱の愉楽への接近は大黒座（浦河）やシアター・キノ（札幌）が大きな努力を傾けても大都会の規模には追い付かない。でもね、そんなことを嘆かなくても、シネコンというシステムは箱の悦楽を根源的に奪い去ってしまったという事実もある。むろんシネコンにも箱の喜びがあること百も承知。でもというか、だから、ここは強がろう。読者は映画をかつてよりずっと簡単に入手出来るし、足りないところは想像力で補える。

ビデオ（LD、DVD、ブルーレイ）は、私の部屋を暗箱に変えてくれる。かつては、小津のVHSを十四インチテレビデオ（テレビにビデオ再生装置が組み込まれたもの）で食い入るように止めとめしていたのだった。大きなスクリーンがある勤務先の教室を自由に使えるのには感謝している。掃除をしてくれる方々が遠慮して入って来られないこともしばしばなのだ。サイロの形態はずいぶんと変わったが、私の「石灯籠」への意識は深化しているか。「サイロ」のほとりに立つ覚悟は出来ているか。

さて、第1章。タイトル論文「小津の汽車が走る時」は「痙攣するデジャ・ヴュ」の最初期、二〇〇〇年に発表されたものであり、書かれたのはさらにその三年前なのだ。もうかび臭いかしら。哀しいことに、私たちは時代の制約からはみ出ること叶わない。確かに札幌では「電車」は実態としても言葉としても定着した。二十二年前の「勤務先の女子大生」に「汽車」はまだしっかり生きていた。だが今はもう「死語」化が進み、「電車」に取って変わられつつある。でもね、札幌圏以外からやって来た学生が、少なからぬ頻度で今でも「汽車」と平気でいう。そんな時、彼女も卒業するまでには「汽車」を葬るのだろうなと、内心意地悪く思いながらも、私は素直にほくそ笑んでしまう。一方、高齢の方々において「汽車」はまだ健在だ。でも、それもいつまでのことやら。自己弁護に聞こえるかもしれないが、ここには「汽車」という語を通しての不変と変化が刻まれているだろう。

小見出しは、今回編集部に付してもらったがその他は原文通り。他の章も明らかな間違いを訂正したほかは、初出のままである。私は小津映画を文学テキストとして読んでみただけで、解釈はともかく事実はフィルムに刻まれている。だから、初出に拘ってプライオリティーなんてあまりいいたくもないが、谷沢永一や平岡敏夫といった大先輩が血相変えているのを見ているからな。文学研究の尾骶骨かな。でも、この三十年で映画は確実に文学テキストになったのだ。私の仕事がその一助となっているなら、これに勝る喜びはない。

第5章『お早よう』論も古い。かなり饒舌かなと思うが、次々の脱線も楽しんでいただきたい。第3章は、私の小津論の出発点である『淑女と髯』論の補遺。周防正行（第7章）や島津保次郎、山田洋次（第8章）についての論考も収めた。いずれも小津論に回収されるものではあるが、当然ながら基本的方法は変わらない。第9章には、これまでに目に付きにくいところに書いた沢山のコラムの一部を収めた。『キネマむさし』はゼミの卒業論文集。毎号小さなコラムを寄せた。『NEWS LETTER』は全国小津安二郎ネットワークの会報。やや、尖ったものいいもあるが、テキストを読むというスタンスから出たものである。第2章で取り上げた小津本には注目されにくいものもあるだろうか。第4章『早春』論と第6章『青春放課後』論は新しいもの。どちらも小津映画の肝、つまり戦争の傷に繋がる。後者は監督作品ではないが、やはり小津安二郎だなという味わい。ソフト化されて読解の対象になればいいのだが、難しいかな。でも、脚本だけでも評価されていい。

本書が私にとって三冊目の小津本となった。各章は独立しているので、どこからお読みいただいても構わない。また、旧著にも興味を持ってくだされば嬉しい。映画本の中では、特に近年小津本洪水の観もあろう。だが、小津安二郎テキストは、まだまだ汲み尽くせぬ泉なのである。読者がそれぞれの方法でアプローチすれば、世界は広がる。本書がその踏み石になればと願ってやまない。

小津の汽車が走る時　続・精読　小津安二郎　目次

まえがき、あるいはサイロがラップに変わっても……3

I　痙攣するデジャ・ヴュ……13

第1章　小津の汽車が走る時……14
汽車と電車／小津作品のなかの汽車／汽車は何ものかを越えてゆく記号／夜汽車の特異性／交通網の拡大と「東京」／越境の徴として／映画という異空間／「箱庭療法」／寺山修司のスクリーン／観客／死の予兆／死に対する視線／『東京暮色』の汽笛／汽車が走る時、死者たちも甦る

第2章　大場健治と末延芳晴の小津本から……47
オズボーンの方へ、ゆるゆると／田中眞澄／大場健治『銀幕の恋　田中絹代と小津安二郎』／『大学は出たけれど』の出会い／『落第はしたけれど』の頃／父寅之助の死の後に／その夜の北鎌倉／大場健治の小津ごっこ／末延芳晴『原節子、号泣す』／小津読みの小津知らず／原節子の幅──『上海陸戦隊』、『颱風圏の女』そして『白痴』／小津と黒澤の原節子／重政隆文の『原節子、号泣す』批判／オヅ本の多様性を求めて

第3章　『淑女と髯』再読……70
マルクスの〈御真影〉／検閲官の怠慢に感謝／佐々木亜希子に教えられる／広子の指輪／「寝首

をかかれないように」

第4章 『早春』――長屋のインテリ・生きる哀しみ、あるいは死んだ兵士が出来なかったこと…79

二年三カ月のブランク／「インテリの長屋物」／蓼科高原／小津日記の艶／小津の豆腐屋、小絲源太郎の豆腐職人／パンとお茶漬け、おまけに麻雀／サラリーマンの憂鬱・楽しみ、はたまたパチンコ・味の素／王冠抜きの儀式《マナー》／江の島ハイク／瓢箪柄／「杉とくせえ」キンギョに罰／キンギョの誘惑／「あんなもの浮いてる」／汚い下駄ふたたび／広まる噂／おカカと豆腐／『暁の脱走』の「ツーレロ節」／原作は田村泰次郎「春婦伝」／替え歌「ツーレロ節」／なかにし礼の毒／軍歌が春歌に変わる時／生かされた兵士たち／池部良という兵士《インテリ》／サラリーマンの悲哀／「あんなのが兵隊だから日本敗けたのよ」／転勤命令、あるいは薔薇との別れ／「倫理的に清潔」／小津の手から水が漏れる／キンギョ来訪／サラリーマン三浦の死／平手打ち四発／「日本一のサラリーマン」池田 成彬《せいひん(しげあき)》／キンギョも歌う「蛍の光」／『暗夜行路』モチーフの繰り返し／昭和天皇家族写真／小津の汽車が走る時

第5章 『お早よう』――放屁とテレビ…120

桂木洋子／鉄塔の富士山／テレビで相撲／取り組みはいつ／飯田蝶子がプレゼント／軽石で屁／ちゃぶ台におひつ／「お早よう」という挨拶／キノエネ醤油／自信なき父／「お早よう」の意義／テレビという怪物／平一郎とみどり、節子／無駄の用／世の中の潤滑油／風の中のパンツ／おならあれこれ／おならの映画／長新太の素晴らしきナンセンス／屁を集める／坂口安吾「お奈良さま」／おならの効用

第6章　『青春放課後』――岡惚れ女と下駄ばき男、あるいは「日本語の妙味」……158
小津最後の脚本／脱稿まで／里見弴の関与／不在の父・夫・兄弟、あるいは隠された死者／千鶴の父は誰か／「ヨド」・高台寺からの連想／アメリカと「技術提携」／宇治川の先陣・条約破り／「大日本の歌」／吉田松陰の「預言」／失われた「緑島山」／翡翠の珠簪／「ペンディング」を「ペンディックス」／「日本語の妙味」／ふたりの京都／岡惚れの行方／下駄をはく緒方省三／日本語の行方、あるいは「敗者」の想像力／やっぱりやっぱり小津安二郎、あるいは絶望と希望の行方

II　小津安二郎の方へ……187

第7章　越えていく者たち――周防正行『シコふんじゃった。』から……188
ふたつのテキスト／ジャン・コクトーの大相撲／小説的な、あまりに小説的な／「カラリと晴れ」ときどき小津安二郎／正子の思いと夏子の土俵入り

第8章　岡田嘉子のことを考えるために『隣りの八重ちゃん』、『男はつらいよ　寅次郎夕焼け小焼け』あたりから再読してみよう……203
大女優並みの扱い／寅次郎の夢／寅はなぜ人生の最後に神戸に降り立ったか／「人生に後悔は付き物」／岡田嘉子はベティ・ブープ／京子の経済力／江戸川取水塔の逢瀬／「恵ちゃん、あたしを愛してくれない」／雲の予兆、不気味な雷鳴

第9章　コラム

小津安二郎に学ぶもてなしの心――柳瀬才治という生き方　215
南京・小津・ザ・ピーナッツ　217
〈世界映画遺産〉茅ケ崎館　221
葦の髄から『東京物語』――「汚い下駄」考　222
藤田明の仕事　224
「山」か「水」か、一字の違いが気にかかる。――小津安二郎の戦跡一斑　226
佐藤忠勇と井阪栄一――小津映画の三重一斑　230
小津安二郎、愛読と研究の間　234
小津安二郎の陰膳、あるいはYou Tubeで卒論を書いてしまう　236
ウサギと毒ガス――小津安二郎の大久野島　240
マージャン賭博と広子の指輪　244
小津安二郎の「ペンディング」　246
小津安二郎の北海道　251
小津安二郎のキッズムービー、あるいは『突貫小僧』という始まり　254
宗教学者・島田裕巳の小津安二郎　256
樹木希林の小津安二郎　259

あとがき、そして記憶という汽車に乗る死者たち……262
人名索引……277
初出・原題一覧……278

I

痙攣するデジャ・ヴュ

第1章
小津の汽車が走る時

汽車と電車

汽車。このゆかしい言葉も、どうやらもう死語らしい。「らしい」というのは、私の住む北海道では、汽車はどうやらまだ生きており、汽車賃、汽車通（汽車通学）も普通だ。電車といえば通常、札幌や函館の路面電車のことだ。まあ、一方で汽車という語を使用しない年少者が増えてきているのも事実ではある。それでも、勤務先の女子大生に聞いてみると、圧倒的多数が札幌駅発着の列車（近郊は電化されている）を汽車と呼んでいて、電車はごく少数。さらにどちらでもないという学生がおり、JRと呼んでいるという。

いつのころからだろう。東京へ出た時など、私が意識的に汽車を電車と言い換えていたのは。久世光彦『ニホンゴキトク』（一九九六・五、講談社）は、はしだのりひことクライマックスの「花嫁」（北山修作詞／坂庭省悟・端田宣彦作曲、一九七一年）、堺正章の「さらば恋人」（北山修作詞／筒美京平作曲、一九七一年）イルカの「なごり雪」（伊勢正三作詞作曲、一九七五年）など一九七〇年代のヒット曲を挙げて、「この時代の歌は汽車だらけ」だと指摘している。確かにそうだな。だとすれば、汽車の衰退はそれほど古いことではない。「花嫁は夜汽車にのって／とついでゆくの」、「汽車を待つ君の横で僕は／時計を気にしてる」といったフレーズは、今カラオケで歌えばアナクロではあろうが、当時はごく自然に口ずさまれていたのだ。

ところで、久世は汽車と電車の違いについて次のようにいっていた。「遠いところへいくときは、《汽車》だった。動力エネルギーの違いではなく、《汽車》と《電車》は、距離の違いだったのである」と。原田勝正『汽車から電車へ――社会史的観察――』（一九九五・四、日本経済評論社）も、同様の見解を述べるが、原田の子ども時代のエピソードが面白い。夏休みの計画を話しあっていると、E君が、諏訪湖のほとりの岡谷まで汽車で行くという。新宿から甲府までは電気機関車が引っ張るんだと得意げだ。すかさずA子ちゃんが、電気機関車が引っぱっても汽車なのかという疑問を呈す。鉄道好きで鳴らす原田少年も、これには参った。汽車は、石炭を焚き、お湯を沸かした蒸気を利用して走るというところまでは説明できても、この疑問には答えられない。東京近辺には電気機関車が引っぱるのが沢山あると考えていると、「A子ちゃんが、「ねえねえ、遠くへ行くのが汽車で、近くへ行くのが電車ってことなのかしらねえ」と、決定的と言うべき発言をする」。

汽車と電車を分かつポイントは何か。一番簡明なのは動力の差であろう。これは紛れもない。だが、ガソリン機関車やディーゼル電気機関車が牽引する場合はどう呼ぶのか。動力の差では、汽車という言葉の持つ感覚をすくい取ることはできない。電車はもともと、都市ないし都市・近郊間のコミューター用として発達してきた。だから、都市間長距離の汽車が電化されても、汽車は長距離、電車は短距離というのが、私たちの生活感覚に合っているものと思われる。とはいえ、一九七四年に国鉄から蒸気機関車が消え、それに符節を合わせるように汽車という語自体も消えつつある。だが、かつての汽車は、新幹線や特急といい換えられたのであって、必ずしも電車と言い換えられたのではなかった。

小津作品のなかの汽車

さて、小津安二郎（一九〇三～一九六三年）は汽車を意識的に登場させた作家だった。まず、小津のトーキー第一作『一人息子』（一九三六年）と戦中最後の作品『父ありき』（一九四二年）を見てみよう。よく知られていることだが、日本最初の本格的トーキーは五所平之助監督『マダムと女房』（一九三一年）である。同じ松竹に居ながら、トーキー化が五年も遅れたのは、会社が採用した土橋《つちはし》式に対し、小津の撮影を担当していた茂原英雄（飯田蝶子の夫）が茂原式を開発していたためだといわれる。もっとも、戦後のカラー化に際しても、小津の『彼岸花』（一九五八年）は、日本最初のオールカラー映画・木下恵介監督『カルメン故郷に帰る』（一九五一年）に七年も遅れた。新たな技術を導入するのにかなり慎重だったということだろう。ちなみに、『カルメン故郷に帰る』は、万一を慮って、モノクロ版も同時に制作されていた。小津は戦争中、シンガポールでビクター・フレミング監督『風と共に去りぬ』（一九三九年）もウォルト・ディズニーの『ファンタジア』（一九四〇年）も観ており、カラーの驚異はいち早く十分に感じていたはずだ。ちなみに、井上和男監督『生きてはみたけれど　小津安二郎伝』（一九八三年）の中で『フクちゃん』の横山隆一は、「チャップリンみたいなことはよせと。ね、頑張らないでね、是非カラーやりなさいよ」と勧めたといっている。

『一人息子』も『父ありき』も、母恋、父恋のパタンで、前者は『東京物語』（一九五三年）の先駆形である。

この両作品において汽車は都鄙をつなぐ装置として登場する。『一人息子』は、芥川龍之介『侏儒の言葉』（一九二七年）の中の「人生の悲劇の第一幕は親子となったことにはじまっている」というエピグラムを題辞に持つ。野々宮つね（飯田蝶子）は信州の製糸工場女工として、女手一つで一人息子・良助（日守新一、少年時代は葉山正雄）を育て、学校を卒業させる。東京で仕事を見つけた良助を訪ねるべく、つねは夜行のC51で上京する。息子は結婚して子までなしていた。それだけでも驚きなのに、息子は母の期待を裏切って、夜学の教師をしており、生活は不如意であった。

息子の晴れ姿を見たい。そんな期待に胸ふくらませたつねを東京に運んだ汽車は、失意の母を再び田舎へと連れ戻す。汽車が走る中央本線は、かつて「日本のシルクロード」と呼ばれた道の上に敷設されたものである。同僚の女工（高松栄子）に「せがれさんは」と聞かれたつねは、「あの子もうんと偉くなってなあ。（略）おかげさんで、とってもええ嫁がめっかってなあ。おらももう、こんで安心だし。もういつだって安心して目がつぶれるだ」と応える。しかし、その表情には寂しさが隠せない。

この映画のラスト・シーンは、工場の庭に疲れて座り込みうなだれるつねに続けて、有名な三ショットの門。まず全体。入口のアップ。そして、かんぬきが強調されるあおり。つねの出口なしの失意がいやが上にも伝わってくる。息子の良助が再出発を決意していたのと対照的だ。息子や娘にないがしろにされながらも、老夫婦がある種の自足感に到達している『東京物語』との距離は、かなり遠いようにも見える。さて、この母子が再び交錯することはあるのだろうか。

『父ありき』は、笠智衆の小津作品初主演作としても知られる。金沢の中学（旧制）で教師をしていた堀川周平（笠智衆）は、修学旅行のボート事故で生徒が死んだことに責任を感じ辞職する。父の手ひとつで育ててきた一人息子・良平（少年時代は津田晴彦、長じて佐野周二、佐野はもちろん関口宏の父）は、中学で寄宿舎に入り父と別居することになる。仙台の帝国大学を出た良平は、秋田の工業学校に奉職した。一方、父は東京で働いている。息子は常々、父を思い出し懐かしんでいる。それぞれ東京と秋田から出かけ、待ち合わせて栃木県の塩原温泉に清遊したりもする。

故郷の信州上田で徴兵検査を受けた後、良平は上京。その間に、父は心臓の発作で倒れ、息子に看取られ絶命する。周平が胸を押さえて苦しむ様子は、かなり大袈裟のようにも見えるが、この辺り小津の父・寅之助が狭心症で急死した時（一九三四年四月二日）の模様が写されているようだ。自分の演出を越えることを極端に嫌った小津のことであるから、笠智衆の演技は指導の通りだったのであろう。同日の小津日記にはこうある。「十時二十分　急に父苦しむ　かくて／午後十一時十五分　父死す行年六十九／心臓狭心症なる由／臨終まことに苦悶の色あり　涙新たなるものあり」（田中眞澄編纂『全日記　小津安二郎』一九九三・一二、フィルムアート社）。

さて、汽車。工業学校の生徒たちが、汽車を見て郷愁にひたるシーンもあるが、この作品の汽車といえば、やはりなんといってもラスト・シーン。死の直前の父の勧めを受けて、息子は周平の金沢時代の同僚・平田（坂本武）の娘・ふみ（水戸光子）と結婚した。まるで遺言を履行したようであった。二人は夜行に乗り秋田へ向かう。夫は新婦に、「明日からお父さんも、何かと御不自由だろう。ねえ、よかったらお父さんたちにも秋田の方へ来ていただこうじゃないか。みんなと一緒の方が、にぎやかでいいからな。ぼくは子どもの時から、いつも親父と一緒に暮らすのを楽しみにしてたんだ。それがとうとう一緒になれず、親父に死なれてしまって。でも良かったよ。たった一週間でも一緒に暮らせて。その一週間が今までで一番楽しい時だったよ。いい親父だったよ」という。泣き崩れるふみ。夫も窓外を見つめ涙をこらえる。ラスト・ショットは、網棚に乗せられた白い風呂敷包み。煙突から白煙を吐いて走り去る汽車。風呂敷は父の骨箱だ。ここにも小津が、父・寅之助を高野山に納骨するため特急燕に乗った時の体験が、そのまま生かされている。ちなみにこの頃（一九三四年十二月一日ダイヤ改正）、燕は東京・大阪を八時間で結んでいた。

汽車は何ものかを越えてゆく記号

『一人息子』にしろ『父ありき』にしろ、都（東京）と鄙（信州・秋田）を結ぶ汽車は、失意や欠落（死）をはらんで往還する。図式化して、異空間との往来といってしまえば、汽車の使われ方としては単純なものだ。もっとも、つねが夢を失い、良平夫婦が父を失って、それぞれ新たな出発をいやが上にも模索しなければならない時、汽車が、何ものかを越えてゆくという記号だとしたならば、それは物語を収束させる仕掛けとして機能していると積極的に読んでもいいかもしれない。

さらに急いで付け加えれば、『父ありき』の場合、ラストの良平の憂い顔は、ある不安な予兆を秘めているだろう。良平は甲種合格だったのだ。アメリカとの戦争も既に始まっている。遠からず、良平は戦場に送られるかもしれない。今新たに家族が作られようとしているまさにその時、私たち読者

（私はここで、映画の観客も読者と呼ぶ。ビデオ装置の普及で、映画も本と同様再読が容易なメディアとなったからである）は、良平の行く末に思いを致さないであろうか。何もそれは、私たちが日本の敗戦を知っている特権的な読者だからというだけではない。情報局国民映画参加作品として発表されたこの作品をリアル・タイムで観た読者もまた、おそらく同様の想像力を働かせたことであろう。特権的読者といえば、戦後の小津映画の戦争へのこだわりを知ってしまっている私たちは、『父ありき』の良平が、『麦秋』（一九五一年）の省二（戦後六年経過しても戦地から帰らず）や、『東京物語』の昌二（戦後八年経過しても戦地から帰らず）にどうしても重なって見えてしまい、暗澹たる思いに囚われるのである。

『麦秋』の父・周吉（菅井一郎）は、まだ諦めきれない母・志げ（東山千栄子）が「根気よく毎日ラジオの『尋ね人』の時間なんか聞いてますよ」という。ＮＨＫラジオの『尋ね人』は一九四六年から一九六二年まで放送された。行方不明人探索は、高度経済成長で終わりを告げたのだ。ちなみにグアム島で元陸軍上等兵・横井庄一（戦死公報が出て軍曹となっていた）が発見されたのは、その十年後、一九七二年のことだった。

あるいは、生きて帰ってきた『風の中の牝鶏』（一九四八年）の雨宮修一（佐野周二）を思い出してもよい。『父ありき』と同じく佐野周二だ。妻・時子（田中絹代）は夫が帰還する前、一人息子・浩（中川秀人）の病気治療代を捻出するため、たった一夜の過ちを犯していたのだ。それを知り苦悩する修一。修一が時子を階段から突き落としてしまうシーンは、とてつもない迫力だ。あるいはまた、戦後第一作『長屋紳士録』（一九四七年）にあふれる戦災孤児たちを想起してもよい。もちろんこの議論は結果論であるのだが、戦争の深い爪痕は、戦前戦後の作品を通して鋭く刻まれているのだ。『父ありき』だけではない。『戸田家の兄妹』（一九四一年）のブルジョアたちにも、それはいやおうなく降りかかるであろう。なにしろ、昌二郎（佐分利信）、節子（高峰三枝子）、それに母（葛城文子）は天津へ行くのだから。

　伊藤俊治「夜汽車のメタモルフォーゼ――一九三〇年代の小津安二郎」（『ユリイカ』一九八一・六）は、『大人の見る絵本　生れてはみたけれど』、『浮草物語』（一九三四年）、『一人息子』、『父ありき』を取りあげ、「小津の〝夜汽車〟はそれ自体が「日本近代」の圧縮した空間であり、〝日本人〟個人の存在が、近代という空間の中でどのような影響を受けていったかを示すひとつのシンボルであった」（傍点原文）という。また、「「少年」のイノセンスを固く閉じこめて走る容器だった」とか「三〇年代の小津の〝止められた風景〟は、いわば夜汽車と少年を剝製、標本にするためのホルマリンの役目を果たしていた」とも。

『大人の見る絵本　生れてはみたけれど』は、小津のサイレント時代の代表作であるとともに、キッズ・ムービーの名品である。一番偉いと思っていた父親（斎藤達雄）が、重役にぺこぺこする実態を見せつけられた息子たち（菅原秀雄・突貫小僧）。確かに、ここには、やがて失われてしまうかもしれないナイーブな少年の感受性が描かれている。郊外に引っ越した一家の庭の向こうを、引っ切りなしに通過する電車。そして、車両基地。それらは、電車が郊外にスプロールすることで新興住宅地が形成されていった大正から昭和へかけての様子を良く写している。空き地に建築中の家も生々しい。さらに、踏切で佇む父と二人の息子は、自分たちが越えてきたもの、越えていかねばならぬものを、意識的・無意識的に見すえているだろう。その意味で、『大人の見る絵本　生れてはみたけれど』の汽車は、根源的な意味を提示していたといっていい。

夜汽車の特異性

伊藤の分析に説得力を与えているのは、一九三〇年年代の子どもたちが置かれていた特異な位置だ。伊藤は大正から昭和初期を「日本における少年文化のルネッサンス」と捉える。その輝きはやがて来るファシズムの波に凌辱され、失われてしまった「一瞬の至福空間」であるがゆえに、ますますまばゆい。『一人息子』に描かれた養蚕業の行方は、確かにあまりにも劇的な日本近代の縮図である。

伊藤は、列車が出てくる同時代の他の日本映画と比較して、小津の夜汽車の特異性をいっている。ここでは、すれ違いドラマの元祖・野村浩将監督『愛染かつら』（一九三八年）を例に取ってみよう。（ただし、私が観たのは『続・愛染かつら』〔一九三九年〕と併せて編集された「新篇総輯篇」である）。家出し京都へ向かう津村浩三（上原謙）を追って、高石かつ枝（田中絹代）はタクシーで新橋駅へ向かうものの、結局間に合わない。駅の時計のクロース・アップや「ゴーストップにさえひっかからなきゃ間に合いますよ」という運転手の言葉。動き出した汽車を追って、「浩三様、浩三様」とホームを走るかつ枝。「優しかの君　ただ独り／発たせまつりし　旅の空」と流れる『旅の夜風』（霧島昇・ミス・コロムビア、西條八十作詞／万城目正作曲、一九三八年）。これらは結局は、すれ違いを効果的に演出する装置以上のものではない。かつ枝が子持ちであることを浩三が知る熱海駅ホームのシーンにしてもしかり。この映画の汽車に意味付けしようとするのは、そもそも無理だろう。

それでも、色々な意味で『愛染かつら』は面白い。例えば、浩三との結婚で自分は身を引くが、津村病院の危機を救うよう父親に頼む仲田未知子（桑野通子）だ。未知子が登場するのは『続・愛染かつら』。清水宏監督『彼と彼女と少年達』（一九三五年）、同『有りがたうさん』（一九三六年）に続けて、『続・愛染かつら』でも共演した上原謙と桑野通子は、「アイ・アイコンビ」として売り出され、恋に落ちた。結局結ばれなかったが、実生活での上原、桑野、小桜葉子の関係を想起して面白かったのだ。小桜は岩倉具視の孫・男爵岩倉具顕と江間美津子の間の子。江間は「小桜の熱心なステージ・ママだったのだが、娘が大船の美男二枚目・上原謙に恋をすると、恋敵の桑野通子の足を引っぱり、ラブ・レターを毎日書かせ、デートを画策し、結婚させた」（石坂昌三『小津安二郎と茅ヶ崎館』一九九五・六、新潮社）という。「小桜の積極的なアタックが功を奏して、彼女が妊娠したのである。かくてミッチーは失恋の憂き目を味わった。小桜は引退して家庭の人となり、後年の加山雄三を出産する」（田中眞澄「桑野通子」『SHV名画倶楽部』18、一九九七・三）。また、桑野通子が桑野みゆきの母であることは、よく知られている。小津映画でいえば、母は『淑女は何を忘れたか』（一九三七年）と『戸田家の兄妹』（一九四一年）に、娘は『彼岸花』（一九五八年）、『秋日和』（一九六〇年）に出演。桑野通子は一九四六年、溝口健二監督『女性の勝利』撮影中に、子宮外妊娠で急死した。この女優のモダンぶりは、今後もっと評価されていくだろう。

ついでにもうひとついえば、「きっとですよ。きっとですよ。きっとですよ」と繰り返す佐藤婦長（岡村文子）の味わいもいい。婦長には、浩三の博士号取得の祝いの席での琵琶演奏もあった。つまり、私は『愛染かつら』を通俗といって顧みないという立場は取らないということだ。この時代にこれだけの通俗さを通したことを、むしろ評価したい。コミカルな味やナンセンスを楽しみたい。

交通網の拡大と「東京」

さて、伊藤の小津論は、日本近代の縮図と少年のイノセンスを指摘しただけではなかった。真価はその先だ。伊藤はいう。

近代テクノロジーの成果である機関車の拡大する交通網と小津のもうひとつの大きなモチーフだった〝東京〟の出現は、実は小津の嘆いた「家族」の崩壊を助長させたものであった。地域社会が都市と交通によって分解してゆき、離れ離れになった人々は「夜汽車」で「東京」へでかけ故郷喪失者として都会を彷徨するようになった。小津は「都市」や「近代」に魅せられながら、それらが巻き起こす決定的な分離、喪失を憎んだ。しかしそのせめぎあう感情を小津は決して押し殺すことはなかったし、ありのままに並置し、共存させてスクリーンのなかに揺れ動かせた。戦後の小津作品よりも三〇年代から四〇年代にかけて撮られた小津の映画にひかれてしまうのは「人間を超えること」とは正反対のそうしたわななき震える、おそれ耐えている少年のノイセンスがあるからである。喪失感が強ければ強いほど保持し続けなければならないと小津は思ったはずだ。その思いは時代を生きてきた小津の精神と存在を強く感じとれる突き刺すような郷愁感となってフィルムに焼きついていった（傍点原文）。

思い出してみよう。『一人息子』でも『父ありき』でも、生活あるいは意識の中心は、あくまで信州や金沢・上田・秋田の方にあるのであって、けっして東京にあるのではない。むしろ、東京は異空間として不吉なことの起こる場所なのだ。これは、戦後の露骨な東京あるいは東京圏中心主義（『晩春』（一九四九年）、『麦秋』の家族は北鎌倉に住む）と違背する。『麦秋』の矢部たみ（杉村春子）は医者の息子・謙吉（二本柳寛）が秋田へ栄転するのを厭う。『早春』（一九五六年）の杉山正二（池部良）は岡山県三石への転勤をやむなく受け入れるし、『東京暮色』（一九五七年）で相島喜久子（山田五十鈴）は夫・栄（中村伸郎）の持ってきた室蘭行の話に最初は難色を示す。ただ、後二者では、地方へ行くことが慰撫・再生の意味を持たされている。そうそう、『小早川家の秋』（一九六一年）では、小早川紀子（司葉子）のもとを離れるということが大きいのだが、札幌に栄転する寺本忠（宝田明）は、気が進まない。この作品の舞台は大阪。もっとも、戦後の東京中心主義を小津の変節と批判することは当たらないであろう。東京にその他の地域が搾取されていく戦後のありようを、小津は写していたということだ。もう少し広くいえば、鉄道網の拡大によって作り出され、置き去りにされた「裏日本」を写しとっていたということだ。もちろん、小津は、戦前にも『東京の合唱』（一九三一年）、『東京の女』（一九三三年）、『東京の宿』（一九三五年）をはじめとして、盛んに東京を描いている。佐藤忠男『東京という主役　映画のなかの江戸・東京』（一九八八・七、講談社）は、「小津が描いたのは、東京がじっさいにどんなにすばらしいところかということではなくて、東京をすばらしいと思っている人たちの気持だった」とか「小津は、東京を去るということを、世にもつらい、悲しいこととして描く作家だった。それほど、東京への愛が血肉化していたのである」といっていた。なるほど、「東京への愛」という観点からすれば、佐藤のいう通りかもしれない。ただやはり、地方都市の扱われ方という点では、戦前・戦後で温度差があることは否めないと思う。

越境の徴として

それにしても、小津はあまりにも多くの汽車を画面に走らせた。伊藤俊治の指摘は十分に肯った上で、戦後の作品まで視野に入れれば、小津の汽車はどのように見えるだろう。ドナルド・リチー『小津安二郎の美学――映画のなかの日本――』(『OZU』一九七四、邦訳は山本喜久男、一九七八・四、フィルムアート社)もまた小津の汽車の多さに触れて、「その理由の一つは、小津が列車をまさに好んだからであり、別の理由は、仮に私たちにとってそうでないとしても、日本人にとって列車は今もなお、変化と神秘の運搬具であるからだ。遠くを走る列車の悲しげな響き、どこかで新しい生活を始めるために運び去られていく人たちへの想い、旅への憧れとノスタルジア――すべてこれらは、今なお日本人の感情をゆさぶる力を持っている」(引用に際し注指定は省略した)といっている。小津の汽車好きはリチーが直接小津から取材して聞いたという。「旅への憧れとノスタルジア」は否定のしようもないが、あまりに漠然としている。小津は、より具体的な物語展開の徴というか仕掛けとして汽車を利用したのではないかというのが、私の見方である。

『浮草物語』、『東京物語』、『東京暮色』は、いずれも汽車に始まり汽車に終わる。リチーの言葉を借りれば「循環形式」(同前)を持った物語である。ヴォルフガング・シベルブシュ『鉄道旅行の歴史 十九世紀における空間と時間の工業化』(一九七九、邦訳加藤二郎、一九八二・一一、法政大学出版局)は、鉄道は時間と空間を抹殺したという。いずれ、航空機により相対化されるとはいえ、非日常の世界に誘う汽車という箱そのものが、異空間の装置として成立した訳だ。汽車の物語としてすぐに思い浮かぶのが、江戸川乱歩「押絵と旅する男」（一九二九年）だ。夕闇迫る汽車の中、「私」が「魚津へ蜃気楼を見に出掛けた帰り途」に「四十歳にも六十歳にも見える、西洋の魔術師のような風采」の男から不思議な話を聞くという枠組。逢魔が時、浅草十二階（凌雲閣）から双眼鏡を覗いていた男の兄は、覗きからくりの押絵の八百屋お七に一目ぼれする。男の兄は、弟（つまり車中の男）に「遠めがねをさかさにして」覗かせる。意は自分も押絵と同じサイズになろうということ。こうして兄は闇に溶け込んでいったというのだ。この話を終えた男も山間の小駅の「闇の中へ溶けこむように消えていった」。この物語の箱を開けるともう一つの物語がある。物語が語られる汽車は暗箱にも映画館にも読みかえられる。「私」の語りの中で男が語る車中も、語られる浅草も夕暮れ時。語りの入れ子の中、兄も男もフェイド・アウトする。読者の私たちばかりではなく、語り手の「私」も物語のホムンクルスの中にとり残されてしまうめくらめく快感がこの小説の神髄である。この乱歩の汽車をヒントとして考えていきたい。そもそも、映画館という箱自体が、入場料を払って入り込む暗闇という異空間であるから、そのスクリーンに映し出される汽車の物語は、異空間の入れ子構造を呈することになる訳だ。おそらく小津安二郎は、汽車が越境を表す徴だということを強く意識していた作家であった。

映画という異空間

さて、『浮草物語』。この作品は喜八ものの代表作である。旅芸人の座長・喜八（坂本武）が、かつて子をなしたおつね（かあやん、飯田蝶子）の住む木曽は奈良井に一座を引き連れてやってくる。今の連れ合い・おたか（八雲理恵子）にかあやんとの仲を気づかれすったもんだ。一座は解散する。この間、父とは知らない息子の信吉（三井秀男、後の三井弘次）は、喜八への腹いせを目論んだおたかにそそのかされた一座のおとき（坪内美子）と恋に落ちる。これが本気になってしまうのだ。信吉とおときが密会するシークウェンスを見よう。線路際。「きしやにちうい」の立て札が見える。もくもくと黒煙を吐いて汽車が通り過ぎるのを見送る二人。以下、おとき・信吉の台詞（字幕）を採録してみる。


「もう直きあたしたちお別れねえ。あたしたち来年の今頃どうしてると思う？　よしませうそんな馬鹿な事考へるの」

「僕たちのことうちのおふくろに頼んでみようよ。うちのおふくろならきっと許してくれるよ」

「あたしそんないい娘《こ》ぢやないの。あなたの様な方と一緒になれる値打ちなんかない女なのよ。あたしあなたをだまさうとしてかゝったのよ。はじめは……でも……」

「はじめなんかどうだってい丶ぢやないか」

「いけないいわ。こんな旅のものなんか相手にしちや」


去って行くおときの後ろ姿。そしてまた「きしやにちうい」の立て札。追う信吉。汽車が走り去った線路際で二人が自分たちの将来を思案するのは、この祝福されぬ恋をどう結んでいこうかということではある。二人の行く末というばかりではない。結ばれぬ予感もあるからだろう。おときはおときの、信吉は信吉の将来についても、それぞれが思いを致しているのだ。「きしやにちうい」の立て札は、二人の目に入っているのだろうか。部外者たる私たち読者の目には、この注意がいかにも意味ありげに映るのだ。

喜八・おたかは、有名な雨の睨み合いに続いて、無人の芝居小屋の舞台で修羅場を演ずる。正に演ずるのである。この時、不思議な現象が起こるのだ。それは、誰が散らすはずもない花吹雪が舞うことである。おたかが現れる直前、合図のようにはらはらと舞う。見上げる喜八。「お前さんに似て立派な息子さんだよ。旅芸人を情婦《いろ》に持ってさ」と捨て台詞を吐いたおたかを喜八が殴りつけると、まるで山場を知らせるかのように、また花吹雪が散る。私たちが、映画の中の実在の話として観ているものが、鮮やかにまたひとつの「お話」と化してしまう驚き。つまり、リアルに見えた痴話喧嘩の場面で、もはやリアリズムははるかに越えられているという訳である。

この花吹雪は、四半世紀後にリメイクされた『浮草』（一九五九年）でもそのまま踏襲される。『浮草』は伊勢志摩に舞台を移し、冒頭は船、末尾は汽車ということになるが、構成は同じである。ちなみに、喜八、かあやん、信吉、おとき、おたかに対応するのは、嵐駒十郎（中村鴈治郎）、お芳（杉村春子）、本間清（川口浩）、加代（若尾文子）、すみ子（京マチ子）。清・加代のキス・シーンは、小津に似合わず濃厚である。「押絵と旅する男」で触れた異空間の入れ子ということでいえば、花吹雪の例は、映画という枠組みの中の物語を物語として際立たせることで、映画そのものが異空間であることを顕在化させているということになる。この時、先にも述べたが映画館という箱そのものが異空間であるので、私たちはホムンクルスの迷宮にさまようということになるのである。

『浮草物語』は喜八・おたかがやり直すべく汽車で旅立つところで閉じられるのだが、汽車でサンドウィッチすることで異空間を際立たせるという手法は、やがて、シーン、シークウェンスの単位を越えて、ショットそのものをどう構成していくかということだわりにまで発展するというのが私の判断である。映画館、そして映画館の中のスクリーンという枠が異空間現出の装置なのだということを、小津は知っていた。だから、小津はショットそのものが異空間であることを主張するまでになったのである。スクリーンそのものが異空間であるのは、本来自明のことではあるのだが、映画という物語が始まってしまえば、観客はしばしばその自明性を見失ってしまう。小津は、スクリーンの異空間性を強調することによって、その物語の安定性を高めようとしたのではないだろうか。では、どのようにして。それは画面の枠をはっきり意識させるということにほかならない。もちろん、スクリーンは四角い枠なのであるが、めりはりのない絵を撮ってしまえば、枠の意識は失われるだろう。小津は枠組みを強調する絵作りを心掛けた。

例えば、『東京物語』冒頭。尾道の港を出て行く船と巨大な石灯籠に続くショット。学校へ向かう小学生が歩いていく道の左三分の一ほども占める大きな荷車もさりながら、画面中央下に置かれた二本のガラス瓶。この瓶はなんだろう。荷車も瓶も邪魔ではないのか。私たちの意識が、この荷車や瓶に向かう時、これらで囲まれた枠にいやでも気づくようにどうやら仕向けられているのだ。ビール瓶なり薬缶なりをとにかく小津は置きたがる。

「箱庭療法」

もっとポピュラーな絵を示そう。どの作品からでもいいのだが、典型的な小津調ともいうべき座敷がある。画面手前下は畳。上部は鴨居に額。電燈がぶら下がっている。左右は襖。さらに遠近法よろしく、奥の部屋の襖が、手前のものより少し狭まって、つまり中央寄りに開かれている。そのさらに奥に同じ要領で今度は障子。そのまた向こう、画面の中心が時には垣根であったりする。中心に向かって左右からも上下からも見事なシンメトリーが形成される。

このような安定した画面は、観る者に心理的な安定性を与えるのではないか。やや突飛な連想かもしれないが、私は箱庭療法を挙げてみたい。イギリスのマルグリット・ローエンフェルトにより創始され、河合隼雄により日本にもたらされた箱庭療法は、七二×五七×七センチメートルの砂箱をステージに、クライエントが自由に人形などを配列するというもの。河合隼雄「箱庭療法の理論と実際」（一九七一、ここでの引用は『河合隼雄著作集第3巻　心理療法』一九九四・九、岩波書店による）は、「箱庭療法の根本は、このような表現を通じてクライエントと治療者の間に心の交流が行われる点にある」という。また、「心理療法というものが、根元的にはクライエントの自己治癒の力にたよってなされるもの」ともいう。それには治療者が何かをしてやるのではなく、「クライエントに対して、受容的な態度で接することが大切なこと」だそうだ。「箱庭療法」とは、枠組みの中で物語を作っていくことであろう。枠組みがあるからこそ、物語を作りうるので、心の安定をもたらすのであろう。きっちりとした枠を意識した小津の映画がやすらぎをもたらす秘密は、このような点にも求められるのだといってみたい。

戦後の作品では普通のこととなったこの小津の座敷はいつ頃から成立したのか。『戸田家の兄妹』、『父ありき』の時代には、基本的に確立されているといってよい。その前の『一人息子』、『淑女は何を忘れたか』の頃では、同様の座敷が登場しても、例えば右側の襖が描かれなかったりで、シンメトリーが確立されているとはいいがたい。

ちょっと脱線かもしれないが、松竹映画冒頭、つまり物語のさらに外枠の画面前方に雲海を抱いて大きくそびえる富士の勇姿は、これまた見事な安定感を与えてくれるものだろう。下にはめ込まれた松竹の商標までシンメトリーを成り立たせている。これは映画なのだという合図として秀逸なものである。

寺山修司のスクリーン／観客

小津が物語を枠に閉じ込めようとしたのと、きわめて対蹠的な位置に立つのが、寺山修司の映画である。寺山はスクリーン／観客という関係を静的なものとは捉えず、両者をスラッシュ（／）しようとした。正に深く切り裂き、逆転しようとしたのだ。

例えば十六ミリの実験映画『ローラ』（一九七四年）では、三人の女（小野正子、蘭妖子、有栖川志栖子）がスクリーンの中から観客席を挑発する。「ちょっと、そこの前から二列目のお客さん。何やってんの、あんたそこでこそこそ一人でさ。うん。こっちはあんた正面だから、ばっちり見えちゃってんだよ。やめなさいよ、そんなとこで一人でやるのは、さあ、こっちへいらっしゃいよ。もったいないじゃないのさあ。身体にも良くないしねえ。大体前のお客さんにかかったら、あんたいい迷惑よお。そのまんま町ん中歩いちゃうんだからさあ。どうすんのさあ」といった調子。やがて観客席（映画館のであって、スクリーン内の観客席ではない）に居た男（森崎偏陸）が舞台に歩み寄ったと思うと、スクリーン内部に引きずり込まれてしまう。スクリーン自体が何本ものゴムひもで出来ており、縦に切れ込みが入っている。もちろん、遠目には分からない。観客に扮していた役者がそこから裏へ抜けるという仕掛けである。スクリーン上では、男が身ぐるみ剝がされ全裸となる。そして再び観客席へ裸のまま放り出されるという次第。もちろん、裏で服を脱いでいた役者が切れ目から登場してくるというわけだ。高橋世織は、「眼の玉がどうかなってしまったのか、シアターが何かのはずみで今にも歪《ゆが》み崩れ出すのでは、と思ったほどだ。そんな映画体験は後にも先にもない」（「近代への〈反問〉」『北海道新聞』夕刊、一九九三・四・二八）といっている。私の場合は、ビデオの方を先に観ていたので、実演を観た時は驚きというより、生で観られたという感激が大きかった。もちろん、会場はどよめいていた。

『審判』（十六ミリ、一九七五年）は、釘をモチーフに展開するが、最後の十分間ほどは画面には何も映らない。ものうい音楽に合わせただ光が注ぎ込まれるだけだ。この映画は、私も実際に観たのだが、ここで客席から何人もの人が舞台に出て来て、スクリーンへ釘を打ち込む。スクリーンは白い板だったのだ。まんざら、サクラでもなさそうだったので驚いた。ビデオで観ると釘を打ち込む音が響いているが、スクリーン上映でどうだったかは記憶に定かでない。

『疱瘡譚』（十六ミリ、一九七五年）では、少年の顔が包帯で巻かれていき、ミイラ男のようになる。包装譚というしゃれでもある。やがて、画面にカタツムリが這い出してくる。それも、包帯の上ではなく、スクリーンの内／外を遮断するかのようにである。私たちは一瞬、スクリーン上を這っているのではと錯覚しそうになる。

『消しゴム』（十六ミリ、一九七七年）に至っては、文字通りスクリーン内で進行する物語（映像）を消そうとする。

こういった試みに共通するのは、スクリーン／観客というスタティックな関係をスラッシュしようということなのだ。それは一回性のアウラを要求される演劇的思考に裏付けられたものであろう。寺山映画でもっとも忘れがたいのは、『田園に死す』（一九七四年）である。「私」（菅貫太郎）の過去殺し・母殺しは、「実際に起こらなかったことも記憶のうち」（『寺山修司シナリオ集』一九七八・一一、映人社）という台詞に見られる過激なメッセージに辿りつく。大尾のシークウェンスがすさまじい。恐山の家で母親（高山千草）と私が食事をしている。「私」の声で、こうナレーションが入る。「どこからでもやりなおしは出来るだろう。母だけではなく、私さえも、私自身がつくり出した一片の物語の主人公にすぎないのだから。そしてこれは、たかが映画なのだから。だが、たかが映画の中でさえ、たった一人の母も殺せない私自身とは、いったい誰なのだ?! 生年月日、昭和四十九年十二月一〇日。本籍地、東京都新宿区新宿字《あざ》恐山!!」（同前）。ここで、二人が食事している後ろの押し入れ棚が向こう側へばたんと倒れる。するとそこは、一九七四年の新宿の町だ。マクドナルドに二幸。今は、タモリ（森田一義）の『笑っていいとも』をやっているアルタだ。そういえば寺山が存命中、タモリは、赤塚不二夫や三上寛と一緒に、よく寺山の物まねをやっていたものだ。三上寛も『田園に死す』に出ている。また、マックといえば銀座に一号店を出したのが一九七一年。この頃は、日本人の生活が音を立てて変化していた。交差点の歩道で、もくもくと食事し続ける母子の周りには出演者たちが。それは、あのカタツムリのように、母子と私たちの間にも及ぶ。エンディング・クレジットに次いで白味で映画は終わる。この時、私たち観客も物語・映像の一部と化し、激しく揺すぶられるのだ。

草衣(新高恵子)がわが子を恐山の川に流すシークウェンスで流れてくる段飾りのお雛様といい、『田園に死す』は、次に名を挙げる作品と並び、私にとって最も衝撃的な映画体験のひとつだった。水面下にあるべき船の舳先下部が画面一杯にあおられ、リアリズムをはるかに超え出てしまった、セルゲイ・エイゼンシュテイン監督『戦艦ポチョムキン』(一九二五年)。例えば高飛び込みの時空が反転する、レニ・リーフェンシュタール監督『オリンピア』(一九三八年)。あのスター・チャイルドに至る、スタンリー・キューブリック監督『2001年宇宙の旅』(一九六八年)。いずれも至福の今にたゆたわせてくれる。ともあれ、寺山修司という対極的な監督と比べてみると、小津安二郎の試みも際立つであろう。これを保守的とか後ろ向きとかいって非難するには当たらない。極端を突き詰めれば、また別の極端に到達するのである。

死の予兆

さあ、いよいよ『東京物語』と『東京暮色』。この二つは、小津作品の中で汽車による越境が究極にまで達した物語である。それは、親あるいは子の死という形で訪れる。

『東京物語』の冒頭。先に触れた尾道港・船・石灯籠、小学生の通学風景の二つのショットに続けて、長い貨物列車が左から右へ画面中央を横切る。海側から山を仰ぐ遠景だ。次に大分寄った上で角度を変え、山側から海を俯瞰する。貨車は右下から左中央へ横切り、汽笛が鳴る。もちろんラストの汽車と呼応するわけだが、聴覚的にも何かを越えていく物語であることを私たちに告げる。そして、この映画はまさしく旅行の物語であるのだ。

吉行淳之介がヘンリー・ミラーに触発されて、家から一歩出ることも「街角の煙草屋までの旅」（『街角の煙草屋までの旅』一九七九・三、講談社）と呼んだように、旅行は大袈裟なものである必要はない。要するに異空間との往還を感得しうる心性の問題である。それでも、『東京物語』ではずいぶんと大掛かりな移動が行なわれる。平山周吉（笠智衆）・とみ（東山千栄子）夫妻は、東京で暮らす息子や娘に会うために、尾道から上京する。長男の幸一（山村聡）は、江東地区（後記。脚本は「江東」だが、映像は足立区の堀切駅あたり）の土手下で開業医をしている。

とみが孫の勇（毛利充宏）と荒川土手で遊ぶ場面を観よう。勇を見やるとみの視線の向こう、画面中央に鉄橋。そこを汽車が渡って行く。川も橋も境界の徴だ。「勇ちゃん。あんた大きゅうなったらなんになるん？　あんたもお父さんみたいにお医者さんか？　あんたがのう、お医者さんになる頃は、おばあちゃんおるかのう？」。この台詞は、別に勇に問いかけられたというものではなく、とみの独白といってよいのだが、私たち読者の不安をおおいにかきたてる。とみは六十をはるかに越えているという設定（東山千栄子はこの時六十三歳、ちなみに四十九歳の笠智衆は見事に七十歳に化けた）で、当時の平均寿命から考えても現実味の薄い望みだ。祖母の言葉も知らぬげに無心に遊ぶ勇と、とみの愁いを秘めた顔が、不安というより、さらに強い死の予兆を私たちに与える。汽車は渡って行った。

とみの死は、予想以上に早く、突然やって来る。幸一も長女の金子志げ（杉村春子）も、忙しさにかまけて両親をたらい回しにする。結局、二人をはとバスで見物させ、おまけに一部屋のアパートであるにも拘わらず、とみに一夜の宿を供したのは、次男・昌二の嫁である紀子（原節子）だった。既に述べたように、昌二は敗戦八年経っても帰って来ない。戦死の公報は入っていない。映画でみる限り、紀子のアパートはいわゆる文化アパート風であるが、外観は横浜平沼町の同潤会アパートでロケされた（厚田雄春「『東京物語』『秋日和』撮影記録」、蓮實重彥『監督小津安二郎』一九八三・三、筑摩書房に所収）。もちろん外観が借りられたというだけで、物語内で紀子のアパートがあるのは東京に決まっている。まあ、場所の特定は出来ないものの。

この間、周吉・とみは熱海に一泊するのだが、その防波堤でとみはめまいを起こしていた。荒川土手の独白に次ぐ、明らかな死の予兆である。ここまで来れば、私たち読者の胸騒ぎは、もう抑えることが出来ない。二人が並んで防波堤に坐っている構図は、あまりにも有名である。行きどころがなくなり上野の寛永寺境内に暇をつぶすシーンでも繰り返される。この二人並んだ構図は、『麦秋』の間宮周吉（菅井一郎）・志げ（東山千栄子）夫妻が、上野の国立博物館の庭に並びサンドウィッチを食べながら、自分たちは幸せだと確認するのと同工異曲である。熱海の宿で、とみは「思いがけのう温泉へも入らしてもろうて」という。この「思いがけのう」は『東京物語』のキー・ワードである。「思いがけのう」はとバスに乗り、「思いがけのう」熱海に遊び（実際は夜眠れず悲惨だったが）、「思いがけのう」東京の町を彷徨い、「思いがけのう」昌二の蒲団に寝かしてもらい、「思いがけのう」死んで行くのである。

『東京物語』が旅の映画として素晴らしいのは、東京へ出て来るという旅の中で、またいくつもの小さな旅を経験し、ついに老母は死出の旅に立つという入れ子構造になっていることだ。さらには、何度もいうように映画館へ行き映画を観るという行為そのものが旅であるから、その入れ子は幾重なのか見当もつかない。旅のホムンクルス。

老夫婦は尾道へ帰る。幸一、志げ、紀子が東京駅に見送る場面。広島行急行二十一時の改札がもうすぐ始まる。時計は八時二十五分。尾道に明日午後一時三十五分に着くと、幸一がいう。手元にある一九五〇年十月一日改正のダイヤ表によると、二十一時は博多行で、尾道は翌日十二時四十一分着。二十一時三十分の広島行で尾道翌日十三時三十五分着となっている（『全国鉄道と時刻表4　東海道山陽』一九八五・六、新人物往来社）。少し時期がずれているためか、広島行の時間が違っていたり、幸一のいう到着時間から見てどうも一本前後しているようにも思うが、当時の旅の大変さは十分に想像される。なにしろ寝台車ではないのだ。ここでとみが子らに語りかける。「みんな忙しいのにほんまにお世話んなって。でもみんなにも会えたし、これでもう、もしものことがあっても、わざわざ来てもらわあでもええけえ」と。志げが「何をお母さん。そんな心細いこと。まるで一生のお別れみたいに」というと、とみは「ふううん、ほんまよお。ずいぶん遠いんじゃもんのう」と応える。私たち読者の予感は確信に変わる。とみの言葉は、永の別れを告げるものになるのだ。

死に対する視線

次のシークウェンスは大阪城の空ショットから始まる。そして操車場を駆けてくる三男・敬三（大坂志郎）。ここで働いている。大阪の大坂志郎は小津のだじゃれだろう。詰め所で敬三は同僚（安部徹）と話をする。母が汽車の中で具合が悪くなり、寄るはずじゃなかったが途中下車したと。とみは「思いがけのう」大阪で降りて敬三に会うのだ。「大事にせなあかんでえ。孝行したい時分に親はなしや」という同僚に、敬三は「そうですなあ。されぱとて墓に布団も着せられずや」と応ずる。この「さればとて墓に布団も着せられず」は、後で、敬三の口から再び繰り返されることになる。

大阪に途中下車したという手紙に続いて「ハハキトク」の電報が東京に届く。志げは幸一に「喪服どうなさる。持ってく?」と聞く。学生たちと一緒に観ながら感想を聞くと、ほとんどがこの志げの台詞に憤慨する。無論それは、これまでの親への仕打ちを踏まえてのものなのだろうが、私はいつも、これこそ生活者のありうべき知恵だといい聞かすのだ。

ついにとみの死。床に臥すとみの荒い呼吸に重なる蝉時雨。「治るよお。治る、治る。治るさあ」と団扇で妻をあおぐ夫にポンポン蒸気の音。行き交うポンポン船や人々、電球にまといつく一匹の蛾、そして、汽笛の音。道路（冒頭の通学路）の朝露に鉄道線路（冒頭で山側から見たところだが、同じ場所に洗濯物がかかっているものの、違っているのがさすがである。これが、同じ洗濯物であればしらけてしまう。後記。もっとも線路向こうに見える洗濯物は同じようである）。これらのショットが生死の境界を表す。志げは紀子と次女の京子（香川京子、親と同居して小学校の教師をしている）に喪服の有無を尋ねる。敬三は間に合わなかった。彼も平服でやって来た。喪服の用意をしてきた幸一と志げと、そんなことに気を回さなかった紀子、京子、敬三の対比が際立つ。読経の最中、葬式の席から廊下へ抜け出した敬三は、林立する墓石に目をやり涙をこらえる。焼香をと知らせに来た紀子に、敬三は「今死なれたらかなわんわ。さればとて墓に布団も着せられずや」という。法要帰りの食事の席で、志げは形見に夏帯やかすりの上布を欲しいといい出す。そして、実の子ら幸一、志げ、敬三はその晩の汽車で帰るというのだ。

しばらく残ったのは嫁の紀子だった。紀子に向かって、京子は兄や姉の態度を批判する。繰り返すが、冷たく見える幸一や志げの態度を一概に非難するのは当たらない。まあ、年の差といってしまえばそれまでだが、死に対処する輻湊する視線が、この物語の読みどころでもあるのだ。

とみが紀子のアパートに泊まった夜のこと。とみは紀子に「ええ人があったら、あんたいつでも気兼ねなしにお嫁に行って下さいよ」といっていた。尾道で周吉も同じことをいう。「お母さんも心配しとったけえど、あんたのこれからのことなんじゃがなあ。やっぱりこのままじゃいけんよ。なんにも気兼ねはないけえ、ええとこがあったらいつでもお嫁に行っておくれ。もう昌二のことは忘れてもろうてええんじゃ。いつまでもあんたにそのままでおられると、かえってこっちが心苦しゅうなる。困るんじゃあ」と。そして周吉は、紀子にケースに入った懐中時計を見せながら、「これはお母さんの時計じゃけえどなあ。今じゃあこんなものも流行るまいが、お母さんがちょうどあんたぐらいの時から持っとったんじゃあ。形見にもろうてやっておくれ。ええんじゃよお。もろうておいておくれ。いやあ、あんたに使おうてもらやあ、お母さんもきっと喜ぶ。なあ、もろうてやっておくれ。やあ、お父さん、ほんとにあんたが気兼ねのう先々幸せんなってくれることを祈っとるよ。ほんとじゃよ」という。泣き崩れる紀子。周吉は「妙なもんじゃあ、自分が育てた子どもより、いわば他人のあんたの方が、よっぽどわしらにようしてくれたあ。いやあ、ありがとう」と続ける。泣かせどころである。

手で顔を覆い泣きやまない紀子の嗚咽にフォスター作曲の唱歌「ゆうべのかね」がかぶさり、場面は小学校へ転換する。窓に寄り腕時計を見やる京子の視線に汽車が入ってくる。車中では、紀子が形見に貰った懐中時計を取り出し、そっと蓋を開けてみる。長い汽笛に続いて、線路の空ショット。その向こうにはポンポン船が静かに行く。一人取り残された周吉が団扇を使っていると、隣家の細君（高橋豊子）が通り過ぎ声をかける。これも冒頭の反復である。ただ、とみが居なくなったことだけが異なり、冒頭と違って、周吉の後ろの空白が際だっている。周吉の見やる海に舟が行く。手前の道を、舟とは反対の方へボンネット・バスが行く。汽車と限らず、乗り物は私たちを異空間へ誘う装置だ。ラスト・ショットはこころもち大きな船。その汽笛がかすかに響き、『東京物語』は幕を閉じる。変わらぬように見えて、変わらぬものはない。何度繰り返して観ても、見事な大尾。ビデオを回しては止め回しては止めながら、こうして記録していても震えが来る。

それにしても、あくまで善意でなされた周吉の形見分けは、きわめて残酷である。モノは遍くフェティッシュであり、形見は生きている者に死者を思い出させるよすがである。死者は生き残った者の記憶の中に生き続けるのだ。中でも時計は特別だ。『田園に死す』の母親は、息子（高野浩幸、「私」の少年時代）が腕時計を持つのを許そうとしない。家には柱時計ひとつあれば足りるので、二人が別々の時計を持つのは、別の時間を生きる恐れがあるからだ。かく形見の時計には、死者が生きた時間が封じ込められている。『小津安二郎を読む　古きものの美しい復権』（一九八二・六、フィルムアート社）の「小津事典　小津に現れたものの集積」の「乗物」の項で、杉山昭夫は、「車内の彼女は亡母の形見の**時計**を耳にあてて懐しむ」というが、そんな単純なものではない。疑う者は、紀子の複雑な表情を観よ。揚げ足取りをするつもりはないが、時計は耳にあててはいない。亡母の時計は、その記憶を喚起するばかりではなく、昌二との思い出にも繋がってくるのだ。気兼ねなく嫁に行くようにという言葉とは裏腹に、紀子は平山の家に縛られてしまうのだ。

近年の家族論の大きな成果である、J・F・グブリアム+J・A・ホルスタイン『家族とは何か　その言説と現実』（『What Is Family ?』一九九〇、邦訳中河伸俊+湯川純幸+鮎川潤、一九九七・五、新曜社）は、「家族は、行為《プラクティス》と記述の二つの過程を通じて構築される」という。「記述」とは書かれたものに限らない、コミュニケーションとしての言葉を指す。彼らが主張するのは、家族は夫婦とか親子といった実体としてあるのではないということ。それはあくまで前提に過ぎないのであって、日々行動と言葉によって関係を築いていかなければならないということなのである。例えば、法律上夫婦であっても、いわゆる仮面夫婦のようなものは家族ではないということだ。グブリアム+ホルスタインは、家族は「幻想まで共有」し、「自らを欺くことさえできる」とまでいう。『東京物語』に帰れば、紀子と周吉はその「行為《プラクティス》と記述」を通じて、十分に家族たりえているということになる。

『東京暮色』の汽笛

『東京物語』の汽車は、死者と生者を結ぶものとしてあった。川本三郎『今ひとたびの戦後日本映画』（一九九四・三、岩波書店）が指摘しているように、『麦秋』や『東京物語』を傑出させているのは、「死者の影」なのだ。次の『東京暮色』で扱われるのは、子どもの死である。

この作品もまた、汽車に始まり汽車に終わる。まあ、ここでは電車といった方が正確かもしれないが。冒頭、「浮世風呂」、「全線座」などのネオンサインを望む高架線を貨車が通過する。ネオンの下に『始めに罪あり』、『街の仁義』の映画看板。「山手随一大弓場」という立て看板も見える渋谷駅。

杉山明子（有馬稲子）は父・周吉（笠智衆）と二人暮らし。母の記憶がなく、その暖かみを知らない。姉・沼田孝子（原節子）は夫・康雄（信欣三）との折り合いが悪く、幼い道子を連れて実家に帰っている。父が孫のガラガラを触っていると明子が帰宅する。実はこの時、明子は妊娠していた。汽笛が聞こえるのはなんの徴か。明子に、別れた母・相島喜久子（山田五十鈴）の記憶はないが、自分のことを知っているという五反田の麻雀屋の細君が、その母だと直感する。喜久子に遇った明子が帰宅するシーンで警笛と遮断機の音が入るのは、やがて彼女とこの家を見舞う悲劇の予兆だろう。次にこの後何度か挿入される不気味な眼鏡店の看板がある踏切のショットは、不吉な予感を強めている。丸い眼鏡の中からぎょろ目が覗く。踏切近くのラーメン屋・珍々軒で恋人・木村憲二（田浦正巳）の消息を尋ねる明子の行く手に警笛。明子は、恋人・木村に裏切られ、妊娠していた子を堕胎する。それに続けて、孝子の子・道子のショットがモンタージュされるのは、きわめて残酷なことだ。珍々軒で木村に平手打ちを食らわせた後、明子はあのぎょろ目の踏切で事故に遭う。これまでにない、すさまじくかまびすしい警笛。これが単なる事故なのか自殺なのか、判然としない。病院に運ばれた明子は、その夜のうちに、父と姉に見取られ息を引き取る。この明子の死を示すのが、病院の大時計のショット。振り子の音にかぶさり、数度短く喘ぐように汽笛が聞こえる。振り子が時を刻むのは、『戦艦ポチョムキン』の死のカウント・ダウンを思い出させる。

明子の死は人々の運命を変えていく。子のためには父親が居なければと、孝子は夫の元へ戻る。喜久子は、夫・栄（中村伸郎）が見つけてきた室蘭行の話を最初渋っていたものの、東京を離れる決意をする。先に、小津の東京中心主義には触れた。栄は「この寒いのに室蘭くんだりで、一人じゃあ寝られないよお。ねえ、行っとくれよお、一緒によお」と、喜久子にいっていた。戦後の小津映画では、京都、奈良、尾道などを除いて、地方都市は行きたくない所として描かれるが、『東京暮色』の室蘭は、気は進まないものの、傷を癒してくれるかもしれない場所、再出発の場所として描かれるのだ。

鉄道事故のトラウマについては、鉄道誕生のそもそもから存在したとヴォルフガング・シベルブシュ『鉄道旅行の歴史　19世紀における空間と時間の工業化』は述べていた。それ以前の交通手段に比較して事故の破壊力が莫大だったため、その不安・恐怖は計り知れないものがあったという。もちろん、これはタイタニック号遭難やエアバス事故が相対化していくのだが、それは後年のこと。末尾直前。上野発二十一時三十分の急行青森行津軽号に乗り込んだ二人。学生の見送りだろう。ホームには明治大学校歌が響き渡る。もしかして孝子が見送りに来ないかと、車窓から顔を出す喜久子。スキーをかついだ若者も乗り込んでくる。いずれ彼らも変わっていくのだろうか。

末尾で周吉は出勤しようとして、孝子が忘れていった孫のガラガラを拾う。ここでも、受け継がれなかった命を想起させる。人は死者によって生かされていくという面を持つが、孝子と喜久子の再出発には、暗いながら未来が志向されている。

汽車が走る時、死者たちも甦る

最後に、これまで扱ってきた人々が見つめる行く末を簡単に整理してみよう。『一人息子』の野々宮良助は、妻子と東京でもうひと踏ん張りしてみようと決意する。『父ありき』の堀川良平は、秋田で新妻と新生活を始める。『浮草物語』の喜八はおたかと再出発を果たし、信吉はおときとの出発を夢見る。『東京暮色』の喜久子は、栄と新天地へ乗り出し、孝子は道子のために元の鞘に収まる。これらの人々は、連れあいや子どもを支えとして、「家族」を構築することをエネルギーの元としようとしていることに共通点がある。

もう一群の人たちがいる。『一人息子』の野々宮つねは、息子に失望し、もはや頼るよすがもない。『東京物語』の平山紀子と周吉は、とみを失い、行き暮れ自失している。おまけに紀子は夫の帰還に望みも持てない。三人とも共に生きる支えをなくしたのだ。

前者の人々は生身の人間を支えにしているだけに、どうなるか分からないかもしれない。それに対し、生身の人間ならぬ記憶しか頼るものがない後者の人々の方が、実は強いのではとも思える。『東京物語』の紀子には子どもがなく、夫と姑の記憶を抱えていかなければならない。紀子の憂いを秘めたまなざしには運命に耐える女の定めが表されている。傷を慰撫するよすがに乏しい分、ますます陰影を含み輝いて見えるのだ。紀子と周吉の二人には、諦念というべきものまで感じられる。この二人が、小津の主人公たちの中でひときわ輝いて見えるのもそういう点によるのではないか。『一人息子』のつねは、ラストの出口なしの門があまりに強烈なので、絶望に圧しひしがれるのではと危惧もされるが、もう少しで紀子や周吉の地点に到達しうるだろう。その意味で、『一人息子』はやはり『東京物語』の雛形だったのだ。

死は忘却によってではなく、記憶の再生によってしか乗り越えられない。小津の汽車が走る時、死者たちもまた甦る。

ビデオ・データ＝『小早川家の秋』（TOHO　LASERDISC）を除く小津安二郎監督作品と野村浩将監督『愛染かつら』は、SHV松竹ホームビデオ。『田園に死す』（東宝）を除く寺山修司監督作品は、『寺山修司実験映像ワールド』ダゲレオ出版。セルゲイ・エイゼンシュタイン監督『戦艦ポチョムキン』は、パイオニアLDC。レニ・リーフェンシュタール監督『オリンピア』は、アイ・ヴェー・シー（ただし、タイトルは『民族の祭典／美の祭典』）。スタンリー・キューブリック監督『2001年宇宙の旅』は、ワーナー・ホーム・ビデオ。

付記　本稿の主旨は、一九九七年七月二十八日に新潟大学教育学部で行なわれた日本近代文学会東北・北海道地区合同研究集会で「小津安二郎の汽車――『浮草物語』、『東京物語』、『東京暮色』など――」と題して発表したものである。

（一九九七・一〇・三一）

第2章

大場健治と末延芳晴の小津本から

オズボーンの方へ、ゆるゆると

小津本、つまり、小津安二郎について書かれた書物の交通整理をしたいしたいと、長らく、かれこれ二十年以上も思っている。題して『小津本コレクション』。むろん、絵本のオズボーン・コレクションのもじりである。

学恩も個人的恩義も深い、深すぎる、偉大な、偉大すぎる先達田中眞澄についても、いつか正面から論じたい。田中の急逝（二〇一一・一二・三〇）後、刀根博樹が『田中眞澄追悼書誌』全九巻別巻二巻（TONE　FILM）を少部数孤高の手作業で制作した。その全容を、私はまだ見てはいない。同書誌の『別巻資料集』は国立国会図書館などに所蔵されたとのこと。刀根の田中への偏愛凄まじく、圧倒される。

二〇一四年十二月七日、俳優の笠謙三（笠智衆の孫）をゲストに迎え、第二十回オーヅ先生を偲ぶ集いが、三重県松阪市飯高老人福祉センターで開催された。その前夜、松阪で一献との誘いを、伊勢在住の刀根博樹から電話で受けていた。同じく伊勢の井阪徳一も誘うという。井阪は、小津の親友・井阪栄一の子息。幼時、小津に背中を流してもらったというエピソードを持つ。井阪栄一の名は『東京物語』(一九五三年)の服部(十朱久雄)の下宿人(糸川和弘)の台詞に「伊坂」として登場する。

セントレア名古屋中部国際空港から海路松阪に入る。伊勢湾横断の船路は快適で、二〇〇五年に空港が小牧からセントレアに移ってからは、名古屋へ寄ること、めっきり減ってしまった。JR松阪駅前のエースイン・松阪に久々のチェックイン。このところ、松阪の宿は鯛屋旅館が多かった。待ち合わせはJR松阪駅午後五時十五分。一時間ほど愛宕町、京町を歩きまわる。少し早めに改札口へ行くと、なんとホームに久保田澄子が居た。久保田は、飯高の柳瀬才治の教え子、つまり小津の孫弟子に当たる。刀根から電話で呼ばれたとのこと。ひと足先に飯高へ入った山形県南陽市の渡部直人も来る予定だがという。そうか三人だけではないのだ。

井阪と刀根がにこにことホームを歩いてきた。四人連れだって駅前を歩く。忘年会シーズンならん。刀根があてにしていたという和風居酒屋梅一の予約が取れず、初めてという居酒屋福を目指す。居酒屋と云うより、構えは小料理屋だ。奥の小上がりに小津道楽を自称する渡部が来ていた。かく私たちは開店から、終電までの客となったのである。翌日は、オーヅ先生を偲ぶ集いの後、夕刻早くから近鉄松阪駅近くの焼肉屋たこやん。渡部に変わり、全国小津安二郎ネットワーク会長の藤田明が加わったのを除けば、昨夜と同じメンバーである。井阪が伊勢に、藤田が津に、久保田が名古屋に帰った。私は小西旅館にチェックイン。二次会は刀根とふたり、京町のみち楽。むかごに而今から入り、居心地良く、またまた刀根の終電までとあいなった。

田中眞澄

全国小津安二郎ネットワークのメンバーたる私たちの二日間の話題は、当然ながら、小津に関するあれこれなのであったが、刀根の話題は主に、田中眞澄に関してのことなのであった。ＪＲ松阪駅での待ち合わせの前に愛宕町・京町をぶらついたのは、おそらく小津生誕百年の二〇〇三年の頃、飯高のオーヅ先生を偲ぶ会の後、愛宕町・京町のあたりで田中に偶会し、古風な喫茶店に同道させてもらい、いろいろ話を聞いたその店を見つけられないかと思ったからだ。残念ながら、それはまた宿題となった。毎年のように松阪に通っているのだから、いずれ解決しておきたい。いかに変化が緩やかな松阪とはいえ、もうとっくに無くなってしまっているかもしれないから。

黒木和雄監督が中心になり、木村益夫・鴇明浩・景山理が世話人を務める京都の山中貞雄を偲ぶ会に誘われたのも、その折かその頃のことだった。何年か続けて、京都で朝方まで飲んだのは忘れられない。山中家の人々も含め、山中の墓がある大雄《だいおう》寺の法事に続き、料亭阿じろの宴。その後は鴇明浩や木村益夫と二次会三次会となるのだ。京都には、皆と飲むために来るんだと、田中は例のはにかみ笑いでいっていたものだ。柔らかなまなざしの木村も鬼籍に入ってしまった。

田中は、けっして俺がおれがの人ではなかった。少人数の場合、寡黙ということはなくよく笑いしゃべったが、パーティー、例えば小津安二郎記念蓼科映画祭のそれなどの場合、会場の隅でひとり静かにダイヤ菊を傾けていたりするのだった。田中は紛うことなく小津研究のトップランナーであり、宴の中心に居ておかしくない存在であるにもかかわらずだ。

遥かに後塵を拝する私にとって、田中は眩しすぎる存在だったが、飯高、松阪、茅野、京都、東京で何度も話を聞いた。それにもかかわらず、私の方にそれを十分に咀嚼する力がなかったことが悔やまれる。札幌や小樽で会うこと能わなかったことも心残りだ。私に示してくれた親近感は、同じ北海道出身ということと、日本近代文学を専攻したということがあったろう。毎冬、札幌市手稲区の実家に雪掻きに帰るのだとか、札幌・小樽の古本屋、あるいは北海道立文学館所蔵資料についての具体的なあれこれなど話したものだ。釧路での還暦同窓会のことなど、楽しそうに語っていた。

さて、松阪の喫茶店。コーヒーを頼んだ時から、私には、はてこの一杯の支払いはという小さな逡巡があったのだった。コーヒー一杯でおそらく一時間ほども語りあった、というより田中の話を聞いたのだった。コーヒーを頼んだ時から、私には、はてこの一杯の支払いはという小さな逡巡があった。ふたりだけで空間を共有するのは初めてのことで、京都の山中忌帰り、数度のタクシーの中を除けば、後にも先にも唯一の機会だった。タクシー代は相応分をお渡ししていたはずだ。私は四条大宮か四条烏丸の東横インで降り、田中はその先、祇園か東山あたりの宿なのであった。京都での田中の定宿も聞いておきたかった。コーヒー代、どうしたものか。割り勘か、田中は先輩であることだし、奢ってもらうかということだ。その阿吽の呼吸をはかりかねていたということだ。結局、ごちそうになりますといって、払ってもらったのだが、あの時はやはり割り勘が正解だったかなということが、喉にひっかかった小さな刺のように今なおうずいているのである。田中の死後、二〇一三年末、やはり飯高の忍ぶ集い前夜。ホテル・スメールで刀根にこのことを語ったことがあったのである。井阪、渡部も一緒だった。

その折、刀根が憤慨していたのは、蓮實重彥の田中批判（青山真治との対談「梱包と野放し　いま、なぜ小津安二郎を語るのか」（『ユリイカ』11月臨時増刊号総特集小津安二郎生誕110年／没後

50年〔二〇一三・一〇〕）なのであり、今回も必然その話題に及んだのであった。それについては、小津ネットの『NEWS　LETTER〜小津安二郎監督を愛する人々のネットワーク通信〜』（85二〇一五・三・九）にも短評「小津安二郎、愛読と研究の間」を書いた。そんなこんなを枕に、ちょっと毛色の変わった二冊の小津本について触れてみよう。

大場健治『銀幕の恋　田中絹代と小津安二郎』

一冊目はシェークスピア研究の大場健治『銀幕の恋　田中絹代と小津安二郎』（二〇一四・二、晶文社）。私の理解をひとことでいえば、小津の小さな言葉から大きく想像の羽を広げた労作。あるいは怪作。小津といえば、判で押したように原節子とのロマンスとなるところ、大場はタイトルそのままに田中絹代との「恋」を大胆に描いてみせた。あっと驚く、である。私がいう「小津の小さな言葉」は小津日記の中にある。

田中眞澄編纂『全日記小津安二郎』（一九九三・一二、フィルムアート社）は、一九三三年から始まる。田中絹代は、開巻まもなく登場する。絹代出演の『東京の女』（一九三三年二月九日公開）の撮影と『非常線の女』（一九三三年四月二十七日公開）の本読みが一月に始まっているからである。「▲絹代、逢初と大木に非常線の女のドレス注文に行く」（二月十八日（土））。これが、現存する小津日記最初の田中絹代への言及。逢初は共演の逢初夢子。大木は店名。呼び捨てにしているのは当然として、四日後の記述に「▲大木に dress の仮縫ひ／オリンピックにて絹代さんとコーヒーをのみ　東京屋に行く」（二月二十二日（水））とある。オリンピックは喫茶店。東京屋はなんだろう。

気にすべきは、「絹代さんとコーヒーをのみ」の「絹代さん」。最初の呼び捨ては、監督が出演俳優を記すのに当然として、「絹代さんとコーヒーをのみ」から窺われる、いわばある種の親密性のニュアンスはどうだろう。数日置いての記述だけになおさら目につく。

そもそも、小津が田中絹代を最初に使ったのは『大学は出たけれど』（一九二九年）。小津がまだ三年目の駆け出し監督であったのに対し、田中絹代は既に幹部女優であった。それを考慮すれば、『大学は出たけれど』から四年後の「絹代さん」は敬称と取れないこともない。

だが、このあたり、田中絹代がらみの記述がまだある。「▲一寸忘られぬ花をcutした／▲絹代さんが丸髷で奇麗《綺》だつた」（四月二十六日（水））。『非常線の女』の公開前日。翌日公開に向けた最後の調整での「cut」だろうか。そうであれば、「一寸忘られぬ花」という表現は意味深長。「花」を絹代と取ると、いい表情だったが切ったということになる。続く丸髷の「奇麗《綺》」はフィルム上のことか。しかし、『非常線の女』の絹代は終始洋装で丸髷ではない。とすれば、絹代に会ったということだが、よく分からない。

今少し日記にかかずらう。翌一九三四年『浮草物語』（一九三四年十一月二十二日公開）撮影中のこと。「あけ方夢をみた　絹代さんとお茶をのんでゐるまことにつゝましい夢だ」（十月十七日（水））。田中絹代の夢を見る。その夢を記す。私が「小津の小さな言葉」といったのは、このようなさりげない記述を指す。その裏にあるやもしれぬ小津の心情を、大場健治は描いてみせたのではないかということだ。『非常線の女』のロケが天候の加減で中止続きだったある日。湯河原の旅館・中西屋に宿泊していた時のこと。「▲春江さん　まことに健在」（三月三日（金））という記述。春江は『東京の女』における田中絹代の役名。絹代も中西屋に宿泊していたということだろうか。そうだとすると、「春江さん」はこれまた親密な呼び方となろう。

一九三三、三四年の小津日記に刻まれた田中絹代の小さな影。『銀幕の恋　田中絹代と小津安二郎』の「あとがき」によれば、「本作の題名ははじめ『小説・田中絹代の恋』のつもりであった」という。佐藤春夫の『小説永井荷風伝』（一九六〇年）、檀一雄『小説太宰治』（一九四九年）、杉森久英『小説坂口安吾』（一九七八年）などを想起するが、あった〈事実〉のみに掣肘されることなく、いわば、ありえた〈真実〉に迫ろうとしたということだろう。

『大学は出たけれど』の出会い

大場は書いている。「昭和も四年の就職難の春、「大学は出たけれど」の見出しが新聞紙上に躍っていた。それを映画の題名にちゃっかり戴いたところが、大学での資格など歯牙にもかけぬ清水の屈折した才気である」。清水は清水宏。京都下加茂で大部屋の田中絹代を主役に抜擢し（『村の牧場』〔一九二四年〕）、蒲田に連れて来た。私生活では試験結婚の相手となった。

佐藤千広「クロニクル「清水宏１９０３〜１９６６」」（田中眞澄・木全公彦・佐藤武・佐藤千広編『映畫読本』清水宏　即興するポエジー、蘇る「超映画伝説」』〔二〇〇〇・七、フィルムアート社〕）の一九二〇年十七歳の項に、「清水によれば、北海道札幌農学校入学。翌年中退したという。（この学歴を疑う意見は多い）」とある。一九二〇年には、札幌農学校は既に北海道帝国大学農学部になっていた。これは清水のホラかも知れないが、きちんと調べておくべきであるか。

ここで確認したいのは、今に伝わる「大学は出たけれど」という金融恐慌、昭和恐慌下の流行語について。小津の『大学は出たけれど』（一九二九年）がその元ではないという単純な事実についてである。もっとも、時代を経るにつれ小津の映画がこの言葉を広める役割を果たしたという面は否定できないだろうが。

小津と絹代の本格的出会いはこの作品。大場は撮影中の小津の視線を通して絹代をこう捉える。下宿の階段から降りて来る町子をファインダー越しに覗く体。「こぼれるような愛くるしい笑顔。しかしたとえば松井潤子の屈託ない笑顔とはどこか違う陰があって、それは危険で淫蕩な陰のように見えた」。以前撮影所ですれ違った時の印象は「目を伏せて小さく頭を下げて挨拶すると、ちらっと上目づかいで小津を見上げる。／不逞の一瞬」と。挑戦的な眼差しとでもいうのであろうか。小津が清水のアイデアである『大学は出たけれど』を引き受けてしまったのは、絹代の「不逞の実体をぐいっと確かめてみたかったからなのかもしれな」いというのだ。絹代が小津をみつめる「不逞」な眼差しから、大場はふたりの恋を描いてゆく。職のない野本徹夫（高田稔）に代わり、町子（田中絹代）がカフェーで働く場面。現存フィルムの客は笠智衆だ。小津が注文を付けるまでもなく、絹代には「天性の妖しいコケットリー」があった。

『落第はしたけれど』の頃

大場の奔放な想像力は、飯田蝶子に遣り手の役割を負わせるに至る。『落第はしたけれど』（一九三〇年四月一一日公開）の編集が終わった日のこと。飯田蝶子は蒲田の自分の家に小津を誘った。亭主の茂原英雄は茂原式トーキーの開発中で留守。二階で待っていたのは、なんと絹代であった。丸火鉢の鉄瓶には熱燗が付けてある。「絹代が鉄瓶から徳利を取って、持ち替えると指先を耳たぶに当てた。／白い絹の肌の手が震えているように見えた。／「先生、ありがとうございました。また使って下さいね」／小津は坐り直して徳利を押しやった。／「ぼくは清水の親友だ」／絹代はそれでも、小津の浅黒い顔を見つめたまま、不躾の目をじっとそらすことをしない。／「先生」／小津はたじろいだ。／鉄瓶がちんちんと音を立てた。／「先生、わたしの体は汚いんでしょうね」／小津は立ち上がった。／ゆっくり階段を下りると、飯田蝶子が前に立ちはだかった。／「わたしの一世一代の義侠心だよ」／小津は返事をせずに戸を開けて外に出た。／甘い春の夜風である。／蒲田の青春の月は一面のおぼろの中にある」。

一文改行の思わせぶりな場を長らく引用してしまった。何を馬鹿ばかしいと一蹴することはたやすい。上手い行文ではけっしてない。ただ、学ぶべきは大場の飛躍する力なのだ。「小津の小さな言葉」からの飛躍、というより想像力である。あながち、荒唐無稽というわけではないのである。寺山修司ではないが、どんな鳥も想像力より高く飛ぶことは出来ない。

「先生、わたしの体は汚いんでしょうね」」という絹代の言葉と、「小津は立ち上がった」の間が問題である。ここに間がないと解釈するなら、飯田蝶子の「立ちはだか」りは、自分の好意、あるいはおせっかいを無視した小津への抗議となろう。ここに間があるとするなら、それは飯田蝶子の念押しというか押し付けということになろう。どちらと決められないのだろうか。

作品もかなり進み、戦後は昭和二十七年。小津が終の棲家たる北鎌倉に転居する直前のことだ。小津と長らく深い関係にあった森栄は築地で料亭を経営しており、小津もしばしば使っていた。森栄が、親しい人が居ると小津に打ち明ける場面。大場は森栄の小津への未練を語るが、小津の反応は冷めたものだ。「頻繁にというほどではないにしろ、ときどき小津は、野田高梧など撮影所の連中を連れて料亭「森」を使った。／泊ることもあった。／栄はかいがいしく世話をした。／しかし、蒲田の飯田蝶子の家《いえ》の二階で、田中絹代の徳利を押し返した小津である。一線を超えることはもうなかった」。「もうなかった」というのは、森栄と男女のよりを戻すことはなかったという大場の解釈。その前提に「田中絹代の徳利を押し返した小津」を出している。素直に読むなら、『落第はしたけれど』の時の飯田蝶子の家でのこと、絹代の言葉の後に間はなかったと読むべきか。だが、大場の筆はおぼろ、思わせぶりというほかない。

父寅之助の死の後に

一九三四年四月二日、父寅之助が狭心症で亡くなる。『母を恋はずや』公開（一九三四年五月一一日）翌日。大場は喪服の田中絹代が深川の小津家を訪れたと記す。小津が絹代を新橋まで送るという。以下引用。やや長い。

永代橋を渡り切った。

「先生、ここから大川の岸に下りていけるのかしら」

小津が先に立った。絹代が小津に小さな手を預けた。

「寒いんじゃないのかい」

「寒くなんかない」と絹代はショールを外して小津の頑丈な首に回すと、ぶら下がるように顔を上げて小津に唇を寄せた。

濃厚な接吻だった。

向こう岸の浅野セメントの倉庫の陰に「クラブ歯磨」のネオンが小さく光って見えた。

「もう一度、ね」

ネオンが光った。

「お髭が痛い」と絹代が言った。

清水は髭を生やしてないと小津は思った。

ネオンがまた光った。

「先生は子供が好きでしょ。でもわたしは子供ができないかもしれない。わたしは時子って名前になったから。先生それでもいい？」

「ああ」

「帰ったらすぐに母に話します。兄や姉はもう母に預けていいの。わたしは時子として一生の時を先生のために生きるの。ね、先生、いいのね、いいのね」

今度は小津の方から唇を近づけた。

むろん、事実ではない。五月十二日土曜日。小津日記の記述は「腹わるい　一日家／山中貞雄にさゝぐ／大河内一人斬つては台にのり／頃日まことに散漫　俳句にならず」のみである。「大河内一人斬っては台にのり」というざれ句は、大河内伝次郎の演技の「散漫」さを批判的に詠んだものか。直近の主演作は伊藤大輔『丹下左膳　剣戟の巻』（一九三四年）。この年三月に、山中貞雄は深川の小津家に泊まっていた。小津は山中へのメッセージを狂句に込めたのだろうか。ちなみに翌年、山中は大河内伝次郎を使って『丹下左膳余話　百万両の壺』を撮っている。

繰り返しになるが、事実のすきまから真実を見ようというのが大場の方法。引用した小津と絹代のキスシーンは滑稽といえば滑稽。小津を聖化偶像視しようとする人びとにとっては、大場の仕業は許されざる行為かもしれない。

しかしである。小津安二郎が研究対象として自立するためには、聖化偶像化は排されねばならない。没後五十年以上を経て、小津研究が自由になってきた徴表と受けとめるべきだろう。むろん、大場のような行為が、小津への敬愛尊敬と背馳しないことはいうまでもない。

その夜の北鎌倉

先を急ごう。小津と絹代の恋の結末如何。小津最晩年、一九六二年十一月二十四日。二月に母あさゑを亡くしてひとりぼっちの北鎌倉の家に、田中絹代から電話が入った。霧の夜九時半を過ぎている。テアトル鎌倉で小津の『秋刀魚の味』（一九六二年一一月一八日公開）と絹代出演の川頭義郎『かあさん長生きしてね』（一九六二年一〇月一三日公開）が併映になったので観に来たのだという。絹代はどちらの試写も観ていなかったから。また、小津の母のお参りもしたいという。タクシーを飛ばしてやってきた絹代を、小津は浄智寺の角で出迎えた。寒い中、小津はしばらく待ったであろう。玄関に入り「小津は電燈の下の絹代の姿を見た。／目立たない地味な着物だったが、髪は全部うしろに梳いてまとめて束ねて、額をそのまま見せていた。『彼岸花』で注文した髪型である。鎌倉まで出てきて電話をかけたのは、併映という思いがけぬ縁をとらえたうえでの予定の行動に相違ないと小津は推察して、少したじろいだ」。『大学は出たけれど』以前からの絹代の「不逞」な目付き。なんといっても、蒲田の飯田蝶子の家の二階。そして、永代橋の畔。

絹代の話を肴に、小津は熱燗の徳利をつける。今日十一月二十四日の霧の夜に『愛染かつら』の二人がやっと出会ったのだと、絹代はいう。

絹代はここできっぱりと居ずまいを正して、ちんちんと鳴る瀬戸の丸火鉢の鉄瓶から小津の何本めかの熱燗の徳利を取って、さっと右手に持ち替えると指先を耳たぶに当てた。いつか遠いむかしの、蒲田の春の宵の二階での仕草である。

「今夜は受けて下さいますね」

小津は勢いに押されて杯を絹代の前に差し出した。

梵鐘の音が家の中にも渡ってきた。

「円覚寺の鐘だ。六時、朝の勤行が始まる」

絹代はしゃきっと身支度を整えていた。

大場の密やかな工夫を解きほぐすのは無粋なことではあるが、絹代の「「今夜は受けて下さいますね」」の「は」である。小津は絹代の酌を「「今夜は」」受けた。蒲田の夜もおぼろではあるが、絹代からすれば「受けて」もらっていなかったということになろうか。

いずれにしろ、朝を迎えたふたりである。「絹代はしゃきっと身支度を整えていた」とは、それまでは「しゃきっと」していなかったということだ、とまでいえばこれまた野暮なこと。

絹代に小津は母あさゑの懐中時計を渡す。「「おふくろの形見だ。もらってやって下さい。おふくろは絹代ちゃんが大好きでね、よく『愛染かつら』の話をしてた。さ、もらってやって」」。『東京物語』のラスト。小津が平山周吉（笠智衆）絹代が平山紀子（原節子）に重なる。小津は北鎌倉駅まで絹代を送る。

大場健治の小津ごっこ

大場が素晴らしいのは、荒唐無稽な真実を自由闊達に描いてみせたことだ。周防正行や竹中直人が映像で行なった小津ごっこの小説版である。誤解はないと思うが、「ごっこ」というのは貶価ではない。大場の仕事は、一見、小津安二郎論あるいは田中絹代論の装いを纏っているので、罵倒されるか無視されるかの宿命を負っているのかもしれない。しかし、小説に方法はないのである。小津が映画の文法を超えてしまったように、映画論もまたかく自由であってまったく構わない。

構成が大胆なので理解されにくいが、大場が小津テキスト絹代テキストを自家薬籠中のものとして、楽しくたのしく語っている中に、独自の見解が散りばめられていることは指摘しておかなければならない。挙げていけばきりがない。たとえば志賀直哉『暗夜行路』時任謙作の影を負った絹代の役名時子のこと。たとえば『風の中の牝鶏』（一九四八年）の時子（田中絹代）の一夜の過ち。（私が『風の中の牝鶏』と記し、「牝雞」としない理由については、「痙攣するデジャ・ヴュ――ビデオで読む小津安二郎――⑥『風の中の牝鶏』――反復する階段、あるいはプシュケーの祈り――」（『北海道武蔵女子短期大学紀要』34、二〇〇二・三）に述べた。いまだに浸透していないことは残念だ）大場はこういう。小津は「時子も体を汚《よご》さなかった」、「相手の男ができなかった」ことにしようと「売春の部屋のシーツが乱れずにきちんとしたままの画面をイメージしながら」脚本を書いたが、共同脚本の齋藤良輔が「そんなの小津さんの気休め」、「夫にとっちゃどっちだって同じ」と笑ったと。

細かなことだが、読みとしてここは大事なところだ。『風の中の牝鶏』を論じる誰もが、時子が一夜の過ちを犯したと済ませてきた。先の『風の中の牝鶏』論で、私はこう書いた。「シークウェンスの最初と最後に挿入されていた布団のショット。枕カバーも乱れていなければ、シーツも乱れていない」、「確認しておきたいのは、時子はあやうく難を逃れたかもしれないということ。それと、にもかかわらずもちろん時子の気持ちとしては夫を裏切っているということだ。この潔癖さこそ時子の持ち味であり、またのちに彼女を苦しめることになる」（ここでの引用は『小津安二郎・生きる哀しみ』（二〇〇三・一〇、ＰＨＰ新書）から）と。

たしかに大場が齋藤良輔にいわせているように「夫にとっちゃどっちだって同じ」といえなくもない。しかし、より重要なのは、「時子の気持ち」なのである。その時子の「潔癖さ」を私は「プシュケーの祈り」と呼んだのであった。強調したいのは、シーツの折り目という細部（実際は細部ともいえないが）から「読み」を構築していくということ。つまり、映画を小説を読むのと同様に読み込んでいくということなのだ。

そこでふたつ。まず、まだまだ薄っぺらな映画批評が横行する中でこのような読みが出てきたことを喜びたいということ。もうひとつは、小説仕立てで自由に舞った大場の仕事を壮としたいというだ。小津を巡る冒険。なんともうらやましいなあ。

末延芳晴『原節子、号泣す』

オヅ本もう一冊は、末延芳晴『原節子、号泣す』（二〇一四・六、集英社新書）。末延には『永井荷風の見たあめりか』（一九九七・一一、中央公論社）、『荷風とニューヨーク』（二〇〇二・一〇、青土社）、『荷風のあめりか』（二〇〇五・一二、平凡社ライブラリー）という荷風論もあるので、私には馴染みの書き手である。

やられたという思いもある。ようやくこういう映画論が出てきたという気持ちだ。「ようやくこういう」というのは、映画テキストに対する対し方のことだ。口幅ったいことではあるが、『映像批評の方法』（一九九六・一二、彩流社）の江藤茂博や私の小津論が、ビデオテープ平準化後の一九九〇年代から暗夜の中を孤独に歩んできた行路に同行者が出てきたということだ。

『小津安二郎・生きる哀しみ』の「はじめに――ビデオで読む小津安二郎」で、私は揚言した。「ビデオは映画を書物にした。（略）誰でもビデオで再読できる以上、小説を分析するときと同じように、細部へのこだわりこそが読みを左右することになる」と。『原節子、号泣す』の「はじめに」において、末延はいう。「本書は、原節子が「紀子三部作」において、いかに「号泣」し、全身的に泣き崩れることでそれぞれの作品に託した小津の思想・哲学を「真実」としてスクリーンのうえに現前させたかを、あたかも小説を読むように厳密に検証することで読み解こうとする試みである」と。「あたかも小説を読むように」である。時代はあっという間に進む。ビデオ時代のほぼ最初の成果である太田和彦『シネマ大吟醸』（一九九四・一二、角川書店、二〇〇九・三、小学館文庫）から、思えば遠くに来たものだ。VHSから、LD、いまやDVD、ブルーレイの時代に。操作性が快適になったばかりではない。二十数年前にはブラウン管のTVに映していた。私の部屋では小さなテレビデオを二台潰したのだった。この間、映画は確実に書物となったのだ。

小津読みの小津知らず

「論語読みの論語知らず」をもじっていうのではない。ここでいおうとしているのは、小津映画自体には精通しているが、通時的であれ共時的であれ、ほかの映画テキストにはあまり通じていないということ。たとえば私のように文学研究という異業種から参入してきた者にとっては、どれだけ裾野に通じているのかという恐れがあるわけだ。もちろん、映画黄金時代に映画館に入り浸っていたという原体験はあるものの、常に自分の無知を恐れているのだ。それは文学の場合だって同じことなのだが。

それがである。末延の行文は私を驚かせる。『原節子、号泣す』の開巻。「小津安二郎はその監督生涯を通して一番多く女優を泣かせた監督であった」。うーむ。「その監督生涯」を「小津の監督生涯」と取ってはいけないのだ。そもそんな文は成立しないから。「世界中の監督という監督の生涯」と好意的に取らねばならないのだ。その荒さにはとりあえず目をつぶろう。驚くべきはその自信たっぷりの断定だ。「小津読みの小津知らず」を自覚する私には、とてもこうはいいきれない。

だから、末延のいう「小津の思想・哲学」というのも大上段に聞こえる。それはたとえば多くの小津映画に共通する欠損家族という構造であったり、『父ありき』（一九四二年）の父子（笠智衆・津田晴彦・佐野周二）流し釣りに典型的な同じ動作や姿勢の共有というものだという。だが、それらを「小津の思想・哲学」として、先行の小津論が指摘してこなかったというのはどうであろう。末延の指摘は、あまりにも当たり前のことで、「思想・哲学」として声高にいうまでもない当然のことだからではないか。

原節子の幅——『上海陸戦隊』、『颱風圏の女』そして『白痴』

原節子の代表的表情といえば、どうしても『晩春』（一九四九年）や『東京物語』の穏やかな紀子ということになりがちだ。だが、末延はそのような原節子とは対蹠的な表情を見られる作品に言及する。熊谷久虎『上海陸戦隊』（一九三九年）、大庭秀雄『颱風圏の女』（一九四八年）、さらには黒澤明『白痴』（一九五一年）である。「原節子は、「永遠の処女」とか「永遠のマドンナ」などといった固定化したイメージの枠にはめ込まれてしまった感があるが、現実には生まれながらの資質として、内側に極めて不定形で危険、かつ暗く、ワイルドで、反社会的な本性を秘めた女優であり、それが彼女の魅力の源泉となっていた」。

『颱風圏の女』は「明らかに失敗作」でありながら、「この映画で密輸船の船長の情婦に身を落とし、生きることにふて腐ったようなものの言いようと物腰、そして暗い影を宿しつつも、自分をそのような境遇に陥れたものに対する行きどころのない怒りの感情を持て余しているといったふうの情婦を演じる原の風貌は、言語を絶して美しい。日本の近代映画史上で、欧米の大女優に引けを取らぬ形で、日本女優が最も美しく映し撮られたフィルムといっていいだろう」。あいかわらず大袈裟だ。「欧米の大女優」が基本的には上位であるかのようなものいいには不満だが、これまで顧みられること少なかった『颱風圏の女』に着目しているのが素晴らしい。さらに、『颱風圏の女』の原の表情が、小津に『晩春』の観能の場面の紀子の豹変を作らせたという。『晩春』の服部に『颱風圏の女』で共演した宇佐美淳を使ったのもその証左だというのだ。

末延が指摘するように、これまであまり注目されてこなかった『上海陸戦隊』や『颱風圏の女』の原節子も美しい。大事なのは、小津の紀子三部作においても原節子は豹変しているということだ。一瞬のうちに対蹠的な表情に変化させうる原節子の素晴らしさについては強調して強調しすぎるということはない。

小津と黒澤の原節子

『白痴』の那須妙子（原節子）のエキセントリックな表情。それはこの上なくフォトジェニックである。私には小津『東京暮色』で母・相島喜久子（山田五十鈴）に妹・杉山明子（有馬稲子）の死を告げる喪服の沼田孝子（原節子）の恐さが直結する。『白痴』を末延は、「全体を貫く緊張感の高さにおいて出色のフィルムであり、黒澤映画最大の傑作であるだけでなく、日本映画史上類のない芸術映画作品」と絶賛する。私も黒澤の一本となると、『白痴』を採りたい。これはきわめて個人的な感慨から来るところが大きく少し割り引かねばならないかもしれないが、私が生まれる一年前の札幌がフィルムに刻み込まれているからだ。狸小路の刃物店、苗穂跨線橋などなど、原記憶が揺さぶられる。

末延は、原節子を巡って黒澤明と小津安二郎の間に「壮絶な闘い」があったという。いまや日本が世界に誇るふたりの巨匠。黒澤が監督試験を受けた時、小津のひとことで合格したというエピソードはよく知られている。対蹠的な作風ではあるが、天才相認める趣がある。

小津が『晩春』に原節子を起用したのは、戦前に引き続きヒロインを約束されたであろう桑野通子の急死と、山中貞雄に繋がる縁からであろう。敗戦後、黒澤明が原節子を『わが青春に悔なし』（一九四六年）に起用していた。そして、小津『晩春』、黒澤『白痴』と交錯し、小津のピーク『麦秋』、『東京物語』を迎える。末延によれば、『白痴』において「原節子が内に隠し持つ反社会的な本性を、黒澤が極限的に引きだし、スクリーンのうえで全面的に開示させた」ことが、『麦秋』、『東京物語』の抑制・爆発（号泣）を可能にしたというのだ。黒澤は小津を意識して『白痴』の原節子を造形した。だが、「『麦秋』、『東京物語』という二つの映画史上に残る傑作を立て続けに見せつけられたことで、黒澤は、女優原節子を使って映画を創ることにかけては、小津にかなわないと思ったのだろうか、二人の間で、知る人ぞ知るという形で原節子をめぐって闘われた熾烈《しれつ》な映画戦争は、以後、黒澤の方から打ち切るといった形で終わったように見えた。だが、しかし、黒澤は、『東京物語』で小津が突きつけたものをしっかりと受け止めていた。なぜなら黒澤は、『東京物語』から実に三十七年後の一九九〇年に製作された『夢』の最終話、水車のゆっくり回る村の話で、「時の司祭」として百三歳の村長を笠智衆に演じさせることで、小津に対して最大の畏敬《いけい》の念を込めて答えを返したからである」と。

重政隆文の『原節子、号泣す』批判

そこで取り上げたいのが、重政隆文「《映画の見かた》の見かた⑲　DVD批評の行方」（『映画論叢』37、二〇一四・一一、国書刊行会）という文章。重政はこう始める。「近年、特に映画研究者、映画学者などの多くがDVD依存症ではないかと思えるような論考が増えている。もちろん面白く書けていればいいが、その基礎のところで映画体験のないものは根無し草のように私は感じる。根底に映画館体験があるのと、DVDで純粋培養的にソフトだけ論じるのとでは、大きく違うような気がする」。重政の憂いはよく分かる。だが、だがである。問題にしたいのは、重政が絶対視しているかのような、「映画館体験」である。

先にも書いたが、私自身にも映画館の原体験はあり、それはそれは貴重なものだ。だが、それを絶対視して「DVD批評」を「依存症」、「根無し草」と呼ぶのはどうだろう。かりに映画館に足を運んだことがない論者が映画論を書いたとして、それが優れたものであれば、まったく構わない、それはそれでひとつの表現なのだというのが、私の考えだ。

私自身も『小津安二郎・生きる哀しみ』を出した時、「まえがき――ビデオで読む小津安二郎」に「映画館育ち」である旨を最初に記したにもかかわらず、同様の批判を受けた。それは、ビデオを使った批評であることのインパクトが強いためだろうと前向きに捉えたものだ。

重政は宮崎駿とビリー・ワイルダーを論じた二冊の映画論を「根無し草」の例に挙げた後、もっとも多くのページを割いて『原節子、号泣す』を難じる。「この人は映画が好きなのではなく、小津安二郎が好きなのである。街中でかかっている映画には興味がないのだ。純粋無垢な小津論ということになる」。私の「小津読みの小津知らず」という危惧と同じだ。まあ、それでもいいじゃないか。「純粋無垢」は十分に皮肉だが、「大げさでほら吹き的な過剰表現」、「「本質」とか「真実」、「映画史上」、「最高峰」、「唯一無比」など、空疎な過剰表現の連発」、「新興宗教の勧誘や選挙の演説に似たもの」、「小津オタク」と散々であり、「深夜に一人で孤独に小津ビデオに浸っていたのだから、映画的には不幸で貧しい生活をしてきた」とまでご丁寧に末延の「生活」を想像してくれる。それも大きなお世話、というより、重政自らの感覚の絶対化だろう。それこそ、どんなに大勢の人びとと映画館において映画体験を共にしようと、映画を読むという行為は「本質」的に「孤独」な営為であるからだ。

重政はこう締めくくる。「今回取り上げた数冊の映画書の著者たちはおおむね映画館体験を積み上げていないように思える。ほぼビデオ、ＤＶＤのみで論を構成している。映画論を書き上げたとしても映画館体験がないと論の背骨が欠如しているような感がする。このような評論を世間では机上の空論と呼んでいる」。繰り返しになるが、「机上の空論」のどこが悪いのか、というのが私の立場。重政の末延批判に同調できる点はあるが、「映画館体験」の絶対視に、越境者を疎んずる映画人の狭さがほの見えるのである。

私にも少ないながら札幌や東京で業務試写に招かれた経験があるが、そこに流れる内輪の雰囲気の厭らしさには慣れたくないと思った。それに鈍感になってしまうことは、コマーシャリズムに流され、批評の刺を鈍化させてしまうということだろう。映画館体験はむろん重要だ。田中眞澄が「フィルムセンター最多有料入場者」を自称していたことを銘記したい。「有料」という自負だ。身銭を切って映画を読み、本を買い、書く。野にあった田中眞澄の気概であろう。

オヅ本の多様性を求めて

シェークスピア研究者と評論家による、ちょっと異色の小津本について語ってきた。「異色」の度合いでいえば、前者の方がより強烈である。後者もきわめて個性が強く大きな反撥を招くだろうが、その荒唐無稽さ（誤解なきよう、褒め言葉）において、前者は完全に無視されるかもしれない。そのような事態を、私は恐れる。ここでは触れえなかった新見も散見するからである。

何度も指摘してきたように、一九八〇年代のビデオテープの平準化によって、映画研究は本質的に変化した。いまだに印象批評が跋扈しているのは、需要があることから当然ではある、と私は受け止めている。たとえば、どんな映画を観に行こうかと参考にしたい場合とか。それはそれで役割を果たしている。だが、本格的な批評や研究の場合、記憶のみで書くことはもう許されないのだ。文学研究者を中心に異業種の書き手が映画論へ進出してきたのは、メディアの革命が生じたからにほかならない。今回扱った二冊の小津本は、いずれも小津作品を書物同様に読み込んで書かれている。

それぞれに不満はあるものの、労を多とすべきだろう。求めるべきは多様な表現だ。より正確にいうなら、多様な表現に対する感受性だ。柔らかい感受性がなければ、自己の映画体験に固着した頑迷さに沈むばかりである。

第3章

『淑女と髯』再読

マルクスの〈御真影〉

二〇〇八年三月九日、小津安二郎ゆかりの茅ヶ崎館で佐々木亜希子の活弁により『淑女と髯』（一九三一年）が上映（ＤＶＤ）された。『淑女と髯』が活弁付きで上映されるのは、近年ではないことで、画期的な試みであった。確証はないが、公開以来初めてのことであったかもしれない。上映後、茅ヶ崎館専務・森浩章さんのはからいで佐々木さんと対談する場を設けてもらった。私なりの再発見もあったので、久しぶりに岡島（岡田時彦）のヒゲについて考えてみよう。

私にとって『淑女と髯』は特別な作品である。大学以外で初めて小津について講演したのが『淑女と髯』について。一九九四年十一月十七日、北海道広島町（現・北広島市）の中央公民館であった。たしか「知られざる小津安二郎」という演題であった。ほぼ同じ内容で紋別市立図書館（一九九五・一一・一二）、帯広市とかちプラザ（一九九六・三・一三）と巡演。初めて書いたのが「マルクスの〈御真影〉——小津安二郎『淑女と髯』一斑——」（『暗射』春一九九五、一九九五・四）という短文であり、私が小津に深入りするきっかけとなったのであった。その一部を引用してみよう。

今、この作品を観て、大きな衝撃を受けるのは、マルクスの登場だ。岡島の友人でブルジュア男爵の「若様」・行本輝男（月田一郎）の部屋。ヒゲの岡島を蛇蝎のように忌み嫌う妹（飯塚敏子）に、「若様」は、「古来英雄は髯を好むのである」と一席ぶつ。この時、マルクスの肖像が、ずっと背景にあるのだ。そこへ、ヒゲを剃った岡島が、就職の報告に来る。その背にもやはり、マルクス。

昭和六年ですよ。三・一五の三年後、多喜二虐殺、佐野・鍋山転向の二年前。なぜ削除にならなかったのか、気になってしまう。喜劇を越えて、シークウェンスにおける意味が深長だからだ。治安維持法がギャグになるシーンもある。脚本が築地小劇場に関係した北村小松ということはあるとまれ、左翼的な主張を持っていたわけではない小津の社会を見る目が、いかにラディカルであったかを、こんな小さな場面が教えてくれるのである。

続いて書いたのが「痙攣するデジャ・ヴュ——ビデオで読む小津安二郎——①『淑女と髯』——宮様のシャボン玉、そしてマルクスの〈御真影〉——」、「痙攣するデジャ・ヴュ——ビデオで読む小津安二郎——②『淑女と髯』——宮様のシャボン玉、そしてマルクスの〈御真影〉——（承前）」（『北方文芸』一九九七・三、四）で、『小津安二郎・生きる哀しみ』（二〇〇三・一〇、ＰＨＰ新書）の「第1章『淑女と髯』——マルクスの〈御真影〉」となった。

田中眞澄による「仮令《たとい》ギャグの対象としてではあれ、当時公然とマルクスの名が語られる日本映画というのも、珍品というべきだろう」（『小津安二郎映畫讀本［東京］そして［家族］』一九九三・九、フィルムアート社）という指摘はあったものの、マルクスや治安維持法がギャグに使われていることの恐ろしさについて論じられることは、いまだにない。小津が大胆に試みた挑発について改めて強調しておきたい。一九三一年のマルクス。行本男爵の部屋に〈御真影〉然と掲げられていた。

検閲官の怠慢に感謝

『淑女と髯』が論じられないのは、上映機会が少ないということが一番の原因だろう。小津ほどの監督でも、上映される作品は限られている。だが、それ以上に痛感するのは、映画研究・映画論において、論争の土壌がないということだ。色々な視点が提出されたとしても、それがいいっ放しになってしまいがちで、作品論として深まっていかないことが多いのである。

冒頭の剣道の試合。脚本（ここでの参照は井上和男編『小津安二郎全集［上］』二〇〇三・四、新書館）では、岡島の城南大学と安政大学の対戦となっている。都の西北・早稲田と法政大学のもじりだろう。フィルムの対戦表では「本校」と城南大学となっており、佐々木亜希子は学習館大学と城南大学と語っていた。もちろん、宮様らしき審判長の少年（突貫小僧）を学習院の生徒と意識してのことである。「本校」＝学習館大学の試合に宮様が臨席しているということになる。検閲で小津が内務省に呼び出された際、「桜の記章ではないから」学習院ではないと突っぱったと厚田雄春が回想している（厚田雄春・蓮實重彥『小津安二郎物語』一九八九・六、筑摩書房）。

少し脱線するが、厚田が当時の検閲の様子を語っているのを聞いてみよう。「検閲が厄介になったのは、やっぱりトーキーになってからです。サイレントのときは、この台詞はいかんといわれても、タイトル・ボードですから、そこだけ変えればいいんです。検閲は、内務省の検閲官、松竹の検閲係、台本係と三人で作業する。で、ここは引っかかるというと、台本係がそこにさっと印をつけるわけです」。宮様の毛玉はともあれ、マルクスの〈御真影〉と治安維持法は、内務省検閲係が気づかなかったということだろう。検閲官の怠慢に感謝しなければならない。

佐々木亜希子に教えられる

脚本を絶対とせず、自分流に解釈していく佐々木亜希子の態度をよしとしたい。そもそも活弁は舞台芸術であるから、脚本があったとしても本質的には一回的なパフォーマンスである。観客（読者）との共同作業で新たな解釈が加えられていくのである。

岡島が広子（川崎弘子）の会社の試験を受ける場面。白髯の社長（岡田宗太郎）と岡島が同じ動作を繰り返し、結局岡島は採用されない。この時、岡島が椅子の開いた穴から中身の棕櫚を取り出してしまう。社長はそれを岡島の髯が抜けたものと誤解し、自分の髯はあんなに沢山抜けることはないので敵わないと思った。佐々木はこのように解釈して語っていた。私は棕櫚を単に髯に見立てただけだと考えていたので、佐々木の解釈にはっとした。

髯のせいで不合格になったので、剃った方がいいという弘子の忠告を受け、岡島はインペリアル・ホテルのフロントに職を得ることになる。「大学は出たけれど」大不況の時代である。試験のために髯を剃り床屋から出てきた岡島を、以前広子を恐喝した不良モガ（伊達里子）と手下がリンカーン・

コンチネンタルから付けねらう。モガが「あれ与一兵衛だぜ！」というと、モボは「案外勘平にするんじゃねえか？」と応ずる。もちろん「忠臣蔵」だ。「与一兵衛」は縞の財布。金を持っているのじゃないか、カモがいるということだ。後者の勘平について私は「これから、お軽に会うのか、とでもいうことか」（「痙攣するデジャ・ヴュ」）と書いていた。これは私の誤りだった。

問題は「勘平にする」の「する」だ。めかしてお軽に逢いに行くというのに「する」はどうも苦しい。佐々木は手下がモボにいい人に「する」つもりじゃないのかとからかっているというように語っていた。まったくその通りであろう。

広子の指輪

長らく気になっていて解決していないことがある。「痙攣するデジャ・ヴュ」には書いたが、『小津安二郎・生きる哀しみ』ではカットした広子の宝石指輪のことである。引いてみる。広子の家に中山の小父が縁談の催促にやってくるところ。

実は、ここで分からないことがある。茶碗を口に当てる広子の左手薬指に、指輪がはめられているのだ。あわてて、これまでの広子登場の場面を確認してみた。モガにゆすられている場面では、していない。面接試験の場面、岡島のアパートの場面では、している。先走って、最後の岡島のアパートの場面も確認すると、ここでもしている。風習として、エンゲージ・リングが、日本でいつごろから一般化したのか分からないが（もちろん明治以降ではあろうが）、この時代にある程度普通のことであったとしたら、この指輪は謎だ。幾子の誕生パーティーも観直したところ、洋装の友人一人が、左手薬指と右手中指に指輪をしており、和装の友人一人も、左手薬指にしている。このことから考えて、広子の指輪は、とりたてて特別のものではないといってよいのではなかろうか。

と、このように十一年前の私は考えていた。事実関係で付け加えれば、ゆすりの場面で広子は手袋をはめている。小さなテレビデオのブラウン管でVHSを擦り切れるほど観ていた十一年前の私は確認できなかったということだ。さらに付言すれば、「フライドラブスター」事件のシークウェンス。宝石商とヴォルケの「奥様」ラシャメンが、それぞれ左手薬指に指輪をしている。宝石商は宝石、「奥様」は金属である。

広子の家に岡島が就職の報告に来るが、その時、岡島は靴下を履いておらず、靴下代わりにずり下げた股引には穴が空いている。このギャグから「痙攣するデジャ・ヴュ」は、島津保次郎『隣の八重ちゃん』(一九三四年)と狂言「二人袴」を連想していた。より直接的には、エルンスト・ルビッチ『結婚哲学』(一九二四年)冒頭の靴下の穴を挙げるべきだろう。

川崎弘子は福田蘭童と結婚することになるが、それは一九三五年のこと。この指輪とはどうもつながりそうもない。『日本映画人名事典　女優編〈上巻〉』(一九九五・八、キネマ旬報社)の「川崎弘子」の項(西沢正史執筆)から引いてみよう。

女優王国・松竹蒲田の華麗な女優群にあって、栗島すみ子と田中絹代は、ともに一時代を築いた傑出した女優だが、彼女もまた川崎弘子時代をつくるのは、もう目前、というこのとき、しかし彼女は福田蘭童との恋愛事件を引き起こすのである。明治の代表的洋画家・青木繁の忘れがたみである福田（本名・福田幸彦）は若くして尺八の名手とうたわれ、作曲家としてもすぐれた才能の持ち主であったが、反面、名にしおうプレイボーイとして悪評高き存在であった。現在ならば〝浮き名も男の勲章〟ですまされるだろうが、昭和一ケタのころはそうはいかない。すでに離婚暦があった。33年、彼はトーキーの編曲に新境地を開拓、松竹の音楽顧問として川崎主演の「忘られぬ花」の音楽を手がけたことから二人は急速に接近。同年10月の「嬉しい頃」に川崎が主演したころは人目もはばからぬ〝嬉しき仲〟となっていた。このころは花形女優を別名〝永遠の処女〟などと呼び、結婚はまさしくタブー。しかも川崎が松竹の看板女優だったからおだやかではない。とりわけ福田は松竹時代劇の名花とうたわれた飯塚敏子との仲も噂され、結婚詐欺の疑いで何回か警察の厄介にもなっているとあって、関係者は、いちようにこの恋を押さえようと躍起になった。だが、この恋は周囲の思惑とは裏腹に燃え上がり、彼女は持ち前のシンの強さで反対を押し切って初恋をつらぬき、35年11月5日、大森区の松浅本店で結婚披露宴をする。仲人役は城戸四郎と菊池寛で、披露宴の席上、菊池は彼女の純情をたたえ、「もしこの結婚が失敗したら、すべて福田君の責任である。福田君は、川崎さんの純情を裏切ってはいけない」といった意味のスピーチをし、城戸とともに、「彼女を絶対不幸にしない」と福田に堅く誓わせた話は有名である。しかし彼女の結婚は、スターの全生命である人気を犠牲にすることにおいて成立するというスター女優の誰しもが歩む結果をたどることとなった。

引用中の飯塚敏子は、『淑女と髯』の幾子（若様の妹）役でデビューした。奇縁である。ついでながら、福田蘭童・川崎弘子夫妻は添いとげ、福田の連れ子・石橋エータローと義母・川崎の仲が良かったこともよく知られている。

川崎の指輪に小津が気づいていたかどうか分からない。小津の演出であったとすれば、かなり捩れた解釈が必要になる。普通に考えれば、岡島に焦がれる場面での広子の指輪は異様である。この話題を佐々木亜希子さんとの対談でも提出してみたが、どうもうまい解釈が浮かばない。

「寝首をかかれないように」

佐々木亜希子の活弁で感心した点をもうひとつ。末尾に近い緊張の場面。モガが岡島の矢来アパートで一夜を明かす。岡島の部屋には、おそらく若様から貰ったに違いないVAT69があるが、モガは舐めたであろうか。翌朝早く、岡島の部屋の時計が正しいとすれば五時ころのこと。岡島の思いを知った広子が訪ねてくる。野暮天・岡島とモガの間には何も起こらず、その意識のすれ違いが読者のおかしさを喚起していた。だが、そんなことを露知らぬ広子は、もちろん緊張する。自分をゆすったモガが、煙草をくゆらせて出てきたからだ。

岡島は剣道の胴を身に着けて寝ていた。「貞操帯」（「痙攣するデジャ・ヴュ」）代わりだったのだ。実のところ、岡島の野暮天ぶりからすれば、「貞操帯」という観念すらないはずなのだが、それは見逃しておこう。物語の整合性よりも、視覚に訴えるギャグの効果が優先される。

この胴について、佐々木は岡島に「寝首をかかれないように」といわせていた。なんともしゃれたいいまわしではないか。岡島の部屋でモガがゆっくり靴を脱ぐエロティシズムは、『麦秋』（一九五一年）紀子（原節子）の茶漬けと双璧をなす。寝首をかくもまた、エロティックなコノテーションにつながっていく。小津安二郎がルビッチばりの洗練されたエロティシズムを求めていたことを改めて確認しておきたい。

第4章
『早春』
長屋のインテリ・生きる哀しみ、あるいは死んだ兵士が出来なかったこと

二年三カ月のブランク

一九五六（昭和三十一）年一月二十九日公開。第四十七作。『東京物語』（一九五三年）と『東京暮色』（一九五七年）というふたつの傑作に挟まれている。注目度はそれほど高くない方か。だが、『風の中の牝鶏』（一九四八年）、『東京暮色』を彩っていた小津安二郎の暗部が『早春』にも鋭く刻み込まれている。フィーチャーされたのは池部良と岸恵子。

まず気になるのは、一九五三年十一月三日公開の『東京物語』の後、約二年三カ月のブランクがあること。戦時応召による『淑女は何を忘れたか』（一九三七年）と『戸田家の兄妹』（一九四一年）の間の四年、シンガポール行きと敗戦が挟まる『父ありき』（一九四二年）と『長屋紳士録』（一九四七年）の間の五年あまりを例外と考えれば、このブランクは長い。小津はコンスタントに脚本を書き、撮影してきた作家であるから。

では、ブランクの二年三カ月、小津は何をしていたか。一九四七年に斎藤良輔と執筆した脚本『月

は上りぬ』を、小津・斎藤に野田高梧も加わり改訂していた。「五社協定と対決する形」（田中眞澄「作品解説」『小津安二郎映画読本［東京］そして［家族］』一九九三・九、フィルムアート社）となったが、『月は上りぬ』は日本映画監督協会企画・田中絹代監督で一九五五年に公開された。また、小津は五四年にフリーとなった。日記の四月、五月、六月、さらに九、十、十二月には『月は上りぬ』への言及がある。

「インテリの長屋物」

『早春』制作の過程を小津日記から探ってみる。現存する小津日記が最初に『早春』に触れるのは一九五四年三月五日（金）だ。「終日うち　次の作品　ストウリーも何もないが　おぼろに輪郭らしいものが感じられる　インテリの長屋物といったところか」（ここでの引用は田中眞澄編纂『全日記　小津安二郎』一九九三・一二、フィルムアート社による。本稿では以下『全日記』）というのがその記述。「インテリの長屋物」とはいい得て妙である。『早春』に登場するインテリといえば、杉山正二（池部良）。『麦秋』（一九五一年）、『東京物語』に続く三人目のショージである。いや、『月は上りぬ』の安井昌二（安井昌二）を入れれば、四人目のショージとなる。杉山正二という「インテリ」の志向性に拘ってみたい。

蓼科高原

『早春』に戻れば、五四年の八月二十七日（金）、蓼科高原での記述に「風呂にゆく　仕事の話ひらける　兵隊の話を思ひつく　ラスト出来る　信州大学の丘に登る　題名　早春と決る」（『全日記』）とある。茅野・蓼科との縁が始まったのだ。蓼科高原に導いたのは脚本の相棒・野田高梧。野田が蓼科に持っていた別荘・雲呼荘が、茅ケ崎館に次いで『東京暮色』から二人の仕事場となるのだ。「信州大学の丘」は信大の蓼科高原研究所（茅野市北山）だろう。雲呼荘からも歩いていける。研究所は二〇一二年に閉所された。

『蓼科日記』刊行会編纂『蓼科日記　抄』（二〇一三・八、小学館スクウェア、以下本稿では『蓼科日記』）の一九五四年八月二十七日の項に「仕事大いにすゝむ。茅ケ崎滞留の三ヶ月分程一気にすゝむ。矢張やる気になれバ出来るもの也。やらざれバ出来ず、ねてゐてハ出来ず、やる気になりて始めて出来るものぞかし」とある。「茅ケ崎館滞留の三ヶ月分」とはいささか大げさに聞こえるが、鄙びた蓼科では「雑事から解放され」（田中眞澄「解説――小津安二郎と蓼科高原」『蓼科日記』）想像力が膨らんだのであろう。

とはいえ、『月は上りぬ』問題などで多忙を極めていた小津が、本格的に『早春』に取りかかるのは明けて五五年になってからであった。「そろそろ仕事で昼寝もよくねられなくなる　夜　始《(初)》めて本格的にコンストラクションにかゝる　一時間半ほどやる　疲れる」（『全日記』）と書いたのは一月二十五日（火）。茅ケ崎館でのことである。三月十六日（水）には「コンストラクション30まですゝむ」（『全日記』）。

「脚本今日から書き出す　1　2書き上げる」（『全日記』）と記したのは三月三十日（水）。擱筆まではまだ遠い。六月二十四日（金）の記述。「朝から仕事　一時三十分　脱稿する　起稿三月三十日なれバ八十七日なり　野田さん昼すぎ帰る」（『全日記』）。

小津日記の艶

多忙とはいえ、執筆まで思いのほか時間が掛かってしまった。しかし、この時期の日記により、『早春』の制作過程が窺える。永井荷風の愛読者であった小津の日記は面白い。この時期に読んでいたものを摘記してみる。小絲源太郎『冬の虹』（一九五四・二・二一）吉川英治『新平家物語』（五・九、一五）、谷崎潤一郎「黒白」（一九五四・一〇・一一）「鬼の面」（一〇・二九）「蓼喰ふ虫」（一一・一）、「卍」（一一・四）、「青春物語」（一一・一七）、「初昔」、「きのふけふ」（一一・二〇）、里見弴「私と君と」（一一・一六）、『荷風全集』（五五・一・一〇、一三）、林芙美子「めし」（二・三）、小島信夫「アメリカンスクール」、庄野潤三「プールサイド小景」（二・一六）、『志賀直哉全集第一巻』（七・四）。

『早春』執筆佳境の一九五五年四月十七日（日）の項を引こう。「雨激しくふる　午後昨日の　14のところ訂正　入浴　鳥の叩きに白味噌をいれて支那鍋でやく仕事　15 16 上げる　夜に入つて雨やむ／隣室に男女の客あり　終日戸を鎖じて喃々　おゆうさん曰く　どうもあの分でハ御夫婦ぢやありませんね　と」。おゆうさんは茅ケ崎館の仲居。私が茅ケ崎館を初めて訪れたのは一九九〇年代の何時頃だったか。おゆうさんの墓を探しあてたりしたものだった。「喃々」を聞きながら、二番の部屋で昼夜仕事に励んだ小津（と野田）が居た。微笑ましい。

この頃の動静には、村上茂子、森栄、中井益子頻出。一九五四年三月四日（木）の「のち森にゆくけんか」の記事は意味深げ。五五年一月二十九日（土）は「雨になる　郷さんと昔の兵隊時代の知人根岸仙蔵と根岸明美がくる／二時五分雨の中を野田　斎藤と出京　新橋で幾野と会つて更に東京駅までゆく　良輔忘れ物する　築地おかめにゆく　天婦良（羅）　のち　森栄による　茂女くる　良輔足

利に帰る　雑談茂女泣く　鎌倉りんどうによる　山内くる」。今度は森栄の所で村上茂子が泣いている。根岸明美は宝塚歌劇団出身の女優。明美の父である戦友の根岸仙蔵と交流があるのに注目しよう。『早春』の戦友会に繋がるから。

五五年五月十日（火）には「夕めしののち散歩に出る　岡村書店による　岡村書店主と車で藤沢の入舟にゆく　おさとさんといふ美人に会ふ　双葉すしによる　駅前から車で茅ヶ崎に帰る／晩ハ何も仕事ハしない」という記事が気になる。翌十一日（水）に「夕方風呂から出ると岡村書店主と佐登子嬢くる　すし元からすし　鳥の叩きにて夕餐　のち車で藤沢にゆく　入舟　のちさと子を送つて茅ヶ崎に帰る　二時少し前也／この日瀬戸内海にて紫雲丸沈む　痛恨限りなし」。さらに十二日（木）。「夕めし　のち散歩　岡村書店にゆく　九時四分にて藤沢にゆく　入舟にゆく　おくれて岡村くる佐登子と共に双葉すし　車で佐登子を送つて　茅ヶ崎に帰る　一時」。事情は分からないが、三日連続「美人」と藤沢である。紫雲丸事故では修学旅行生が多数犠牲になったので、『父ありき』（一九四二年）に修学旅行の水難を描いた小津にとって胸が痛むニュースであったろう。

小津の豆腐屋、小絲源太郎の豆腐職人

前節に小津が読んでいた作品を挙げた。小絲源太郎の随筆集『冬の虹』（一九四八・一二、朝日新聞社）に注目したい。なぜか。よく知られている小津の「豆腐屋」発言というものがある。「小津監督トウフ屋談義／『麦秋』が豆腐なら『お茶漬の味』はガンモさ」（『産業経済新聞』一九五二・五・二七）、「例えば豆腐の如く／『東京物語』の小津安二郎監督談〈本年度芸術祭の入賞者〉」（『東京新聞』

一九五三・一二・九)、「わたくしのクセ」(『読売グラフ』一九五五・六・七)である。

それぞれの当該部分を引く。「観客は一本一本ちがった作品を作ることを監督に望んでいるようだけれども、結局トウフ屋でしかないんだからね。油アゲとかガンモドキ位のちがいしか出てこないわけだ。『麦秋』や『晩春』がトウフならば『お茶漬の味』はガンモドキ位だろうね」、「ぼくは例えば豆腐屋なんだから次の作品といってもガラッと変ったものをといってもダメで、やはり油揚とかガンモドキとか豆腐に類したものでカツ丼をつくれたって無理だと思うよ」、「どうかすると「たまにゃ、変ったものを作ったらどうだい」という人もいるが、ボクは「豆腐屋」だといってやるんです。「豆腐屋」に「カレー」だの「とんかつ」作れったって、うまいものが出来るはずがないので、こんども『早春』というのを、あと三分の一でシナリオが脱稿するので、七月ごろからかかりたいと思う」(ここでの引用は、いずれも田中眞澄編『小津安二郎戦後語録集成昭和21(1946)年―昭和38(1963)年』一九八九・五、フィルムアート社による)。のちには『人生のエッセイ　小津安二郎　僕はトウフ屋だからトウフしか作らない』(二〇一〇・五、日本図書センター)という名の書物も編まれた。「例えば豆腐の如く」にある「次の作品」はいうまでもなく『早春』。

さて、小絲源太郎『冬の虹』に「揚出しの話」が収録されている。揚出しというのは小絲の生家である上野の料理屋のこと。荷風の「断腸亭日乗」一九四〇年八月二日の項に「日の暮るゝころ湖畔の揚出しに豆腐料理を食す。豆腐百珍など云ふ書の刊行せられしむかしを思へば夢のごとし」(ここでの引用は『荷風全集第二十三巻』一九六三・三、岩波書店による)とある。冒頭の「豆腐」を引いてみよう。「豆腐をつくる職人は毎朝、暗いうちに起きて豆を挽き出す。ごろごろといふ石臼の音を、幼かつた私は、寝床の中で、うつゝにきいてゐた。この子守唄のやうな静かな音で、それから、私はまた、僅かの時間を更めて熟睡したものだ。／石臼は、その後、原始的な姿を改めて、大分、機械形ちなものになつて来たが、それでも、結局は豆が石臼へ流れ込むことには何の変りもなかつた。／それから大分たつてのことだ。こんどは、石臼は完全に機械化されてしまつて、人間の替りに、そこには、小さなモーターが据ゑつけられた。以前のやうなリズミカルな音は、すつかりなくなつて、その代りに、モーターの鈍いうなり声だけが耳につく。／昔の豆腐職人が、その家、その家の豆腐の特長を、笹の雪にしても、揚出しにしても、忍川にしても、片手で臼を廻しながら、片手で、小さな、金しやもじに、豆と水とを、手かげん一つで、掬ひ上げては流し込んで行く、そこに、言ひつくせない何ものかがあるのではあるまいか。／油皿の燈心の僅かな光りだけの流し場で、石臼を廻してゐた男の姿が、いまも目に見える。大釜から麻袋へ流し込まれる豆汁からは、生温い豆の香りとともに、もうもうと家中が湯気で一ぱいになる。本場川越大豆の真白な卯の花が、大きな桶に山形に盛り上がる。／私が知つてからでも、豆腐職人は何人変つたことだらう」（傍点原文）。

ややや長くなってしまった。生家の思い出を語った「揚出し」は、なかなかに小粋な文章である。料理屋・揚出しは早朝から営業しており、風呂にも入れたので、吉原から朝帰りの客も多かったという。ある朝、中学生だった小絲が風呂に入っていると苦手科目だった数学の教師が入ってきて互いに驚いたという。「その時以来、私の数学の点数は断然よくなりました」（「揚出しの朝湯」）。などなんとも愉快である。「笹の雪」も「忍川」も料理屋。笹乃雪は現在も営業している。

贅言の必要もなかろう。私は小津の豆腐屋発言の種がここにあるのではないかといってみたいのだ。

だが、難題がある。小津日記一九五四年二月二十一日（日）の項を引く。「終日昼寝　小糸《（絲）》源太郎の随筆〈冬の虹〉一冊よむ」。さてさて。この日が『冬の虹』の初読だとしたらどうなるか。「小津監督豆腐談義」の二年近くも後、「例えば豆腐の如く」発言の二カ月後となるから、私の推論はあっけなく崩れ去る。

　しかしである。小津日記には失われた部分がある。それに『冬の虹』の刊行は一九四八年十二月。五四年二月と五年以上のタイムラグ。もちろんいつ入手したか分からないから不自然といえないのは当然。では、日記本文から。「終日昼寝」して「一冊」読んだのである。『冬の虹』はB6判二百七十二頁。五十編を越える随筆と俳句三十句が収められている。結構な分量である。むろん、「昼寝」後読むのは可能だ。だが、私の想像はこうだ。この日が初読ではないのではないかということ。荷風日記との繋がりもある。小津の豆腐屋発言は『冬の虹』からヒントを受けていたと見てみたい。あるいは、自分の考えに合致していると読んだか。

「油皿の燈心の僅かな光りだけの流し場で、石臼を廻」す男に、小津は自らを重ねた。「大釜から麻袋へ流し込まれる豆汁」の「生温い豆の香り」こそ、小津が求めた境地だった。おや、「麻袋」とは小津映画オープニングクレジットでおなじみの南京袋ドンゴロスではないか。

　頻繁に小津をなぞっている山田洋次は『男はつらいよ　望郷篇』（一九七〇年）で、車寅次郎（渥美清）を浦安の豆腐屋に降り立たせた。

パンとお茶漬け、おまけに麻雀

冒頭は「早朝　六郷の土手」（井上和男編『小津安二郎全集［下］』二〇〇三・四、新書館）の大きなネオン塔。小津好みに頭を切った「冠」の字。京都伏見の酒・月桂冠だ。猪俣賢司「東京の地理学と小津安二郎の映画技法――鉄道路線とゴジラ映画の視覚から――」（新潟大学人文学部紀要『人文科学研究』124、二〇〇九・三）は「小津の映画にとって（また、昭和の映画史にとっても）、極めて重要な東京都大田区蒲田へと入ってゆく地点なのである」と指摘している。

小津の汽車（コミューターだから電車と呼ぶべきか）が下手に走ってゆく。ショットはまだ寝ている杉山正二と昌子（淡島千景）に変わる。先に起きた昌子は、露地で向かいの田村たま子（杉村春子）とごみ収集への愚痴をいいあう。たま子の夫・精一郎（宮口精二）のしだらない歯磨きがなんともよい。杉山家では朝パンだというので夫が不平を漏らす。正二はクロワッサンの荷風散人ではないので米が良かったのだ。妻にいわせれば、「だって、あんたゆうべ帰ってからお茶漬たべたじゃないの。麻雀なんかよしゃいいのよ」。戦後アメリカの小麦粉放出で変わりゆく日本の朝。そうだ。パンと脱脂粉乳の戦後給食。藤原辰史『給食の歴史』（二〇一八・一一、岩波新書）は、「日本で共産主義革命を起こさせないために、GHQは給食にその防波堤の役割を担わせようとした」とまでいっている。おまけに與那覇潤『帝国の残影　兵士・小津安二郎の昭和史』（二〇一一・一、NTT出版）いうところの不吉な中国の記号麻雀とくる。『早春』も開巻早々戦争の影が覆う。

のちに昌子を富永栄（中北千枝子）が訪ねてくるシークウェンス。昌子が「女房なんてご飯炊く道具だと思ってんのよ」と愚痴るのに対し、栄は「だから晩は大概パン」と応じている。さらにその前と後。キンギョ・金子千代（岸恵子）と正二はラーメン屋三来元で「支那まんじゅう」（『全集』）を食べているし、麻雀をしているアパートで正二はラーメンをすすっている。

サラリーマンの憂鬱・楽しみ、はたまたパチンコ・味の素

「国電」（『全集』）蒲田駅に歩く人々。小津風の単調な歩き。日本国有鉄道の設立は一九四九年六月一日だから、もう省線ならぬ国電である。ホームに鈴なりの勤め人。駅のアナウンスが「今度二番線に参ります電車は八時二十八分（『全集』は十八分）蒲田発大宮行きでございます」と告げる。第1章で拘ったが、コミューターなので「電車」。『全集』に照らせば、北鎌倉から東京へ向かう『麦秋』では「電車」、山陽本線を尾道から東京へ向かう『東京物語』では「列車」となる。前節に引いた猪俣賢司は、この始発電車について次のようにいう。蒲田駅に「始発駅としての風情はない。それは通過式駅であるからであり」、「『早春』の描く蒲田発始発電車は、蒲田操車場から繰り出される出庫始発として入線して来るので、高度経済成長期に差し掛かった大量輸送時代のサラリーマンの悲哀を輸送する「通勤電車」であることを、より一層際立たせているのである」と。このホームで仲間たちが「面白い」話の相談をしている。

東京駅、丸ビル、東亜耐火煉瓦株式会社（『全集』は「東和」）のオフィスと移っていく。

オフィスの窓から人波を俯瞰している同僚が「毎朝東京駅で降りるサラリーマンの数は三十四万だっていうからね、仙台あたりの人口とおんなじだよ」という。応ずる別の同僚は「ちょいと憂鬱」（『全集』）だ。『早春』公開一九五五年の国勢調査によれば、仙台の人口は三十七万五千八百四十四人。

五〇年には三十四万人だった。

出勤した社員がパチンコについて愚痴る。「てんで出やがらねえのさ、味の素のこんな奴」。パチンコはいうまでもなく、戦後日本に刻まれた大事な傷痕。味の素の朱が小津好みであることなど、これまたいうまでもない。

昼休み、お濠端に集まった電車仲間は、日曜日に江の島へハイキングへ行く打ち合わせをする。

王冠抜きの儀式《マナー》

杉山正二が勤める東亜耐火煉瓦に大津営業所長（『全集』）の小野寺喜一（笠智衆）がやってくる。ふたりは、東亜煉瓦を辞めバー（昼も営業しているからそういってよいかどうか）BLUE MOUNTAINを経営している河合（山村聡）を渋谷に訪ねる。『全集』では「池袋」だが、東横デパートの空ショットから入るので渋谷である。

「奥の部屋」（『全集』）で河合の妻・雪子（三宅邦子）も交え語らう。河合（『全集』では雪子）がサッポロ瓶ビールの栓を抜く。王冠を軽く四度ばかり叩いてだ。この王冠を叩くマナー（儀式）は、私の子ども時代、つまり高度経済成長期にはごく普通に見られたものだ。泡立ちを良くするためだという話を聞いた記憶もある。炭酸飲料のビールやサイダーならぬジュース類の王冠も叩いていた筈で、それは大人の真似だったかもしれない。この仕草、今ではすっかり影を潜めてしまった。学生たちには不思議に映るようだ。

王冠叩きが消えてしまうのは、瓶飲料が缶やペットボトルに駆逐されていったことが大きいに違いない。日本最初の缶ビールは一九五八年のアサヒゴールド。『お早よう』（一九五九年）において小津は、アサヒゴールドの瓶缶ともども記録に留めていた。

通勤電車の混雑に話が及び、小野寺は「仕様がないさ、それもサラリーマンの宿命のひとつさ」という。

その夜、小野寺は杉山の家に泊まる。正二は妻をハイキングに誘うが、昌子は迷う。まあ、行けば話の展開が変わってしまう。昌子は「明日の朝、おいしいごはん炊くの」という。小野寺への好意でもある。

江の島ハイク

電車仲間のハイキング当日。江の島を下手に茅ケ崎あたりまで。カメラはほんの少し移動する。『晩春』（一九四九年）の曽宮紀子（原節子）・服部昌一（宇佐美淳）のサイクリングのもじりである。『晩春』のサイクリングが今井正『青い山脈』（一九四九年）をパスティーシュしていることもいうを俟たない。

下手に烏帽子岩（姥島）が映るショットもある。烏帽子岩は『長屋紳士録』（一九四七年）にも登場していた。ちなみに、『精読　小津安二郎　死の影の下に』（二〇一七・六、言視舎）のカバーに使用させてもらったのは、この茅ケ崎ロケの際、茅ケ崎館四代目主人・森勝行が撮影したものである。

正二と金魚はトラックを止め、乗り込む。先回りするのだ。このずるがふたりを結びつけることになる。

瓢箪柄

東急池上線大崎広小路駅の空ショットから、昌子の実家のおでん屋「喜多川」（『全集』）へ。瓢箪柄の暖簾。表に「五反田」のネオン。「すし元」の提灯。小津の文字だ。すし元は小津が通った茅ケ崎の寿司店。店内にキリンビールのポスター。『お茶漬の味』（一九五二年）の修善寺の旅館では佐竹妙子（小暮実千代）、山内節子（津島恵子）、雨宮アヤ（淡島千景）、黒田高子（上原葉子）の四人が瓢箪柄の浴衣を着ているし、『東京物語』の尾道平山家にも瓢箪があり、老夫婦が訪れた熱海の防波堤にはやはり瓢箪柄の浴衣を着た女が三人。志賀直哉「清兵衛と瓢箪」（一九一三年）を意識してのことである。

昌子と母・しげ（浦辺粂子）の会話。猫の妊娠から赤子の話に。しげの「あの子が生きてりゃ、来年もう小学校だったのにねえ」という台詞から、杉山夫妻には早逝の子がいたことが分かる。ここには小津の弟・信三とハマ夫妻の夭折した息子・希一が反映しているかもしれない。小津日記一九五二年三月二十九日（土）の項に「朝顔を洗つてゐると野田から電報　希一死んだ由　しきりに涙が出る」とある。茅ケ崎館にて『お茶漬の味』執筆中のことであった。大津の小野寺も同じ音の喜一。佐田啓二・中井益子長男の中井貴一の名付け親は小津安二郎である。

母は娘にコンニャクとバクダンを土産に持たせる。おでんネタのバクダンのほか、寿司屋にもバクダンがある。刺身、納豆、沢庵などに玉子の黄身を和え、海苔に巻いて食う。酒が進む。

「杉とくせえ」キンギョに罰

丸の内に戻って千代のオフィス。十数人もの女性たちが並んでタイプを打っている。思い出し笑いをする千代を同僚が東興園に誘う。東興園は小津日記に頻出する銀座に実在した中華料理店。同僚の誘いを断ったキンギョは正二と三来元で「支那まんじゅう」を食べたのだった。ふたりだけの始まり。今度どこかへ行こうとあいなる。

富永栄が昌子を訪ねてきたのに次ぎ、田辺（須賀不二夫）の部屋。「1955MAY」のカレンダーが貼ってある。麻雀をやっている。キンギョがやって来る。青木（高橋貞二）が「お前こないだのハイキングから、ちーっと杉とくせえぞ」という。青木の発声で一同「湯島通れば想い出す／お蔦主税の心意気」と「湯島の白梅」（一九四二年、小畑実・藤原亮子／歌、佐伯孝夫／詞、清水保雄／曲）を歌い出す。千代と杉山の恋は困難だということか。

変わってガソリンスタンドＣＡＬ（ＴＥＸ）日本石油のシークウェンス。野村（田中春男）が青木を事務所から呼び出す。ベンチの上手を日本石油とＣＡＬＴＥＸの星型のロゴ入り丸缶、下手をブリヂストンのタイヤが画面を縁取る。『東京物語』の紀子のオフィスにもブリヂストンタイヤがあった。手が込んでいるのは、上手下の星ロゴから上に行けば、スタンド事務所内にも同じロゴの角缶が配置されている。野村は金魚が今朝電車でドアにスカートを挟まれたことを報告し、「ハイキングん時の罰や。ええ気持ちや、覿面や」と笑う。

そして東亜耐火煉瓦。杉山が同僚の高木（谷崎純）らと病気の三浦（増田順二）の話をしているところへ、キンギョから誘いの電話が入る。正二の目が泳ぐ。家の都合で見舞いに行けなくなったと高木に告げる正二。

オフィスの廊下をカメラがゆっくり移動。すわ、嘘を吐いている正二に迫る昌子の眼の代わりか。いや、ここは『麦秋』同様、死者の眼と強弁したい。先走っておけば、正二もまた帝国陸軍兵士であった。

キンギョの誘惑

場面は新橋「烏森神社」（『全集』）あたりのお好み焼き屋へ。向かいのとんかつ屋玄関の隙間に「（キ）リンビール」の文字がぴったり埋め込まれる小津の絵。

富士山の額が掛かった二階奥の部屋にキンギョと正二。ふたりの間にあるサッポロ瓶ビールが、それぞれの単独ショットの枠となる。ここで小津マジック。サッポロのラベルがいずれも上手向きに半ば以上見えるようになっている。もう小津精読者にはお馴染みのことだが、ショットショットで瓶を廻し、ラベルが見えるようにしているのだ。小津にとって大事なのは、何よりも絵柄だから。ツーショットでは、手前に味の素食卓瓶が配される。

金魚は「ねえ、知ってる。空にゃ今日もアドバルーンっていう歌」と聞く。美ち奴の「あゝそれなのに」（星野貞志（サトウハチロー）／詞、古賀政男／曲、一九三七年）である。ここは贅言を要しない。三番の歌詞に「ひとり見ているお月様／窓で見ているこのわたし／とぎれとぎれの針仕事／あゝそれなのにそれなのに／ねえおこるのはおこるのはあたりまえでしょう」とある。昌子が洋裁の内職をしているらしいことを思い出そう。ここで金魚がにじり寄り長い接吻。

「痙攣するデジャヴュ——ビデオで読む小津安二郎——⑪小津安二郎作品地名・人名稿（戦後モノクロ映画編）」（『北海道武蔵女子短期大学紀要』39、二〇〇七・三）では「「ああそれ《ママ》なのに」には春歌の替え歌があり、それを知っている読者（映画の観客）には、千代の誘惑が増幅されて見える。替え歌の一番のみ引いておく。「空じゃひばりがあれしちょる／下じゃもぐらがこれしちょる／二階じゃおやじがあれしちょる／ああそれなのにそれなのに／ねえしたくなるのはしたくなるのはあったりまえでしょう」」と書いておいた。ふたりはお好み焼き屋の二階に居る。

そこへ小女（『全集』）が襖を開ける。正二が呼び出しのベルを踏んでしまっていたのだ。

「あんなもの浮いてる」

「海苔、粗朶《そだ》などの並ぶ遠浅の海／鈴ヶ森あたり」（『全集』）の連れ込み宿。一夜が明けている。ふたりは丸の内、新橋、鈴ヶ森と南下してきた。千代田区から品川区南端までだが、昌子の大田区には戻っていない。とはいい切れないいか。大森海岸は境界線上だから。

鈴ヶ森刑場では丸橋忠弥、八百屋お七、白子屋お熊（白木屋お駒）らが処刑された。お七やお熊に金魚をなぞらえれば、稀代の毒婦ということになろうか。まあ、それはない。また、鈴ヶ森・大森海岸は三業地でもあったので、エロスとタナトスが交錯する場が正二とキンギョの逢瀬の場として選ばれているということである。

窓枠に腰掛け海を見ているキンギョ。「あ、いやだ。あんなもの浮いてる」。まあ、コンドームかな。当時はサックといった。

篠原哲雄監督初期の傑作『草の上の仕事』（一九九三年）で、皇居の北の丸公園のゴミで一番多いのがコンドームだと後藤直樹が太田光にいっている。お濠の水を網ですくうと腐敗したやつが出てきて気持ち悪いと。山田洋次『男はつらいよ　寅次郎相合傘』（一九七五年）で寅（渥美清）とリリー（浅丘ルリ子）が再会する函館港の屋台外水面に、ゴム草履なのか底を見せた運動靴なのかを浮かせているのは、やや上品なパスティーシュ。

「あたし、とってもあんた好きんなってきちゃった。どうしよう」とキンギョ。お好み焼き屋、連れ込み宿と続くシークウェンスを通じて、キンギョがうきうきしているのに対し、正二が浮かない様子なのに注目しよう。脚本には「何か白けた様子」（『全集』）とある。妻を裏切っているのだからもちろんといってもいいのだが、そんなに単純なことだろうか。

汚い下駄ふたたび

正二はそのまま出社し、蒲田へ帰ったのは夕方。昌子の母・しげ（浦辺粂子）が来ている。川崎の競輪場へ行った帰りのようだ。三浦を見舞って同僚のところへ泊ったと嘘を吐いた正二は、昌子に「風呂行ってくる」といい、接吻する。ダブルロンダリングだね。

しげにも風呂へ行くことを告げると、義母は「ああ、下駄は」と聞く。正二は「はい分かってます」と応える。この応答おかしいと思わないか。しげが聞いているのは下駄箱の場所であるわけがない。なにしろ自分の家だ。しげが確認しているのは、あまり良い下駄を履いて行くんじゃないということだ。戦後復興途次のまだ貧しい時代。板の間稼ぎは当たり前だった。油断していると履物も取り替えられてしまう。『東京物語』では銭湯へ行く母・平山とみ（東山千栄子）に長女の金子志げ（杉村春子）が「汚い下駄」を履いていくよう促す。何も意地悪でいっているのではなく、戦後の貧困を反映しているのだという指摘は既にしたことがある（本書第9章「葦の髄から『東京物語』——「汚い下駄」考」）。

広まる噂

日比谷スカラ座の空ショット。ノーマン・タウログ監督、ディーン・マーティン、ジュリー・ルイス出演『お若いデス』（一九五五年）の看板。

ミルクスタンドで電車仲間の本田久子（山本和子）が野村に、キンギョと正二が怪しいという。そのキンギョのオフィスでは、同僚が噂している。千代がジェラール・フィリップ似の男と歩いていたと。また、男との噂はしょっちゅうだとも。ちなみに山本和子の夫は劇作家の矢代静一、娘たちは女優の矢代朝子と毬谷友子。山本和子は『東京暮色』の寿荘で麻雀を打つ前川泰子役でもある。

おカカと豆腐

杉山家の庭に洗濯物が干してある。洗濯物は小津好みのアイテム。基本的には新規蒔き直しということ。キンギョとの逢引で着ていただろう正二の下着も干してある。さて、夫婦の行く末は。

向かいのたま子がやって来て昔話を始める。夫が女を囲っていたという。そのアパートを訪ねると、夫が女の浴衣着て鰹節をかいていた。そこへ女が豆腐買って帰ってきたから修羅場になり「その辺お豆腐だらけ」に。そこへ夫・田村精一郎（宮口精二）が帰ってくる。精一郎は鮭の粕漬けを買ってきたという。たま子は「お豆腐買ってあんの。ちょいと、おカカかいて」。「あいよ」。まるで落語ではないか。

小津いうところの豆腐屋の豆腐作りとは、まさにこのようなことなのではないか。

『暁の脱走』の「ツーレロ節」

仁丹塔のネオン。浅草田原町。十二階凌雲閣を模して一九五四年に再建されたものだから、まだ新しい。小料理屋の二階での戦友会。十二人の元帝国陸軍兵士。皆盛り上がって、「ツーツーレロレロツーレロ」と「ツーレロ節」（「シャンラン節」）（美ち奴／歌、村松秀一／詞、台湾民謡、一九四三年）を歌っている。美ち奴は「あゝそれなのに」の歌手で、戦後には「炭鉱節」（大高ひさを／詞、飯田景応／曲、一九五〇年）のヒットもある。

元兵士が「ツーレロ節」を唱和していること自体は自然なこと。だが、「ツーレロ節」が印象深く使われた池部良主演の映画について触れたい。

谷口千吉『暁の脱走』（一九五〇年）だ。谷口と黒澤明が共同で脚本を書いている。酒保・日の出館に慰問団の歌手・春美（山口淑子）らが足止めをくらっている。春美は副官・成田中尉（小澤栄（栄太郎））に迫られるが、なびかない。副官の伝令を務める三上真吉上等兵（池部良）に積極的に好意を寄せていくのだ。このあたり、『早春』のキンギョと正二の関係に通ずる。脱走を図ったふたりに悲劇（原作とは異なる悲劇）が訪れる。軍組織の中で副官の意に全く沿おうとしない春美の造形に不自然さを感じないでもないが、臆病かつ残忍な副官の小澤栄がいい。

さて、冒頭近く、日の出館で大勢の兵士たちが「ツーツーレロレロツーレロ」と正に狂喜乱舞している。オーバーアクションのようにも見えるが、明日の命も知れない兵士たちのすさんだ心情を反映しているだろうか。占領下でもあり、基調は一貫して旧軍批判である。

原作は田村泰次郎「春婦伝」

『暁の脱走』には原作がある。田村泰次郎の「春婦伝」（一九四七年）だ。これがなかなかに厄介なテキストなのだ。映画でもそうなのだが、三上真吉は八路軍の捕虜になっている。例えば、大岡昇平『俘虜記』（一九四八年）などとも比較して考えてみたいが、とりあえず本稿の任ではない。

厄介というのは、こういうことだ。「春婦伝」初出稿は『日本小説』創刊号（一九四七・四、大地書房）に掲載される予定だった。だが、「GHQの検閲によって削除された」（「解題」秦昌弘・尾西康充編『田村泰次郎選集　第2巻』二〇〇五・四、日本図書センター）。日本近代文学館・小田切進編『日本近代文学大事典　第五巻』（一九七七・一一、講談社）の「『日本小説』」の項ではこの検閲に触れていない。『田村泰次郎選集　第2巻』には、資料として検閲の英文が掲載されている。「The Story of a Prostitute」「Suppressed」の理由は「Criticism of Koreans」だという。朝鮮人に対する批判・非難とはどのようなものだったか。

春美たちは映画では慰問団の歌手だが、原作では慰安婦である。検閲により改変され、現在読める形では、春美の源氏名が日本名でありながら朝鮮人であることは、おぼめかされているという。「泰次郎のオリジナルの本文では、作品に登場する慰安婦は春美を含め、「みんな本当の朝鮮の名前があるのだつたが、いづれも故郷の家の生活の苦しさのために、天津の曙町へ前借で買はれてきてから、日本名をつけてゐた」と、彼女たちが朝鮮人であったことが明確に書かれている。また成田中尉は春美に向かって「馬鹿野郎、たかがチョウセン・ピイの分際で、なにをいふか」と暴言を吐いている。だが改稿の後、「朝鮮の名前がある」「チョウセン」の部分が削除されており、彼女たちが朝鮮人であることが特定できないように曖昧な表現になっている」(「解題」同前)。

「解題」はいう。「今日の人権意識からすれば、植民地支配を受けていた人々に対する不当な差別表現は許されるものではない」。だが、「解題」は消された原文冒頭の「「この一編を、戦争間大陸奥地に配置せられた日本軍下級兵士たちの慰安のため、日本女性が恐怖と軽侮とで近づかうとしなかつた、あらゆる最前線に挺身し、その青春と肉体とを亡ぼし去つた数万の朝鮮娘子軍にささぐ」という作者の言葉も伝えられることなく読み続けられてきたのであった」とも指摘する。つまり、特権的読者である後代の私たちが拙速に非難出来ない、同時代の制約と、戦争の実態を明らめようとする作者のモチーフへの想像力が要求されるということだろう。厄介というのはそういうことだ。日韓・日朝の政治的課題であるのはもちろんだが、読みの問題に比べればそれは相対的に小さい。

替え歌「ツーレロ節」

『早春』に戻ろう。杉山ら十二人の戦友が歌う「ツーレロ節」は替え歌である。歌詞を引いてみよう。

「君と僕とは卵の仲よ／僕が白身で黄身を抱く君を抱く／ツーツーレロレロツーレロ／ツーレラレッツ

レトレシャン／ツレラレトレシャンランランラン」。

比較の意味で美ち奴の「ツーレロ節」。「一目惚れなら山ほどあるが／しみじみ惚れるはただひとりただひとり／（略）／元はほがらかお天気娘／泣き味噌娘に誰がした誰がした／（略）／別れましょうと思うてみたが／諦めきれないことがあることがある／（略）／背中合わせで寝た夜の窓に／月もとんがる七日月七日月／（略）」。さらに、台湾民謡「シャンラン節」。「薫るジャスミンどなたがくれた／パパヤ畑の月に問え月に問え／暗いジャングルチャンテが通う／にわか雨ならよそに降れよそに降れ／（略）／嫁に行く日はドリアン頼む／わしは要らぬが親たちに親たちに／（略）／チャンテ夜毎に踊りがはずむ／マタハリ来てからなおはずむなおはずむ／（略）」。「チャンテ」は若衆・若者。「ツーレロ節」も「シャンラン節」も恋を歌ったもの。もちろん戦時歌謡であって、軍歌ではない。「シャンラン節」の「マタハリ」は東洋のマタハリ・川島芳子を連想させ戦時色が強い。軍歌にしろ、戦時歌謡にしろ戦場で兵士の口に上り、替え歌となると性的な色合いが強くなる。兵士の性欲の捌け口として猥歌となってゆくのである。

なかにし礼の毒

脱線気味だが、なかにし礼作詞のいかりや長介とザ・ドリフターズ「ドリフのツーレロ節」（一九七一年）にも。アルバム『ドリフの軍歌だよ全員集合‼』（同）に収録されている。つまりここでは「軍歌」の範疇だ。一番のみ採録しよう。「僕があの娘《こ》を見染めた時は／高校二年の春の頃グレた頃／紺のセーラー服横目でみれば／胸のボインが気にかかるしびれちゃう」。猥歌への志向は紛うことなき「軍歌」というわけ。

なかにし礼の軍歌といえば、「ドリフのズンドコ節」（一九六九年）を避けて通れない。一番ではセーラー服のませた子にキスされる。二番では学食でバイトする「赤いホッペ」の子が「ぼく」にラーメンを内緒でくれるのだ。この「赤」に注意してほしい。

「ズンドコ節」が、そもɹ「海軍小唄」（一九四四年ころ）という軍歌だったということは、広く知られている。戦後、田端義夫の「ズンドコ節」（一九四七年）に始まり、「ズンドコ節」は小林旭（一九六〇年）、いかりや長介とザ・ドリフターズ、氷川きよし（二〇〇二年）、ORANGE RANGEの「ZUNG ZUNG FUNKY MUSIC」（二〇〇四年）、レ・ロマネスク「Zoun-Doko Bushi」（二〇一一年）、ジャニーズWESTの「ズンドコパラダイス」（二〇一五年）などと改変バージョンが世紀を越えて作られ続けている。驚くべきことではないか。

田端義夫の「ズンドコ節」はヤクザ者の恋を歌い、戦後の希望の色たる青で彩られていた。小林旭の「ズンドコ節」は「グット・ナイト」（グットである）「ウインク」などの横文字を織り込み、高度経済成長期の浮薄さを反映していた。小林旭の歌い方もそれを助長していた。もちろん、アキラが軽薄というわけではない。時代の空気なのであった。

さて、「なかにし礼の毒」とは何か。歌われているのは中高生、大学生の恋から新入社員、倦怠期の夫婦。加藤茶、仲本工事、高木ブー、荒井注と進み、リーダーのいかりや長介が「元歌」と掛け声を掛ける。そこでメンバー全員が「汽車の窓から」と「海軍小唄」を歌うのである。四番までは、戦後「ズンドコ節」の変遷に沿った恋歌。そこへ、元歌が入るのである。どういうことか。世は高度成長真っ盛り。この未曾有の戦後繁栄は何によってもたらされたか。あの戦争で犠牲になった人々の上に今があるのではないか。それを、日本人は皆忘れて浮かれていないかということだろう。なかにし礼の強烈な毒とはそういうことだ。なかにし礼が敗戦時、満州牡丹江から命からがら小樽に帰ってきたことなど付け加えるまでもなかろう。

氷川きよし「きよしのズンドコ節」も若者の恋を歌う。ここでラーメン屋の「赤い」「チャイナ服」の娘《こ》がチャーシューをおまけしてくれるのはなぜか。作詞家・松井由利夫は、なかにし礼にオマージュを捧げ赤を点綴したのだった。

軍歌が春歌に変わる時

戦時歌謡も含めた広い意味の軍歌が性的な色合いを帯びて替え歌になる。そのような事情について、古く私は、「猥がかった替え歌が沢山作られ」「権力に面従腹背しながら、笑いのめすエネルギー」を評価し、「軍歌が春歌に変わる時、それは新たな芸術の生まれる時だ」（「軍歌が春歌に変わる時——戦時下流行歌事情——」『社会文学』12、一九九八・六）と論じた。基本的な考えは今も変わらないが、反戦・厭戦といったイデオロギッシュなモチーフよりも、近年は時代の状況に応じて「新たな芸術」を創造していく大衆の、あるいは大衆に寄り添ったエネルギーの重要さの方に目が向くようになってきた。それは、西條八十という不思議な巨人について考えることが多くなってきたことにもよるのだが、それについては別稿に譲らねばなるまい。

生かされた兵士たち

『早春』戦友会に戻ろう。十二人の生かされた戦友が高吟するのは替え歌「ツーレロ節」である。『暁の脱走』においても同様。「君と僕とは卵の仲よ／僕が白身で黄身を抱く君を抱く／ツーレロレロツーレロ」。

坂本（加東大介）が「おい、趙県（『全集』は「長県」）にゃ随分とチャン・チュウあったよなあ。犬を殺してお前、すき焼きでよく飲んだじゃないか」という。「チャン・チュウ」、つまり白酒《パイ・チュウ》は大陸で小津も山中貞雄も飲んだ酒。山中は戦地から井上金太郎に宛てた手紙（一九三七年一二月二一日付）で「酒《チュウ》はチャン酒《チュウ》をやります。チャン酒《チュウ》も内地のチャン料理にある老酒もありますが、所謂チャン酒と云うのが大部分です。此奴、アワモリの様なもんです。最初はくさくて飲めませんでしたが直ぐに平気で呑む様になりました」（『中央公論』一九三八・一二、ここでの引用は『山中貞雄作品集全一巻』一九九八・一〇、実業之日本社）と書いていた。

山中をはじめとする無数の死者たちへの小津のレクイエムは、『麦秋』で頂点に達した。それが、ここでも繰り返される。だが、『早春』においては、やや屈折した形を取らざるをえない。『早春』公開の半年後、『経済白書』は「もはや「戦後」ではない」と謳い、高度経済成長に進んでゆくのである。敗戦十年余。無数の死者の無念を背に、生き遺された十二人の帝国陸軍兵士たちは、チャン・チュウならぬ熱燗やサッポロビールで酔いながら、かつて死んだ戦友と歌った猥歌を高吟する。

坂本の加東大介は、『南の島に雪が降る』（一九六一年）に記録されたようなきわめて特異な戦場体験を持った。というよりも、私たちが、いわゆる戦後文学から刷り込まれた日本軍の姿からはかけ離れた、という方が正確か。つまり、旧日本軍にもこのようなコメディーの許容があったということだ。たとえ、カリカチュアライズがあったとしてもだ。

小津映画に照らせば、『秋刀魚の味』の元帝国海軍艦長・平山周平（笠智衆）が元部下の坂本芳太郎（加東大介）に「敗けてよかった」と呟くまで、あっという間の流れなのである。

人は忘れる。忘れようともする。高級酒たるビールの味の有難みも薄れてゆくのである。戦死した西島の「かあちゃん」も、「忠勇無双の我が兵」の〈未亡人〉から「唇赤く塗っ」た「御徒町の煮豆屋へ後妻に行」き「幸せ」になるのだ。「痕の付くほど抓ってみたが／色が黒いので分からない分からない／ツーツーレロレロツーレロツレラレトレツレトレシャンツレラレトレシャンタランラン」。

死んだ男たちは、もう「ツーレロ節」を歌えない。もうビールも飲めない。「かあちゃん」と寝ることも出来ない。杉山正二のように不機嫌そうにキンギョと遊ぶことも出来ない。『早春』という映画が示しているのはこのような事態なのである。

池部良という兵士《インテリ》

既に指摘したように『暁の脱走』の三上にしろ、『早春』の杉山にしろ、女からいい寄られても、どこか不機嫌そうでクールである。ジェラール・フィリップばりの美男であることにもよろうし、そのような役どころなのだといってしまえばそれまでだ。だが、なんとも見事なはまり役であるかといってみたい。

池部良には兵士体験がある。中国大陸から南方戦線へ転じた。『オレとボク』（一九五八・一〇、小山書店）に池部は自身の戦争体験を綴った。「中身は実録に近いのですが、殆ど小説です」という。南方へ向かう船団が米潜水艦の魚雷攻撃を受け九死に一生を得たあたりから引いてみよう。「僕の頭の中に白い空気が流れた。これが戦争である。何で、こんなつまらない境遇に入る必要があったろうか。／死にたいとさえ思わなかったに違いない。死ぬという予測さえ出来ない若さで、誰かにそそのかされ、誰かにおどかされ、誰かに誘われて、死の世界の戸口まで来てしまっている。誰か、って誰なんだろう。誰でもありゃしない。みんな、自分である。自分におどかされ、そそのかされ、誘われて、国の葉末の力になりに来たのである。しかし「自分」という奴は、きっと外側からのエレキを受けて、自分を作り上げていたのである。外側って何のことか。日本人。これは血かも知れない。だから彼が、漂う死の扉の前で、死ぬことには恐れを抱いていないかも知れないけれど、その苦痛と、たった独りぼっちになる、たまらない淋しさは、彼の肉体の、あらん限りの組織を動員して、自由の巷に、のがれたいと思っているに違いない。自由、誰でもが自由になりたいために、はげしい戦いに舟を漕ぎ出した。舟を漕ぐ船頭に悪い奴がいたにしろ、いないにしろ、舟は自由を求める、英雄達をのせて大海に波を分けていたのである。僕だってその一人。ちっとも生命が惜しいなんては思わない。それでも死というものを恐しがったりする気持の方が強かった。／これが戦争であり、あの当時の心状だったような気がする」。

引用文中の「彼」とは誰か。それは語っている「僕」にほかならない。池部良は立教大学を卒業して映画界に入った。だから、インテリ俳優だというのはたやすい。ましてや戦後の駅弁大学ではない大学出が必ずしもインテリではないのは、今も昔も変わらない筈だ。

では、インテリの条件とは何か。それは世界を相対化する能力のことだ。意識して相対化するのではなく、おのずから相対化せざるを得なくなる眼を持っているということなのだ。ここにいう世界とは必ずしも実態的な世界を指すわけではない。ここで私がモデルとして想起しているのは、例えば大岡昇平『俘虜記』の語り手が示す文体なのであるが、池部良『オレとボク』の語り手も、やや質は異なるものの、まさしく自己をも相対化してしまうインテリの文体を持っているのだ。「僕」が「彼」になってしまうのは、その典型的な徴表である。タイトルの『オレとボク』自体がその事情を雄弁に語っている。ただ、大岡とはやや異質なのは、池部良の語りは極めて洒脱だということ。

小津は『早春』を先ず「インテリの長屋物」として構想していた。小津がふるまう茅ケ崎館でのカレーすき焼きをただひとり不味いといった「正直者の池部良」（石坂昌三『小津安二郎と茅ヶ崎館』一九九五・六、新潮社）。そんな元兵士《インテリ》を小津はどう見ていただろうか。

池部良『21人の僕——映画の中の自画像』（一九九一・四、文化出版局）は、撮影前顔合わせでの小津の言葉を紹介している。

「「俺な。この本（脚本のこと）なんか、三年も温めて、何ヶ月も野田（脚本家野田高梧氏）と蓼科に閉じ籠ってさ、書いたんだ。だから、俳優さんの御勝手で、一字でも作り変えられたら、俺は困るんだ。良さんは、東宝育ちだから台詞なんかもいい加減にしている癖がついている、という噂だ。それで東宝は通るかも知れん。寄せ木細工みたいな映画を作るところだからな。けどね。俺は人間様を面白がったり、大事にする映画を作りたいから、印刷された通りにきちんとやっておくれよ。笠（笠智衆さん）さんなぞは、覚えの悪いひとじゃあるが、お早う、一言でも一週間は稽古してるよ。ほんとだよ。いいかね」」。

とはいえ、小津は池部を気に入り、撮影中昼食はいつも一緒だったという。

サラリーマンの悲哀

その夜、正二は酔った坂本と平山（三井弘次）を家に連れ帰ってしまう。明日が夭折した息子の命日であるにもかかわらず。

翌朝。京浜東北線の電車が下手に向け疾走してくると、可憐な白い蝶が上手に横切る。もちろん偶然の産物だが、すわ、息子の魂かと思ってしまう。このようなショットを見ると、『風の中の牝鶏』冒頭の消された蝶（プシュケー）を思い出してしまう（『小津安二郎・生きる哀しみ』二〇〇三・一〇、PHP新書）。

夫たちを置いて昌子は墓参に。二階では「支那鍋」を作る鋳物工場を経営する坂本とラジオの組立てをやっている平山が、サラリーマンの杉山を羨む。古澤憲吾『ニッポン無責任時代』（一九六二年）が描いた平均《たいらひとし》（植木等）の造形はもちろんデフォルメされたものであるが、「サラリーマンは気楽な稼業」と『ドント節』（一九六一年、ハナ肇とクレージーキャッツ／歌、青島幸男／詞、萩原哲晶／曲）に歌われたサラリーマンの時代、そして一億総中流という幻想の時代がすぐそこに来ていたのだ。

しかし、長屋のインテリ・杉山は「大体サラリーマンなんてものは、昔、一銭五厘で集まった兵隊とおんなじようなもんだよ」と冷めている。

「あんなのが兵隊だから日本敗けたのよ」

青木の家ではテルミ（藤乃高子）が夫に妊娠したかも知れないと伝える。

喜多川では菅井のツーさん（菅原通済）が明るいうちからサッポロ瓶ビールを飲んでいる。しげは娘に帰宅を促すが、昌子は気乗りしない。客の戦友を「ふたりとも柄の悪い奴」と。「でも、鉄砲玉くぐった仲だもの」という母に、昌子は「あんなのが兵隊だから日本敗けたのよ。子どもの命日さえ忘れてんだもん」といい放つ。

有楽町のミルクスタンドでは、電車仲間がキンギョ・正二の噂で持ち切り。査問会をやろうということになる。ただひとり、青木は憂鬱そうである。妻の妊娠が気になるのである。青木の後ろに、「MARIANNE DE MA JE（UNE）SSE」（UNEは青木の頭で隠れている）と読める映画ポスター。ジュリアン・デュヴィヴィエ『わが青春のマリアンヌ』（一九五五年、仏）である。日本公開は一九五六年四月一日だから、『早春』公開時点では未公開だった。

転勤命令、あるいは薔薇との別れ

東亜耐火煉瓦のオフィスでは、杉山が荒川総務部長（中村伸郎）に呼ばれる。この時、「ラーララーラーラ」と「野ばら」の女声合唱が微かに流れている。昼休みに練習しているという体か。ゲーテの詩に、シューベルトとウェルナーが別のメロディーを付けている。ここで流れるのはウェルナーの方だ。日本では近藤朔風の訳詞でよく知られている。「童はみたり　野なかの薔薇／清らに咲ける　その色愛でつ／飽かずながむ／紅におう　野なかの薔薇」である。二番は「手折りて往かん野なかの薔薇／手折らば手折れ　思い出ぐさに／君を刺さん／紅におう　野なかの薔薇」。さらに三番は「童は居りぬ　野なかの薔薇／折られてあわれ　清らの色香／永久《とわ》にあせぬ／紅におう　野なかの薔薇」となる。ゲーテ自身の恋を歌っているといわれるが、『早春』においては、童を正二、野ばらを千代になぞらえることも出来る。

屋上辺りでバレーボールでもしているような嬌声が聞こえる。部長から岡山県三石（現・備前市）への転勤を命ぜられ、自席に戻った杉山は、ショートピースの箱を両手で回しながら思いに暮れる。『21人の僕──映画の中の自画像』によれば、この場面、池部は「三十何度もテストを繰り返させられた」という。『東京物語』の大坂志郎、『秋刀魚の味』の岩下志麻に対する演技指導に通ずる。ダメを繰り返すことで、役者の困惑を引き出すのだ。この時、あの女性コーラスは「ラララララララ」とドイツ民謡「故郷を離るる歌」を歌っている。「さらば故郷《ふるさと》　さらば故郷／故郷さらば」の吉丸一昌の訳詞では故郷との別れであるが、ドイツ語の原詩では女性との別れである。

「倫理的に清潔」

査問会場・田辺の部屋では、皆がうどんの大鍋を囲んでいる。杉山は来ないという。青木がポケットから、「パチンコで取って来た」という味の素食卓瓶を出し、うどんに振りかける。しまおうとすると、辻（諸角啓二郎）に「冷めてえなあ、出せよ」と咎められ、瓶が次々ひと回り。青木のいじましさもいいが、ここでも戦後日本における味の素の席巻ぶりが分かる。

千代がやって来ると、彼女の査問が始まる。男たちは寄ってたかって妻帯者に惚れた千代を糾弾。

キンギョは「あんたたち何よ男のくせに。卑怯よ」と出てゆく。

青木は皆の「意地悪」を責めるが、辻は「おれたちゃあな、倫理的に清潔でなきゃいけねえよ」という。戦場経験のある諸角啓二郎に、小津はこの台詞をいわせている。諸角は『東京物語』でうらら美容院に酔った平山周吉（笠智衆）と沼田三平（東野英治郎）を連れ帰る巡査を演じていた。『日本映画人名事典　男優篇〈下巻〉』（一九九六・一〇、キネマ旬報社）の高橋貞二の項（磯田啓執筆）によれば、一九五〇年八月二十三日深夜「横須賀線逗子駅前で飲み仲間の諸角啓二郎らと四人、酔ってバス運転手と喧嘩、止めに入った警官に襲いかかって応援の警官に逮捕され」たとある。「倫理的に清潔」は小津自身の言葉でもあろうか。だが、難しい。戦争も酒の上の喧嘩も不倫も「倫理」の問題だろうか。田辺は「全く煮ても焼いても食えねえ奴だよ」と杉山を評する。田辺を演じた須賀不二男にも兵隊体験がある。

小津の手から水が漏れる

うどんの会に行かなかった杉山は、三浦を見舞っていた。先日の罪滅ぼしでもある。「サセレシア」が低く流れる。悲劇は明るくである。壁のカレンダーは、もう「7月8月」になっている。細かなことをいうようだが、うどん会の田辺の部屋のカレンダーは、以前の麻雀の時と同じ「MAY」のままだった。三浦は鯉のぼりの季節に寝込んでもう百日、入道雲の季節となったという。田辺がカレンダーをめくり忘れているとでも考えなければおかしい。もう一箇所。後のことになるが、やはり田辺の部屋での杉山の送別会でも、カレンダーは「MAY」のままである。田辺が横着なのだということにしてもよいけれども。

『東京物語』山陽本線の洗濯物（『精読　小津安二郎　死の影の下に』）同様、珍しく小津の手から。杉山が暇を告げようとすると、三浦は「もう少し居てくれないか」と懇願。杉山の眼は冷め、事態を冷静に捉えている。

キンギョ来訪

シークウェンスが変わり、杉山家。鏡台の目覚まし時計が九時半を示している。祭囃子が低く聞こえる。露地には御祭禮の提灯が下がっている。蚊取り線香から細い煙が上がり、亭主を待つちゃぶ台には蝿帳ならぬ「白布」（『全集』）が掛けられてある。このショットは恐い。三浦の死を露骨に表現している。団扇を使う昌子の眼も恐い。帰りが遅い正二を疑っているのだ。

夫が帰ると妻はキンギョが訪ねてきたと告げる。正二は昌子に三石転勤の話をする。迷っている夫に妻は「あたし行くわよ、平気よ」「いいじゃないの。東京でくさくさしているよかよっぽどいいわ」「いいことあんじゃない、こっちの方が」と皮肉る。

夫婦がいい争っているところに千代が訪ねてくる。ふたりを送り出し玄関の灯りを消す（引っ張る）昌子が実にいい。

サラリーマン三浦の死

六郷土手。冒頭と同じ「清酒月桂冠」のネオン塔と「お買物は松坂屋」のネオン塔が並ぶ。小津安二郎は松阪の人。正二はもう遅いから帰れというが、キンギョは縋り付く。

杉山家の柱時計は十時四十分を示している。茶の間では「昌子が自分の床だけ敷いて、床に就いている」（『全集』）。正二が帰宅し、二階へ。ワイシャツに紅が付いているのに気づき、丸めて机の下に入れる。上がって来た妻がそれを見付け、いい争いになる。

翌朝、昌子の姿がない。隣家のたま子に、五反田の実家へ行ったと知らされる。鍵を預かったと。このあたり、今の感覚と違う。普段夫が鍵を持っていないというのは、帰宅時必ず妻が家に居るということ。あるいは日中鍵など掛けないということだ。たま子に鍵を預けたということは、当分、少なくとも今夕早くは帰らないという昌子の意思を示している。鍵ひとつでも、日本のコミュニティの変容が分かる。

杉山は遅刻して出社。同僚の高木から三浦の死を知らされる。昨夜見舞った時は元気だったのに。「そう、死んだかい」と正二は帳簿を開く。

裏返しの「宮田の自転車」の三角旗が画面下手を縁取る「東亜耐火煉瓦株式」花輪のショットに変わる。「サセレシア」が低く流れる。三角旗がさかさになっているのも死を表す。『全集』では「三浦の下宿先（酒屋）」「土間に花輪（組合からの）」とあるが、設定は自転車屋に変わっている。悔やみを述べる杉山に、三浦の母は「あれの兄も、マニラで戦死してしまいやんした。もこれで、男の子は一人も居なくなってしまいやしたの」と嘆く。

河合は杉山に「あいつも会社員生活の厭な面を知らないで死んでったんだから幸せだったかも知れないよ」、「あいつみたいに無邪気に、丸ビルの会社に勤めるのを喜んでた奴もなかった」、「独り身のうちでよかったよ。女房でも持って子どもでも出来ると、そうそうサラリーマンを有難がってばかりもいられないからね」、「三浦は幸せだったかも知れないよ」という。「サセレシア」に木魚の音が被り始める。

平手打ち四発

家出した昌子は栄のアパートに居る。『全集』では「鷺ノ宮」。映像では「no.3」と印字された公団アパート風コンクリート四階建て。場所は分からない。後出の喜多川のシークウェンスで、しげは「目白のアパート」といっている。『全集』の台詞でも「目白」。鷺ノ宮と目白では、かなり距離がある。さあ、どう解決しようか。そんなに面倒なことではなかろう。富永栄のアパートは、目白にあるのだ。次節で触れるように、しげは息子の幸一（田浦正巳）に姉の所在を「目白」といっており、その場に居る杉山も訂正しないから、しげの記憶違いやいい間違いではない。『全集』に齟齬があるということだろう。

廊下に「火の用心」の貼り紙。共同の水場で昌子が包丁を使っている。ハンバーグと佃煮を買って帰った栄が王冠の儀式でサッポロビールを開ける。今でいうデパ地下あたりで買ってきたのかもしれないが、当時としては随分と斬新なことだったろう。『秋刀魚の味』の共働きニューファミリー平山幸一（佐田啓二）・秋子（岡田茉莉子）。妻が二幸のハンバーグを買ってくるのはもうすぐだ。棚の上には「VOGUE」の箱。『お早よう』の丸山家にもあるが、婦人帽子だろうか。部屋にはほかにMJBコーヒーの缶やミツカン酢の瓶がある。

昌子は正二から今日ここへ電話が掛かってきたが、すぐに切ったという。固定電話が平準化するかなり前だから、管理人室からの呼び出しだろうか。

もう一点。栄の部屋から向かいの家の中が見える。『東京物語』の服部家の場面同様、小津ではお馴染みの絵だが、空ショットにあった栄の四階建てアパートでは不自然。廊下側のドアの反対の窓からは隣家が見えないだろうから。

里心が付いているかもしれない昌子に、浴衣に着かえた栄は「迂闊に帰っちゃ駄目よお」という。変わって杉山家。散らかっている。男やもめに、でもあるが、転勤を決めた正二が引っ越し準備をしているのだ。青木が訪ねてくる。赤ん坊をどうしようかと思っているという。優生保護法の闇については『東京暮色』論で触れた（『小津安二郎・生きる哀しみ』）。正二は息子を「可愛い盛りに、疫痢であっという間に死なれちゃった」が「赤ん坊のひとりぐらいどうにかなるもんだよ」という。「どんな奴生まれるか分かんねえ」という青木に、正二は「そん中から太閤さんが生まれたり、マルクスが出たりするんだ」という。小津は『淑女と髯』（一九三一年）に「マルクスの御真影」を登場させていた。青木は不要という『文藝春秋』など纏めて紐で結わえる。

そこへ千代がやってくる。青木が帰ると、キンギョは正二が黙って転勤することを責める。そして、『東京暮色』杉山明子（有馬稲子）ばりの平手打ち四発。キンギョは泣いて飛び出し、正二は思いに暮れる。

「日本一のサラリーマン」池田　成彬《せいひん(しげあき)》

五反田の喜多川に杉山が訪れ、義母に明後日の晩経つと告げる。昌子はまだ蒲田に帰っていない。ここで、しげが幸一を「鷺ノ宮」ならぬ「目白のアパート」に姉を迎えに行かそうとする。杉山は自分で行ってみるという。正二と入れ違いに昌子がやって来る。母は娘に「いい加減にもう蒲田へお帰り」、「折れべき時に折れないとね、取り返しのつかないことになりますよ」と諭す。

渋谷のBLUE　MOUNTAINでは杉山が河合と妻・雪子に別れを告げる。「三浦は死ぬし、君は遠くへ行っちゃうし、寂しくなるな」と河合。停年間近のカウンターの客・服部（東野英治郎）が、サントリー角瓶をストレートで重ね「サラリーマンの行く末」を嘆く。

河合は、「三井財閥の大番頭」だった池田成彬（一八六七～一九五〇年）の大磯の屋敷跡が荒れ放題になっていたのを見たと話す。三井も松阪繋がりであるが、池田成彬は三井財閥のトップから日本銀行総裁を務め、第一次近衛文麿内閣で大蔵大臣兼商工大臣になった。池田成彬の大磯別荘は、一九三二年、西園寺公望邸跡に建てられた洋館。現在も残っており、市民から保存の要望が出ている。河合は「文字通り清廉潔白な、いわば日本一のサラリーマンだった」池田成彬でさえそうなるのだ「儚いもんだ」という。

キンギョも歌う「蛍の光」

さあ、あとは一気に。

田辺のアパート。杉山の送別会。「いつしか年もすぎの戸を開けてぞ今朝は別れ行く」と「蛍の光」

を合唱している。「スギ、元気でね」とピン子（『全集』）。スコットランド民謡に稲垣千頴《ちかい》が詞を付けた小学唱歌。四番が「千島の奥も、沖縄も」と始まる領土保持（拡張）の歌だったこともよく知られている。

既に指摘したようにカレンダーは「MAY」。遅れてやって来た千代は、杉山の向かいに座る。キンギョは正二と握手する。あの日、正二に平手打ちを食らわした激情のキンギョも穏やかになった。もう一度皆で歌う「すぎの戸を」の声に杉山のバストショット、続く千代のバストショットに「開けてぞ今朝は別れ」の声が。

『暗夜行路』モチーフの繰り返し

次のシークウェンスは瀬田の唐橋。西へ向かう東海道本線。仲人の小野寺喜一の居る大津で途中下車したのだ。小野寺は「奥さんは大事にしてやれよ」、「やっぱり女房が一番当てになる」「いざとなると会社なんて冷たいもんだ」、「いろんなことがあって、だんだん本当の夫婦になるんだよ」と忠告する。『風の中の牝鶏』で佐竹和一郎（笠智衆）が雨宮修一（佐野周二）を諭すのと同断。妻の過ちが夫のそれに入れ替わっているが、『暗夜行路』モチーフの繰り返しである。痙攣するデジャ・ヴュ。田中眞澄は「「罪」を冒した主人公は「自己処罰」として転勤し、「流刑地」に赴くという「贖罪」によって許される」（『小津安二郎映画読本［東京］そして［家族］』）と綺麗に纏めていた。

前田英樹『小津安二郎の喜び』（二〇一六・二、講談社選書メチエ）は「この映画には、東京に住み慣れ、東京を離れることによって真の絆を取り戻した一組の若い夫婦が描かれている。その意味で、『早春』

は、『東京物語』の裏面を精確に描いた、苦味のある傑作喜劇である」と纏めていた。前田のいう「苦味」とは何か。『早春』はガンモドキだというのだ。小津の豆腐屋の意味について、『小津安二郎の喜び』は「植物的、農耕的な生の態勢」といっていた。「もちろん、植物の生のなかにも、植物なりの競合や葛藤はある。けれども、それは動物におけるような、独立した個体間の闘争としては決して展開しない。小津の映画が描く夫婦、親子、兄弟姉妹の葛藤は、みな植物性のものであり、つまりは油揚げやガンモドキの味わいだけを持っている。当然ながら、そういうものは、豆腐の風味と実によく合う」とも。

前田英樹が示唆する小津安二郎の「植物性」。動物とて、命を繋いで行く大きな循環の中にある。植物は本当に不思議だ。感動的な倒木更新もある。また、大風で倒れようと、切り倒されようとひこばえから悠久の時を刻み始めるではないか。『風の中の牝鶏』も『早春』も、単なる夫婦再生の物語なのではない。

昭和天皇家族写真

いよいよ大尾は岡山県の三石へ。小津好みの煙突からもくもくと出ている煙が、風にたなびく。「(大)阪窯業耐火煉瓦三(石工場)」のショットも。一九三六年設立の大阪窯業耐火煉瓦は現・ヨータイ。

杉山正二が帰宅。梯子段を二階へ上る。二階、階段は否が応でも『風の中の牝鶏』や『秋刀魚の味』に及ぶ。杉山が気づくより早く、読者の視線は手前上手の鴨居に掛けられた女物のワンピースに向けられる。靴下を脱ぐ正二の視線の先に昌子のカバンとハンドバッグと丸めたストッキング。正二の靴下と繋がった。

杉山の二階で見逃してはいけないものがまだある。画面中央向こうの鴨居に昭和天皇（当時はもちろん今上）の家族写真が掛かっている。戦後だから御真影というべきものではない。だが、『淑女と髯』のマルクスの如く、ひっそりと、しかし力強く自己を主張している。写っているのは七人。集合写真ではない。左右に天皇・皇后。その間に上から皇太子・常陸宮、その下に三人の内親王が並ぶというもの。皇太子らがまだ小さいので、おそらくは戦争中の写真であろう。三石杉山家に飾られる天皇一家の写真は何を語るのか。蒲田から持ってきたものなのか。下宿先にもともとあったものなのか。どちらにしても、ここに天皇を配置したのは小津安二郎その人である。小津安二郎も杉山正二もかつて、帝国陸軍兵士であった。かつての大元帥の写真を飾っている、あるいはそのままにしてあるということは、自分の兵士体験を含め現状を受け入れているということになろうか。

小津の汽車が走る時

昌子が来ていたのだ。「すまなかった」と謝る正二に昌子は「いいのよ」、「もういわないで」と応ずる。

『暗夜行路』風にいえば、杉山正二における〈大調和〉は、いかにもたらされたのだろうか。それは死んだ三浦であり、吹っ切れた金子千代であり、誰よりも事態を受け入れた昌子という他者によってもたらされた。長屋のインテリ・杉山正二が世界を相対化する眼は、他者が自分を見つめる視点により把持されてきた。それは、けっして自己を絶対化する眼からは生まれえない。だが、重要なのはかつて兵士であった杉山正二は、「ツーレロ節」を高吟した戦場で、そのような眼を研ぎ澄まさざるを得ない体験を重ねてきたに違いないということだ。池部良という役者の眼にも同様の働きがあるこというまでもない。

蒸気機関車のあえぎに昌子が眼を上げる。「あ、行くは、汽車」。汽笛が鳴る。小津の汽車が走る時、ふたりの歩みが再び始まる。最後の最後。ふたつの煙突ショット。まず、風にたなびく煙。そして、ほぼ上方に煙は上る。風が少し止んだ。『風の中の牝鶏』の雨宮時子（田中絹代）は暴れる〈風〉にもてあそばれた。夫・修一（佐野周二）は、「いろんなことがあるぞ」と時子を抱きしめた。「いろんなことがある」。昌子と正二のふたりにも。それでも人は生きてゆく。死んだ兵士たちが出来なかったことも代行し、生きてゆかねばならない。豆腐のように。植物のように。

第5章

『お早よう』放屁とテレビ

桂木洋子

『お早よう』(一九五九年)は小津安二郎の第五十作。カラーでは前年の『彼岸花』に続く作品。雲に浮かぶ富士山、布地バックのオープニング・クレジットに黛敏郎の軽快でユーモラスな音楽が流れる。黛はこの作品と『小早川家の秋』(一九六一年)で小津と組んだ。黛は松竹のスターだった桂木洋子と結婚して、『RAMPO』(一九九四年)を撮って奥山和由ともめた黛りんたろうをもうけた。桂木は松竹歌劇団に所属中、木下恵介に見いだされ『肖像』(脚本・黒澤明、一九四八年)に画家・野村(菅井一郎)の娘・陽子役で出演。この作品では、ミドリ(井川邦子)のヴァンプぶりが光る。

桂木は『晩春』(一九四九年)にも京都の教授・小野寺譲(三島雅夫)の娘・美佐子の役でワン・シークウェンスだけ出ている。清水寺の舞台で曽宮紀子(原節子)と並んで曽宮周吉(笠智衆)に声を掛けるのだ。遠くから撮られているだけでアップにならないのをかねて不可解に思っていた。同じことを、二〇〇四年一月十七日江東区古石場文化センターで「シネマ落語・長屋紳士録」を演じた立川志らくがいっていた。駆け出しの女優に過ぎなかったというだけのことかもしれない。推測の域を出ないが木下恵介に見いだされたからということもあろうか。売りだそうとしている松竹の意向には従うものの遠慮したといおうか。しかし、よくは分からない。ちなみに小津日記（田中眞澄編纂『全日記小津安二郎』一九九三・一二、フィルムアート社）によれば、一九五三年六月一日に帝国ホテルで行なわれた黛・桂木の結婚式に小津は招待されたものの欠席している。何か所用かあったのかといえば、自宅で姪の亜紀子と遊んでいたのである。今は円覚寺で向かい合っている小津と木下だが、その間柄はどうも微妙だ。

鉄塔の富士山

最初のショットは送電線の鉄塔。頭が切れている。『秋日和』（一九六〇年）の冒頭で、東京タワーの頭が大胆に切られていたのはこの繰り返し。いずれもその形から富士山が連想される。富士山は松竹映画オープニングの合図であり、映画という異空間への参入を読者にうながすもの。何度も何度も映画館に足を運んでいれば、松竹の富士山や東映の岩に砕ける波しぶきを観るだけでわくわくし出すというようにすり込まれていたはずだ。私自身子どもの時あの荒海を観ると、ああチャンバラだと思ったものだった。その映画の中にまた富士山を入れ込んでしまおうというのが小津好みなのだ。『彼岸花』の東京ステーションホテルの結婚式でも廊下に大きな富士山の額がかかっていた。周防正行『変態家族兄貴の嫁さん』（一九八四年）のオープニングは絵に描いた富士山。鴨居には富士の額がある。この作品がかく富士山を意識しているのは小津へのオマージュだからにほかならなかった。

土手の下に同じ造りの小さな戸建て住宅が並んでいる。青いトタン屋根の破風もまた富士山である。トタンがいかにも新興住宅、安普請を表現している。そのトタンの上に一部瓦を敷いているのが奇妙だ。よく分からない。

土手の上をリヤカーを引いた男が通り、続いて制服姿の男子中学生が三人と小学生一人、フランク永井のヒット曲「有楽町で会いましょう」(一九五七年)を口ずさみながら歩いてくる。林実(設楽幸嗣)・勇(島津雅彦)兄弟に原口幸造(白田肇)、大久保善一(藤木満寿夫)である。「カンカンカンカンカンカンカン」という鐘の音は「NHKのど自慢」を演じているということ。「のど自慢素人音楽会」は一九四六年一月十九日にNHKラジオで始まった。一九五三年からはテレビでも放映されていたので、冒頭から子どもたちの興味の在りどころが示されているというわけだ。

善一が「おい、ちょいとまた押してみな」という。実が善一のおでこを押すと善一は放屁する。「どうだい」と善一は自慢げ。勇が「ぼくも」と二度押す。今度も見事に「どうだい」。少年たちの間で自在に屁をひる能力が自慢されているのだ。のど自慢ならぬおなら自慢。善一は幸造のおでこを三度押すが、幸造は屁をひれない。それどころか、「駄目じゃないか」と歩き始める善一たちに付いていけずに佇む。左手が臀部に伸び、気になる様子。尾籠で恐縮だが、中身が出てしまったんだね。

テレビで相撲

大久保家の玄関で大久保しげ(高橋とよ)と富澤とよ子(長岡輝子)が話し込んでいる。とよ子がほうれん草が二十円もしたというと、しげは「めったにおひたしも食べられない」と応ずる。高度経済成長に物価も連動していた。とよ子の話は婦人会の会費に及ぶ。会費が会長のところに納まっていないと。それは原口家で洗濯機を買ったのと関係あるのではないか。話は穏やかではないが口調は軽い。ここでも電化製品の話題である。高度経済成長の時代は争って電化製品を入手するというきわめて分かりやすい形で日本人の欲望が爆発したのだった。

家電普及の先駆けとなったのは電気洗濯機であった。「洗濯機の普及のために強調されたのが家事労働の軽減効果であり、それからの女性の解放であった。それを表わしたのが「一年に象一頭丸洗い」「一人一日百匁、五人家族でも五百匁、一年に百八十貫。上野の象の花子さんと同じです」、あるいは「丸ビルを洗うお母様！　一人一日百匁はシーツ一枚、つまりタタミ一枚とすると五人家族で二・五坪、一年で約九百十五坪、二十年で一万八千三百坪、丸ビルと同じです」という広告コピーである。／また、高額の耐久財を売る手段としての月賦制度も、戦後は、洗濯機の販売から復活した。東芝が昭和二五年八月に、東京、大阪で始め、次いで松下電器も始めている。これが、月賦販売店制度として確立されていくわけである」（青山芳之『家電』一九九一・一〇、日本経済評論社）。

そこへ勝手口から噂の原口きく江（杉村春子）が声をかけ回覧板を置く。幸造がゆっくりゆっくりと帰ってくる。しげはとよ子に善一がテレビばかり見たがって困ると愚痴をいう。テレビは向かいの丸山家へ見にいくのだ。テレビが普及し始めたころ、子どもたちが近所に集まってテレビを見るというのは常態だった。私にも数え切れないほどの記憶がある。強烈なものをひとつだけ挙げれば、一軒置いて向こうの電設屋Sさんの家に子どもたちが集まり『恐怖のミイラ』という子ども向け連続ドラマを見たことだ。放映は一九六一年の七月から十月まで、火曜日の夜七時半から八時。日本テレビ系列だから札幌ではＳＴＶであった。四年生の私は、全身包帯巻きのミイラが町をふらつく姿が恐くて恐くてたまらなかった。家まで帰るのも真っ暗だし。

原口家では幸造がきく江に新しいパンツを出してもらえず困っている。きく江は毎日のようにパンツを汚す幸造に「そんなつもりで洗濯機買ったんじゃないよ」という。ようやく幸造が丸山家へ駆けつけると、善一とガウン姿の丸山明（大泉滉）がテレビの前に陣取って大相撲観戦。北葉山と富樫の対戦。なつかしい北出清五郎アナウンサーの実況である。聞いてみよう。「東から十枚目北葉山。西からは東の十六枚目富樫。北葉山は時津風部屋のホープ力士。一方の富樫は元柏戸の伊勢ノ海部屋、これまた新鋭力士でございます。この人が北葉山。北海道の室蘭の生まれで稽古熱心、定評のあるところでございます。右側の人が富樫。山形県の東田川郡の出身でございます」。テレビ放送の初期だからであろう。「この人」とか「右側の人」と解説しているのが面白い。

三人は若乃花の上手投げの凄さを話題にする。もちろん土俵の鬼と呼ばれた初代横綱若乃花である。そうそう、本人が主演した森永健次郎『若ノ花物語　土俵の鬼』（一九五六年）は観ている。リアルタイムとすれば四歳である。

「ご存知人気の中心若秩父が入場してまいりました。塩を今日もまた天井目がけて高くまいあげまして、このあたりにも彼の人気が潜んでいるようでございます。今日の対戦相手北の洋《なだ》、西の小結でございます。若秩父は「昔聞け秩父殿さへすまふとり」俳聖芭蕉の句がございます。相撲で有名な秩父の出身、花籠部屋のホープでございます。一方は北海道の」と北出アナの名調子が続くが、最後のあたりは幸造を叱りに入ってきたきく江の声がかぶってよく聞き取れない。英語を習いに行かなくていいのかと小言をいうきく江に、これまた夫と同じくガウン姿のみどり（泉京子）は「うちは構わないんです。ちっとも」という。それにしても、やはり北出アナは朗々としていますね。言葉遣いがいかにもゆかしいじゃありませんか。北葉山も北の洋も北海道出身。

子どもたちは引きあげることになる。玄関でみどりは「アパート行ったらね、先生にお姉ちゃんがよろしくってね」と実と勇にいう。実の「お姉ちゃんっておばちゃんかい」という子どもらしい返事と、みどりの屈んだ臀部の膨らみが対比される。それは読者である私たちの意識を露呈させることなのだ。みどり役の泉京子が堀内真直『海女舟より禁男の砂』（一九五七年）などで見せたグラマラスな肢体が世間を騒がせた続けていた渦中だけになおさらである。

取り組みはいつ

それはともかく、重要なのはテレビ中継の映像を使用しているので、取り組みから年月日を特定出来るということ。北葉山・富樫戦は一九五九年一月場所七日目。一月十七日土曜日のことである。富樫は翌三月場所から柏戸（十一代目）になった。一方、若秩父・北の洋戦は同場所千秋楽。一月二十五日日曜日のこと。同じ初場所ではあるが違う日に行なわれた取り組みが使われているのだ。映画だからそれはまったく構わない。そもそもが架空の異空間だからだ。

では、一月十七日、二十五日に撮影が行なわれたのかということになる。日記によれば、『お早よう』のクランクインは一月二十八日。丸山家の撮影は二月十日、十一日である。引いてみる。十日は「出社　丸山家　セット　一日目　大泉と泉と子供たち〈17〉カット　定時に終る／肝臓の辺に微痛」。十一日は「丸山家　第二日　杉村と泉と子供たち〈13〉カット　定時すむ」。遡って七日に「大角力実写うつしてみる」とある。VTRを使っての撮影だったのだ。北葉山・富樫戦、若秩父・北の洋戦ともに脚本（ここでは井上和男編『小津安二郎全集［下］』二〇〇三・四、新書館、以下同）に書き込まれている。脚本家、つまり小津と野田高梧がこれらの対戦を選択したということだ。断るまでもなく、この場合の小津・野田は生身の人間ではなく共同脚本家の記号ということである。野田高梧、池田忠雄、斎藤良輔といった小津映画脚本の共同執筆者にもっと光が当たってもいいのではないかと思う。ここで、小津と野田は新鋭の北葉山と富樫、人気絶頂の若秩父を映して最高人気の若乃花は話だけで済ませる。心憎い選択だ。

小津は大相撲中継をよく見ていた。小津日記で件の十七日は「本年は馬鹿に寒い　衣装しらべを昼からする／談話室で相撲テレビをみる／早く帰る　テレビでオルフェを半分バかり見てねむくなり就床する」。二十五日は「一日在宅　昼近く起床　テレビにて初場所千秋楽を見る　若乃花が栃錦に勝つて十四勝一敗なり　夜　シナリオをしらべる　十一時すぎ就床　いさゝか下痢」とある。「シナリオをしらべる」というのに相撲取り組みのこともあったかもしれない。相撲だけではなく、小津がよくテレビを見ていたのは日記で確認出来る。

飯田蝶子がプレゼント

小津とテレビの関係については田中眞澄『小津安二郎周游』（二〇〇三・七、文藝春秋）がコンパクトに整理している。飯田蝶子が小津にテレビを贈ったといっている（『小津安二郎・人と仕事』一九七二・八、蛮友社）。時期は特定出来ないが、小津日記の一九五五年七月十五日には「プロレスのテレビを見る」という記事があり、これ以前のことと推測される。

小津日記を遡れば、一九五四年三月十七日に「テレビで大阪春場所など見る」とある。小津がテレビを見たと記す最初だ。だが、これは蜂の巣、つまり伊豆半島網代の清水宏のところでのこと。また同年十二月二十二日の記事には「力道山と木村のプロレス　上原邸のテレビでみる」とある。茅ヶ崎の上原謙の家。

NHKのテレビ本放送開始は一九五三年二月一日のことで一日約四時間の放送であった。前出の青山芳之『家電』は「NHKの本放送開始時に八六六であった受信契約数は、ほぼ一年を経た二九年二月末日でも、ようやく一万台を超えたにすぎなかった。価格が高かったのである。中堅サラリーマンの月給が二万〜三万円であったのに対し、テレビの価格は、七インチで一一万円、一〇インチで一六万円、一四インチで一七万五〇〇〇円、一七インチで二〇万円であったから、普及の本格化は昭和三〇年代を待たねばならなかった」という。テレビの普及が一九五九年の皇太子（今上）成婚と一九六四年の東京オリンピックの二段階で進んだのはよく知られている。同書によって普及率の進捗を確認してみよう。一九五七年、都市のテレビ普及率は七・八パーセント。翌五八年で都市十五・九パーセント、農家二・六パーセント。皇太子成婚の年五九年は都市三十三・五パーセント、農家四・三パーセント。都市でようやく三軒に一軒、農家ではなんとまだ二十三軒に一軒である。これが東京オリンピックの六四年になれば都市九十三・五パーセント、農家八十一・七パーセントとなり、テレビは生活の一部ということになった。

さて北鎌倉の小津の家にテレビが来たのが一九五五年前半ころとすれば、やはりまだかなりテレビが珍しい時期のこと。『家電』によれは、この年五月の十四インチテレビの値段は十万八千円から十二万九千円ほどである。今なら二百万円以上にもなろうか。車をプレゼントするようなものだね。

軽石で屁

鉄筋アパート。小津の廊下あり。アパートの一部屋で実と幸造が福井平一《へい》郎（佐田啓二）に英語を習っている。勇も一緒だ。実は「My sister is three years younger than I.」を「わたくしの妹は三歳でわたくしより若い」と訳してしまう。これと全く同じ間違いを『戸田家の兄妹』（一九四一年）の戸田良吉（葉山正雄）も犯していた。

同じ問題を幸造も答えられず、放屁してしまう。幸造はこの遊びが流行っていることに加え「軽石粉にして飲まなきゃ」という。善一の父・善之助（竹田法一）に聞いたと。平一郎はからかわれているんだという。

軽石屁という上方落語がある。お伊勢参りを済ました喜六と清八が、ついでに近江八幡もと道中を進める。喜六が足が痛いというので駕籠を雇うが乗ったのは清八の方。駕籠には乗れず、おまけに駕籠屋からお供と間違えられた腹いせに、喜六は近道をして茶店で酒に軽石の粉を混ぜて駕籠屋に飲ます。ふたたび出発するが、駕籠屋はたまらず放屁しっぱなしになる。前後からすかされるものだから清八はたまらず駕籠を降りる。喜六は自分に意地悪するからあてこすったのだといい、清八は、あてこすりだから軽石を使ったのかと落ちる。

小津は落語好きであったからこの噺も知っていたかもしれない。軽石は火山ガスを含んでいるから屁の元だという。宮武外骨は「通俗生理問答」（『奇想凡想』一九二〇年。『面白半分』一九九五・一二、河出文庫）で軽石の粉を飲むと屁が出る理由を、軽石中のマグネシウムが胃腸で溶解してガスが出るとしている。「軽石屁」や外骨の放屁論は佐藤清彦『おなら考』（一九九四・三、青弓社。一九九八・二、文春文庫）に教えてもらった。

ちゃぶ台におひつ

大久保家の居間。善之助が新聞を見ながらブーと放屁する。妻・しげが「あんた呼んだ」と台所から小走りにやってくる。「呼ばないよ」。「あっそう」と去るしげ。昭和天皇だね。この夫婦の会話がいかにもいい。

林家では母・民子（三宅邦子）が帰宅した実・勇がテレビを見にいったことを叱る。子どもたちの反応と理屈は素直だ。行くなというならテレビを買ってくれというのだ。テレビの値段もどんどん下がっていた。『お早よう』公開時（一九五九・五・一二）は十四インチで五万九千六百円から六万一千円であった（『家電』）。週刊朝日編『戦後値段史年表』（一九九五・八、朝日文庫）によれば、一九五九年でちょうど見合うのが平凡社『世界大百科事典』全三十二巻、六万四千円。公務員、小学校教員、銀行員（大卒）の初任給がそれぞれ一万二百円、八千四百円、一万五千円の時代だから、百科事典もずいぶん高価だったことか分かる。家具代わりという感覚がありましたね。私も欲しかった。とうとうわが家にはやってこなかったけれども。

ちゃぶ台におひつといった食卓風景。実が「What is this?」とおわんの中身を覗き、「なんだい。また秋刀魚の干物と豚汁かい」と不平をいう。母が「贅沢いうんじゃないの」とたしなめる。そこへ父・敬太郎（笠智衆）と民子の妹・有田節子（久我美子）が帰宅。同居しているのだ。今とは感覚が違う。当時の住宅事情では普通のことか。アパート一部屋に家族五人が暮らしていたなんていうのを、私は子どもの時に見ているから。勇が「お父さん、また秋刀魚の干物だよ」という。秋刀魚が小津の遺作『秋刀魚の味』（一九六二年）で鱧と比較された庶民の味であることを思い出そう。

節子が若乃花の勝ち負けを問うと、実は「知らないよ家《うち》にテレビないんだもん。ねえお母さん、テレビ買ってよ」と母にねだる。節子が「ラジオで分かるじゃないの」というと、実は「駄目だい、テレビでなきゃ」。勇が「ラジオじゃ見えないよ」と追う。さらに実が「ねえお母さん、テレビ買っとくれよ」。勇が「買っとくれよテレビ」。

「お早よう」という挨拶

土手の上を実たち四人が学校へ向かう。伊藤先生（須賀不二夫）が追い越し、お互いに「おはよう」と声を掛け合う。河川敷がはっきり分かる。ロケは多摩川六郷土手である。この辺りの雰囲気は半世紀近く経った今もあまり変わらない。ガス橋まで歩いて川崎へ入ったことがあるが、気持ちいいものだった。

例のおなら遊びをする。幸造はうまくいかないが、実と善一が成功。大久保家では善之助が股引姿で出勤の身支度をしながらブーッ。しげが「あんた呼んだ」と顔を出す。「いいや」。「ブーッ」。「なあに」。「あああのね。今日亀戸の方へ行くけど葛餅でも買ってくるか」。「そうね。買ってきてよ」。「ああいいお天気ね」。結果的に呼んでいたということになるか。放屁もまた挨拶を司りコミュニケーションの潤滑剤となる。大久保夫妻のコミュニケーションこそ理想の姿であるといったら驚かれるであろうか。

平一郎のアパートに節子がやってくる。「おはよう」が取り交わされる。失業中の平一郎に翻訳のアルバイトを頼んでおり、取りにきたのだ。玄関にカンダハンのスキーが立ててある。カンダハンなんてもう死語だね。節子が帰ると、姉・加代子（沢村貞子）が火箸で火鉢の灰をかき混ぜながら、「ねえ、あんな人があんたのお嫁さんになってくれるといいんだけどね」という。「冗談じゃない。ぼくは今やルンペンだよ」と不機嫌な平一郎。小津を通底する結婚の問題がここにも秘やかに流れている。節子が義兄の家に同居していること、福井姉弟が同居していることから、この二つの家の両親の不在は気になるところだ。

原口家では母のみつ江（三好栄子）が鏡や灯明が供えられた祭壇に向かって念じている。このちょっとした不気味さが後で生きてくる。

キノエネ醤油

きく江は憤懣やるかたない様子で勝手口から林家へ乗り込む。自分は婦人会の会費なぞちょろまかしていないと。勝手口から上がってきたきく江の後ろに「ＫＩＮＯＥＮＥ　ＳＨＯＵＹＵ」とローマ字が印刷されたキノエネ醤油の箱が置かれている。キノエネ醤油の山下家は小津の妹・登久の嫁ぎ先であり、また弟・信三の勤め先であった。もちろん単にそれだけという以上に、カラーのこの作品ではキノエネの赤丸に白抜きの「子」の字のロゴが画面に彩りを添えている。小津日記一九五九年二月三日、原口家のセット第一日「野田から　信三　醤油もつて来所」とある。野田は千葉県野田市。陣中見舞いというのではなく、小津が小道具に頼んだのだろう。のちに出るおでん屋・うきよのセットにもこの箱が登場する。

玄関へ押し売り（殿山泰司）がやってきて座り込む。茶簞笥の上に赤玉ポートワインが置いてある。この時代、葡萄酒、ワインといえばこれでした。「どうです。ゴムひも、歯ブラシ、鉛筆、亀の子だわし」。断ると切り出しナイフを取り出し鉛筆を削り出す。きく江はそそくさと帰宅。すると原口家にも押し売りがやって来る。みつ江が「いらないねえ」と対座すると、押し売りがまた切り出しナイフで。みつ江が試しに削っていいかと刺身包丁（脚本は出刃）を持ってきて「よく切れるねえ」というと、押し売りは鉛筆を置いて退散する。高度成長期くらいまでは押し売りがよく来たものですよね。

きく江はみつ江に林さんの奥さんから婦人会の会費を受け取っていないかと確認する。最初は受け取っていないというみつ江だが、思い出しきく江に渡す。きく江は腹を立て「いやんなっちゃうよ、耄碌しちゃって。お祖母ちゃん、あんたもうほんとに楢山だよ。とっとと行っとくれ」と出ていく。みつ江の「ひとりで大きくなったようなこといいやがって。さんざっぱら世話焼かせやがって」というひとりごちから、実の母子なのだと分かる。みつ江は産婆。家の外に「助産婦　原口みつ江」の看板がある。一九五九年から六〇年にかけては日本人の出生形態の分岐点。家庭分娩から施設分娩へと変化したのだ。これを第二次出産革命という。『お早よう』は急速に変わる日本人の生活を写し取っていた。
この「楢山」はもちろん深沢七郎の「楢山節考」（一九五六年）。木下恵介が一九五八年に、今村昌平が一九八三年に映画化した。小津日記一九五六年十二月二十三日に「夜半　楢山節考をよむ」の記事がある。

自信なき父

きく江は林の家に謝りに行く。富澤家へ寄ると防犯ベルを売り込みに男（佐竹明夫）が来ている。押し売り退治にもいいいと。

おでん屋・うきよ。向かいはラーメン屋珍々軒で、屋号が『東京暮色』と同じ。うきよの女将は桜むつ子。押し売りと防犯ベルの男が並んで飲んでいる。ぐるだったのだ。三波春夫のヒット曲「チャンチキおけさ」（一九五七年）が聞こえる。林敬太郎が入ってきて、手袋を忘れていかなかったかと聞く。飲み屋の忘れ物といえば、『晩春』の曽宮周吉、『東京暮色』の沼田康雄（信欣三）を思い出す。『晩春』では小野寺と多喜川へ行った曽宮紀子が、家に父の忘れ物の手袋を持ち帰る。『東京暮色』で沼田は小料理屋の小松に帽子を忘れていった。これが仕掛けとして重要なのは既に論じた（『小津安二郎・生きる哀しみ』）。

林は先に飲んでいた富澤汎（東野英治郎）に誘われ腰掛ける。壁には赤青紺金のカラフルなローマ字であしらった「ＡＳＡＨＩ　ＧＯＬＤ」のポスター。小津映画の場合一部の例外を除き、一作品の中に出てくるビールの銘柄はひとつである。ここではアサヒ。富澤は三十年働いて定年になる自分の身の上を愚痴る。うきよにもキノエネ醤油の箱がある。

林家では兄弟がハンガーストライキに入っている。『大人の見る絵本　生れてはみたけれど』（一九三二年）の様相を呈してきた。『生れてはみたけれど』の吉井良一（菅原秀雄）と啓二（突貫小僧）の兄弟が、父健之助（斎藤達雄）のふがいない姿に反抗したのに対し、テレビを買ってもらえない『お早よう』の兄弟の不満はいかにも卑小だ。だが、大恐慌の時代の前者と高度成長下の後者の欲望の差を考えなければならない。モノへの欲望がはっきりしていたころの時代はまだいいのかもしれない。それがおおかた満たされてしまった現在は、いたずらな飢餓感が覆うばかりである。

「お父さんにいいつけるわよ」という母に、実は「平気だい、いいつけたって。恐かねえやい」と応える。そこへ父・敬太郎が帰宅。隣りにテレビを見に行く行かないでもめる。「いい加減にしてやめなさい。お父さんに怒られると恐いわよ」という母に、「恐かねえやい。へっちゃらだい」と実。父が「黙ってろ、うるさい」といっても実は「うるさかねえやい。そんなことこっちの自由だい」と動じない。

この辺り夫婦のツーショット、兄弟のツーショットともに向かって左に上位者を置く。それに続く四人のショットに注目しよう。左から敬太郎と民子。この二人は立っている。真ん中に天井からぶら下がる白い電灯の笠。さらに右手に座った実と勇。四人が左上方から右下方へ対角線上に並んでいる。この長幼の順の安定もつかの間。同じショット内で崩れていくのである。「こらっ、何いう」と父が実に歩み寄り手首を摑んで立たせる。実は「何すんだよう、離せよう。離しとくれよう」。「大体お前は口数が多い。おしゃべりだ。やめろつったらやめろ」と握っていた実の手首を振り払う。父の左横に回りこんでいた勇は「ぼくさっきっから何もいわないよ」という。この時父と実がほぼ同じ大きさで正対しているのだ。「大体お前たちなんだ。いつまでもひとつことをぐずぐず。女の腐ったみたいに。子どものくせに余計なことをいい過ぎる。少し黙ってみろ」と父。

父は「女の腐ったみたい」とか「子どものくせに」とかいう常套句でしか実たちに対しえていない。理屈の上でも実がいっていた「自由」を喝破しえないのだ。もちろん「自由」をはきちがえているのは実の方だが、父がそれを矯正出来ないということ。さらに悪いことには子どもを本気で殴ることさえ出来ない。つまり理屈においても、それを越えた殴るという形でのしつけにおいても中途半端にしか振る舞えていないのである。ここに家父長制の崩壊を見るといえば大げさだが、戦後民主主義によって自信を喪失してしまった父の姿があるのである。子が父母に対等な口をきいていることがそれを雄弁に物語るが、映像の上でもこのワンショットの意味は大きい。

これは何も『お早よう』において顕著なのではない。『麦秋』（一九五一年）にもパンを足蹴にする実（村瀬禅）を殴れない父・間宮康一（笠智衆）がいた。『麦秋』の兄弟も実と勇だった。康一が妻の史子（三宅邦子）、妹の紀子（原節子）と多喜川の座敷で天ぷらを食うシークウェンス。舌鋒盛んな女ふたりに康一が、終戦後女がエチケットを悪用して図々しくなったという箇所には、既に家父長の権威喪失が表れていたのだ。

世情の変化をことさらこと挙げせずに映してみせるところに小津テキストの真骨頂があるのだ。

「お早よう」の意義

実はひるまない。「余計なこっちゃねえやい。欲しいから欲しいっていったんだ」。「それが余計だっていうんだ」。問題はこの「余計」だ。

実はいう。「だったら大人だって余計なことといってるじゃないか。こんちは。おはよう。こんばんは。いいお天気ですね。ああそうですね」。「馬鹿」。「あらどちらへ。ちょっとそこまで。ああそうですか。そんなこと、どこ行くか分かるかい。ああなるほど、なるほど。何がなるほどだい」。「うるさい。黙ってろ」。ふたりのどんでんはもう同じ大きさだ。細かなことをいえば、おそらくカメラが近づいている分実の方が大きく見えるという逆転が生じている。身体が小さい分近くから撮っているからだ。それは小津の構図意識から来る調整なのだろうが、それを越えて意味を持ってしまうのだ。「男の子はぺちゃくちゃ余計なことしゃべるんじゃない。ちと黙っててみろ」。「ああ黙ってるよ。二日でも三日でも」。というわけで兄弟は部屋に閉じこもり、ハンガーストライキが口をきかないストライキに発展するのだ。

先走れば、実がいうところの大人の「余計」が、本当は大切だということが分かっていくというのが『お早よう』という物語なのだ。

実と勇の部屋の書棚の上には、牛の顔が印刷された森永ドライミルクの赤い缶が置いてある。昔使ったものを入れ物にしているということだろう。百十三人の死者を出した森永粉ミルク砒素中毒事件（一九五五年）の記憶も新しいころだから気になるところだ。勇が粉ミルクで育ったとするとその下限は二歳近くとして一九五四年ころだろう。

二村元夫『罪人にしない子育て――母子分離と粉ミルク育児の問題点――』（二〇〇一・一二、チクマ秀版社）は粉ミルクの生産量と少年犯罪検挙者数の間に相関を認め、粉ミルク育児が母子間のコミュニケーションを奪いストレスの多い子になると主張している。

二村はいう。「少年犯罪の原因は複合的なものであり、累積した多くの原因が、少年たちを犯罪へと追いやるのである。だが、その初動の根本的な原因は、次の二つだと私は考える。／すなわち、少年たちが、誕生という人生第一歩の段階で、産科医によって出生直後から「母子分離」をさせられたことと、「粉ミルク」育児という不自然な人工的な育児をされたことである。この二つが、少年犯罪にかかる初動の最も根本的な原因ではないだろうか」、あるいは「人工栄養（粉ミルク）では、親としての愛情がわきにくい面があるのは、乳児による乳房の吸啜《きゅうせつ》がないために、母体内への母性ホルモンの放出がないからであり、母性ホルモンによる脳の視床下部の中の内側思索前野にあるといわれる母性のスイッチが入らないためである」と。

アメリカ由来の母子別室制は、医療の効率という発想からきており、母乳が一番と承知している産科医にしろ、粉ミルクメーカーから多くを提供されているために関係を断ち切れないというのである。「誕生直後に強制的に母子分離の憂き目を味わい、退院までの数日間を新生児室で過ごすことの淋しさ、かなしみが人間不信への引き金になっていると言うことができないだろうか。人間への不信感は、乳児期から醸成されているのである」とも。

勇の生誕時は率としては圧倒的に施設分娩が多い。だが、一九六〇年ころを境に家庭分娩と施設分娩が逆転するのであり、ここに撮しこまれてしまった赤い粉ミルク缶が、その様態を反映しているということなのだ。

みつ江が土手の上でお天道様を拝んでいる。原口家の朝食。きく江が夫の辰造（田中春男）に幸造のパンツを買ってきてくれという。きく江は電気釜から直接ご飯をよそっている。保温装置のついた電気釜やジャーがおひつの位置をおびやかし始めていたのである。一九五九年時点での電気釜普及率は都市で二十三・五パーセント、農家で四・七パーセントであった（『家電』）。テレビや電気洗濯機にくらべ普及の伸びは鈍い。テレビのある丸山家がトップランナーとすると、この土手下で原口家は二番手を走っていたことになる。

変わって林家の朝食。こちらは既に紹介したようにおひつ。とはいえのちに台所に電気釜があることが分かる。おひつに移していたということ。子どもたちはハンストは解除したが口をきかない。ちゃぶ台の上の赤いキャップのキノエネ醤油食卓瓶と味の素が画面を区切る。

きく江が実そして勇にも「おはよう」と声をかけるが、ふたりとも黙って通りすぎていく。林の家で婦人会会費のことを遺恨に思っているのかと気になる。挨拶ひとつのあるなしで疑念を抱かせるのだ。きく江は夫に根に持っているのだろうかという。辰造の前にアサヒ缶ビール。きく江は大久保しげにもそれを愚痴る。原口の勝手口には森永ホモ牛乳の宅配用の黄色い箱がかかっている。小津と森永は桑野通子が森永スウィート・ガールだったという筋で繋がる。今度は通りで民子がきく江に「おはようございます」と挨拶するが、きく江は無視して家に入ってしまう。

しげが民子に借りていたビールを返しにくる。もちろんアサヒビールの大瓶だ。それと「いつぞや出していただいたバスの切符」も返す。しげはその足で富澤の家に行き、とよ子（長岡輝子）に林家から借りているものがあったら返した方がいいと忠告する。じゃあ猫が銜《くわ》えてきた干物を返さなければいけないかという。秋刀魚の干物か。

かく挨拶ひとつで人の気持ちが変わっていくのである。

テレビという怪物

小学校の小津の廊下。「春のうららの隅田川」と唱歌「花」（一九〇〇年）が聞こえてくる。教室では佐久間先生（千村洋子）がしりとり遊びを教えている。「からす、すみ、みかづき、きく」の次を問うと大勢手を挙げる。ここで小津はちょいとした遊びをする。「月光仮面」と答えて舌を出すのが「厚田さん」、「赤胴鈴之助」と答えるのが「清水さん」。小津組スタッフである撮影の厚田雄春と進行の清水富二の名を使っているのだ。勇は手を挙げなかったが指名されてしまい、たんまのサインを出したまま黙りこくる。

一方中学校では、伊藤先生に教科書を読むように指示された実が、これまた黙ったままである。小学校でも中学校でも明日給食費を持ってくるようにと先生から指示が出る。

その夜、林家で実と勇は軽石を削って舐めている。口をきけない二人はいかにして給食費をもらうか思案し、ジェスチャーで伝えようとする。「ジェスチャー」は一九五三年から六八年までＮＨＫで放映された小川宏司会の公開クイズ番組。その時代を生きた人で知らぬ人はないだろう。柳家金語楼と水の江滝子をキャプテンに多彩なゲストが男女に分かれ、身振り手振りで状況の説明を競うというもの。実は一所懸命奮闘するが伝わらない。形式的には声を出さないものの、もうコミュニケーションは回復し始めているのである。「ジェスチャー」という番組は手ぐさ・しぐさに於ける日本人共通のコードを幾つも作り出した。代表的なものではネクタイを締めるしぐさをすれば男、髪が長いしぐさをすれば女という具合だ。かつての男装の麗人・短髪ターキーがキャプテンであることを思えばいささかおかしいが。このシークウェンスでも実が箱形を示すと、節子はすぐに建築物と反応する。

怒濤の勢いで茶の間に侵入し始めたテレビという怪物を、子どもたちの欲望を通して描いた『お早よう』。だが、実のジェスチャーをなんとか解そうとする大人たちもまた、その流れの中に否応なく晒されているのだ。それは抵抗なく受け入れる若い節子だけではなく敬太郎・民子にしたところで同じだ。田中眞澄『小津安二郎周游』が「『お早よう』はテレビが一般家庭に浸透していく過程を反映した映画」と呼ぶのは、まさにこうした事態を指しているのである。

平一郎とみどり、節子

土手の上。善之助を真ん中に善一、幸造の三人が並んで体操をしている。風がかなり強い。体操の動作の中で何度も放屁する。幸造が「おじさんやっぱりうまいなあ」というと、善一は自慢げに「お父さんガス会社行ってんだもん、うまいわけだよ」という。善之助はまんざらでもなさそうに笑う。いいなあ、この馬鹿げたセンス。

福井のアパート。実と勇が来ているが、口をきかない。ピアノと声楽が聞こえる。アパートの一室で教室でも開いているのだろうか。平一郎が「おい、どうして口きかないんだよ」と実のおでこをつつくと、実は放屁する。この反応は生きている。「毎日軽石、粉にして飲んでいるのか。ああ飲め飲め。そんなことしてると、おなかん中に石が溜まって、もうじき死んじゃうぞ」という平一郎のおどかしに、勇は思わず「本当」と声を出してしまう。「本当だよ。こないだ動物園でアシカが死んだろう。解剖してみたらおなかん中に沢山石が溜まっていたんだ。お客の中の悪い奴が石を放りこむのを、餌だと思って食っちゃったんだよ」と説明しているところへノック。

「こんちは」とみどりが入ってくる。平一郎とみどりの会話に注目したい。「ああ、君か。なんだい」。「ねえ、このアパート、空いてる部屋ないかしら」。「ないだろう。下のおばさんに聞いてごらん」。「そおう。どっかないかなあ」。「知らないね。誰が入るんだい」。「あたしよ。引っ越しちゃおうと思って。とっても近所がうるさいんだもん。ねえ、どっか心当たりなあい」。「ないね」。「ふん、冷たいのねえ。さよならあ」。

このそっけない口のきき方。ということは親しい仲であるということだ。テレビを見にきた実たちに「先生にお姉ちゃんがよろしく」と言づけていたことを思い出そう。その親しさがどの程度のものであるのか。土手下の家と平一郎のアパートは英語を習いに行く距離であるからそれほどのものではないとして、顔見知りになるのは自然だ。だからといってこのため口のきき方は単なる顔見知りの域を越えている。しげの情報によるとみどりは池袋のキャバレーにいたという。あるいはそういう場所での知り合いなのか。謎というしかない。姉・加代子が嫁に節子をという話題を出した時の平一郎の不機嫌もまた思い出せばなおさらである。そもそも丸山明とみどりは夫婦といっても正式なものなのか。平一郎に引っ越すのが「あたし」と単独でいっていることも気になる。主導権はみどりにあるのだ。

みどりが廊下に出ると節子がやってくる。節子の方から礼をする。ゆかしい。一瞬の差で節子はみどりが平一郎の部屋から出てきたことは分かっていない。一方、みどりは節子が平一郎の部屋を訪ねたことが分かる。ノックの音。

「ああ、あなたですか」と平一郎。節子がまた翻訳を依頼に来たのだ。節子にもそれなりに親しみのある口のきき方をするが、「君」と「あなた」は決定的に違うといっていいだろう。平一郎のみどりへのそっけなさは、節子が好きになったために疎んじているというか。

無駄の用

実と勇が口をきかない理由が余計なことをいうから叱られたためだったと節子に教えられた平一郎。その余計な挨拶について「でも、そんなこと、案外余計なことじゃないんじゃないかな。それいわなかったら、世の中、味も素っ気もなくなっちゃうんじゃないですかね」という。この子たちにはまだ分からないという節子に、平一郎は「そりゃ分かりませんよ、そこまではね。でも、無駄があるからいいんじゃないかな、世の中」という。無駄の用、不用の用ということ。

うきよでは敬太郎と辰造が酒が酌み交わしながら、やはり無駄について話している。かすかに三波春夫のヒット曲「船方さんよ」（一九五七年）が聞こえる。先にかかっていた「チャンチキおけさ」のB面である。両面大ヒットだったんだね。辰造が「そらな、無駄っちうたら、酒飲むのも煙草吸うのも無駄だっせ。でも、ええやないですか」という。さらに「うちの子が買うてくれ買うてくれいう気持ちも分かりまっせ。そりゃ、よう分かる。わしかて見たいんですもん。けど買えまへんわ」と続ける辰造。この文脈では「無駄」というのは無駄を削れば子どもの要望に近づけるということか。電化競争セカンドランナーの原口家でも幸造がテレビを欲しがっているが、まだ手が届かないということ。だがまあ、ショットの繋ぎ方からすれば、酒にも煙草にも効用があるというふうに読者に伝わるということだろう。

敬太郎は「買える買えないはとにかく、私は欲しくありませんねえ。誰だったか、テレビなんてものは一億総白痴化のもとだなんていっていますしね」という。「一億総白痴化」は造語の名人だった大宅壮一が案出。テレビ番組の俗悪さが日本人を皆馬鹿にするという予言は的中した。大宅にはほかに「駅弁大学」「恐妻」などの造語がある。

「一億総白痴化」が初耳だった辰造は隣りでひとり飲んでいる客の通さん（菅原通済）にも尋ねる。通さんも知っていた。「困ったもんですねえ、テレビ」という返事に「やっぱりお困りだっか」と応ずる辰造。この会話の行き違いがおかしい。通さんはテレビの跋扈が苦々しいといっているのに対し、辰造は通さんのところでもテレビを買う買わないで困っているのだと解したわけだ。こういった意味のずれが小津映画のいかにも洗練されたところなのだ。その小津自身はテレビにのめり込んでいた。高見に立たず、皆がやるものは自分もやってみようというのが小津のスタンスなのだ。そう、なんでもないことは流行に従うのだ。

世の中の潤滑油

丸山家は引っ越しすることになった。その様子を見ながら民子が夫に「ねえネズミ軽石囓るかしら」と聞く。敬太郎が否定すると妻は「そうねえ。でもずいぶん減るのよ。一遍猫イラズ塗っといてみようかしら」と物騒である。これでは腹に石が溜まる前に本当に死んでしまう。子ども部屋で勇が実に「兄ちゃん、ぼくたち死なないね。もう軽石止そうね」という。「うん」という兄に、「まだ石そう溜まってないね。大丈夫だね」と弟は腹をさする。平一郎に脅されたのが効いたのだ。

このあたり脚本とは違っている。意味に違いが生じそうなので、引いてみよう。「民子「ねえ、鼠、軽石囓じるかしら？　ずいぶん減るのよ」／敬太郎「さァ、鼠は軽石食わんだろう」／民子「そうねえ、こないだ捕ってから、いいあんばいにいなくなったんだもの」／実と勇、軽石の粉を呑んでいる。／勇（タンマして）「兄ちゃん、お腹すいたねえ。ズーッとおヤツもらえないんだもん」」（『小津安二郎全集［下］』）という具合。

脚本が平板なのに比べ、映画の方は猫イラズという劇薬を用意して、読者にさてこの展開はとはらはらさせる。それを平一郎の言葉を救いの神に見立てて収めるのだ。猫イラズは黄リンペース状。成毛製薬の商品。毒性が強く今は製造されていない。チューブに入っていてかなり刺激臭がしたと記憶しているが。

伊藤先生が林家を訪ねてきたので、実と勇は台所からおひつとヤカンを持って逃げ出す。

続いて富澤が再就職が決まったことを報告に来る。黒門町の黒焼屋の筋向かいの電器屋の外交だと。イモリの黒焼きは惚れ薬で有名。富澤は早速カタログを取り出し何かいかがかという。「仕事始めのお祝いに、何かひとつついただかなきゃならんが」という敬太郎に富澤は他のカタログも取ってくると家に戻る。

民子の「うちもそろそろ考えとかなきゃねえ」という言葉に、敬太郎が「何」と問う。妻が「定年よ」というと、夫は「うーむ」と煙草を出し、物思いに沈む。五十五歳定年として、敬太郎はあと何年くらいだろう。映画からはっきり特定することは出来ないが、脚本には敬太郎四十六歳、民子三十七歳、実十三歳、勇七歳となっている。あと九年で実はようやく大学を出るか出ないか、勇に至ってはまだ高校生だ。一番金が必要な時期に当たり、敬太郎の定年は富澤以上に深刻である。

河川敷で実と勇がご飯を食べている。ロケはガス橋辺り。警官（諸角啓二郎）がやって来たので、兄弟はあわてて逃げ出す。

夜、節子が福井のアパートを訪ねる。子どもたちは来ていないかと。昼過ぎまでいたけれど黙って出ていってしまったと。加代子が「でもおかしな子たちね。まだ口きかないんだろうか」というと、平一郎は「でも、ちょいと面白いじゃないか。子どもから見りゃ、大人の挨拶なんて、無駄っていやあ、みんな無駄みたいなもんだからね」と応える。姉が「そうねえ。私なんかその無駄ばっかしいって自動車売ってんだから。でもいわなきゃ売れないしねえ」というと、弟は「そうだよ。その無駄が世の中の潤滑油になってんだよ」と応える。『お早よう』というタイトルの思想である。

姉は弟が節子に翻訳のことかお天気のことしかいわないといい、「たまには大事なこともいうもんよ」と忠告する。そして子どもたちを探しに行くよう促すのだ。

風の中のパンツ

林家、午後八時五十分。兄弟はまだ帰らない。敬太郎が探しに出ようとするところへ平一郎が訪ねてくる。実・勇も一緒だ。駅前でテレビを見ていたと。

子どもたちが上がると廊下に十四インチのナショナルテレビの段ボールがある。中を覗く二人。おおはしゃぎの二人。「そんなに騒ぐんならテレビ返しちゃうぞ」という父にも勇は「嘘だよ。あの顔嘘だよ。あっ、笑ってるよ」と見抜いてしまう。小さな身体で勇は赤いフラフープを回す。

翌朝、兄弟は近所で明るくおはようの挨拶をする。今まで口をきかなかったのにといぶかるきく江としげに、とよ子は林家の人たちを褒めるのだ。きく江は電気コンロか何か買ってもらったんじゃないかという。

土手の上。実、勇、幸造がおならごっこをしている。兄弟は成功するが、幸造はうまくいかない。臀部を気にしい気にしい兄弟とは反対に家に帰るのだった。

駅のホーム。節子の姿に気づいて平一郎が近寄ってくる。おはようのあとは天気の話ばかりだ。

原口家の縁側で幸造がしょんぼりしている。「お母さん、ぼく死なないね。間違って軽石飲んじゃったんだけど」。「死んじゃったっていいよ、お前みたいな子。こんなことで学校休んで。もうおなか治るまでご飯食べさせないよ。いいかい」。「お母さん、パンツ出しとくれよ」。「パンツなんか穿かなくたっていいよ。おなか治るまでもうパンツ穿くのおよし」。

物干し竿に悠然となびく三枚のパンツで幕。

おならあれこれ

金文学『日本人・中国人・韓国人　新東洋三国比較文化論』（二〇〇三・一一、白帝社）は「おならと日本人」という項目を立て、「ところかまわずおならをしまくる中国人」に劣らない日本のおなら文化を考察している。おならに関する文献が数百に及び、おならの表現が豊富な日本。

　金が下敷きにしている佐藤清彦『おなら考』は古来の日本屁文献を紹介した労作だ。岡山の農民が祭っていた「屁の宮」を探しあてるなど実地踏査も豊富。仙厓義梵（一七五〇〜一八三七）に男が尻を突き出し屁をひる絵がある。「屁なりとてあだなるものと思ふなよ　ぶっという字は仏なりけり」という賛が付されている。もっともこの歌は仙厓の作ではなく、当時流布していたものではないかという。一休宗純（一三九四〜一四八一）にも、どうすれば仏になれるかという問いに、簡単だと雷のような放屁をしてみせたというエピソードがある。金は「ここに日本人の神に対する敬虔な心とともに、豪放磊落で逸脱したユーモアが感じられる。中国や韓国ならば、絶対的な存在としての仏様をおならになぞらえることなど想像すらできないはずだ」という。

　金自身が体験したエピソードが面白い。広島のデパートで靴を買おうと履いてみた時のこと。女店員がひざまずいて裾の具合を鏡で見せてくれていた時、事件は起こった。金は「自分自身はもちろんのこと周囲三十メートル以内の人なら誰でも鼻をつまむほどひどく臭」いおならを漏らしてしまったのだ。金の尻の下にいた女店員は顔色ひとつ変えずに応対し続けたという。中国女性ならきついクレームをつけるかもしれないのに。

　佐藤が紹介する子どもの詩を引いてみる。「しゃっくりは／おなかのなかの／じしんだよ／おねつは　おなかのなかの／まなつだよ／おならは／おなかのなかの／ばくはつだ」（「おなかのなか」いわせたいち・五歳、『読売新聞』一九八三・七・一）。岡本太郎の「芸術は爆発だ」に通ずるいかにも元気な屁。

「音が出ない／オナラが出たヨ／ないしょばなしの／オナラだよ」（「オナラ」脇谷尚弘・三歳、『読売新聞』一九九二・四・一八）。「あのね　いまおならが／みっつでたの／きっとおならいそいでたんだね／ようへいビックリしたんだよ」（「おなら」佐川洋平・三歳、『読売新聞』一九九三・六・一八）。屁の擬人化だ。「ぼくがおとうさんに／おこられようとき／おとうさんが／おならをしたから／おとうさんがおかあさんに／おこられた」（「おとうさん」もとおかしんや・小一、『一年一組せんせいあのね』一九八三年、理論社）。「おとうさん」が相対化される様子がいかにもいい。

金はいう。「微笑ましい限りの童心にあふれたおならの賛歌だ。このようにおならを汚くはしたないものとタブー視することなく、幼いころからおおらかにおならを謳うことができる人間本能主義と、それを生かすことができる余裕がある日本文化の風土を物語っているではないか。／おならまでをも記録する日本人の記録精神、おならをタブー視せずに自由に香りを漂わせることができる、日本文化の軽妙洒脱な一面が浮き彫りになっている」と。

おならの映画

おならを謳うのは何も日本人の特権ではない。ロミ&ジャン・フェクサス『おなら大全』（一九九二年、高遠弘美訳、一九九七・六、作品社）は、おならが栄光に浴していたエジプト、ギリシアの古代から、悪魔の影が差す中世、そしておならが喜劇的な力を持つ現代に至る諸相を報告して飽きることない。屁からスカトロジーへと足を掛け、さらに臭い（匂い）にまで羽を広げれば、人間喜劇の百科全書となる。

『おなら大全』には「映画に登場したおなら」の項がある。作品名だけでも列挙しよう。マルコ・フェレーリ『最後の晩餐』(一九七三年)、マリオ・モニチェルリ、ディノ・リジ、エットーレ・スコラ『新しい怪物』(一九七八年)、ジャン・ジロー『キャベツのスープ』(一九八一年)、ディノ・リジ『最後の怪物』(一九八二年)、パスクワーレ・フェステ・カンパニーレ『おなら男』(一九八三年)、ジョン・ランディス『大逆転』(一九八三年)。残念ながら、『お早よう』はロミとフェクサスの目に触れなかったようだ。さすがに訳者の高遠弘美は「後書きにかえて」で、『長屋紳士録』(一九四七年)、『晩春』の子役・青木放屁の芸名にも言及しつつ、意外な『お早よう』は「小津の本質的なユーモアのありようを示しているのかもしれない」と喝破していた。

『おなら考』や『おなら大全』などに導かれ辿っていけば、多数の屁文献に巡り会えるだろう。だが、映画に関してはどのくらいの作品があるのか分からない。ロミとフェクサスの挙げたものにしても『最後の晩餐』の中心は食と性とスカトロジーで屁は脇役。この作品に池波正太郎『映画を見ると得をする』(一九八〇・二、ごま書房)は、男のはかなさと「女という生きもののたくましさ」を読んでいた。屁が話題の中心たるのは『新しい怪物』、『キャベツのスープ』、『最後の怪物』、『おなら男』ということになろうか。ただし、私は未見である。鈴木則文『トラック野郎望郷一番星』(一九七六年)に、星桃次郎(菅原文太)が北海道静内で馬と放屁二重奏という場面がある。また、ベルナール・ノエル『ボクサー　最後の挑戦』(一九九九年)は、ボクサー・パトリック(ジャン・レノ)とサギ師・ナタニエル(クリスチャン・シャムタン)の珍道中を描く。ナタニエルが車の中で放屁する場面があるが、これも点景。

こうして見れば、わが小津安二郎『お早よう』は放屁映画における名誉ある位置を占めることが出来そうである。ホ・ジノ『八月のクリスマス』（一九九八年）に出てくる幽霊の屁話は、小津へのオマージュ。

長新太の素晴らしきナンセンス

『おなら大全』が「信じられない」と評している絵本を紹介しよう。私が、そしてわが家の子どもたちが敬愛してやまない長新太の『おなら』（一九七八・一二、福音館書店、ここで引用するのは、一九八三・八のかかぐのとも傑作集）だ。隠れた木の向こうから「ぶおおーん」（原文横書き。以下同）という轟音が聞こえる。「ぞうの　おならは　おおきいぞ」。おならの主は象だった。最後を「大きい象」てな具合に読み聞かせれば、子どもはげらげら笑う。話題は人のおならに及び、飲食の時に口から入った空気がおならとげっぷの元と科学する。健康な人は一回百ミリリットル、一日では五百ミリリットルのおならを出す。S・バクスボーム、R・ゲルマンの絵本『おなら・いびき・くしゃみ——体から出る音——』（一九八三年、藤田千枝訳、一九八五・二、さ・え・ら書房）には、大人は一日に日本人なら四百～二千cc、欧米人なら五十～五百ccとある。

『おなら』はいう。「おならを　がまんしすぎると／おなかが　いたくなったり　めまいがしたり／あたまが　いたくなったりすることがある。／むりに　がまんしないで　おならは　どんどんだそう。」と。子ども教育の意味があるんだ。立花千栄子の絵本『すっきりおなら』（一九九七・六、ぱすてる書房）は先生もかっこいいタレントもおならはみんなするものだから、出てしまった時は失礼とかごめんなさいといえばいいと教える。『おなら』はさらに手術後のおなら、臭いおなら、臭くないおならを科学し、スカンクやミイデラゴミムシの身を守る臭い液に及ぶ。最後は「さようおなら」だ。

この絵本は全編おなら。絵の吹き出しでライオンやサイが出す屁のオノマトペがいい。初めて読んだ時、「さようおなら」の右側、扉裏にずらりと屁音が並んでいるのに仰天し感動した。面倒くさがらすにここも読み聞かせれば、子どもの大爆笑疑いなしだ。飽きるまで引いてみようか。「ぷう　ぷお　ぷおお　ぶう　ぶうう　ぶぷー　ぶるるる　ぶいー　ぶおー　ぶおおーん　ぶおお　ぶうるる　びー　びびび　びりー　ぶい　ぶえ　ぶこ　ぶご　ぶあ　ぶが　ぶはー　ぶららぶや　ぶわー　ぶばー　ぶば　ぴすー　ぴい　ぴりり　ぴす　ぴお　すー　すすす　びい　びび　びびり　びびびー　ぺー　ぺるる　すろろ　するー　ぷ　ばーん　ぱららす　ぱり　ぱりりー　ぱれぶす　ぱれれ　ぷいー　ぷるるるーん　ぷうすーぴ　ぷか　ぷが　ぷば　ぷはー　ぷあー　ぷぷー　ぷすー　ぷす　ぷろろ　ばー　ぷぷー　ぷーぴー　ぷえー　ぷこー　ぴう　ぴるるるー　ぴーすすすー

ぴろろ　ぴろろー　へう　へろろ　へこ　へすー　へぴー　へすす　へすすすー　へすすすへー

ぶすー　ぶりー　ぶりりんすー　ぶりりんぴー　ぺろろ　ぺろろろろー　ぺすー　ぺぴー　ぺりり

ぺりりりぷー　ぺぷー　ぺぷぷー　ぺぴぷー　ぺぷぴーぷー　ぴらー　ぷーぷーすーぴーぴー

ぱすー　ばろろ……………ぶやーぷぷーすーぴーびーすすすぶーびーぷぷぷーへ」。疲れました。

でも最後まで引いた。まだまだ作れるのではないか。こうして挙げていけは、屁音一つひとつに愛着を持たざるをえなくなってくる。

屁を集める

屁音を集めるという行為は今和次郎の考現学に通ずる。現代に今和次郎の精神を受け継ぐ林丈二の『林丈二的考現学　屁と富士山』（二〇〇〇・九、ＩＮＡＸ出版）を紹介しよう。とにかく林は歩いて歩いて記録・収集する。鉄道切符のパンチ屑、プラットホームの白線の状態、きつねうどん・そばの油揚げの形状、靴底にはまった小石などなど。集めてどうする、と思えるものもある。副題の富士山はパチンコ玉にある模様の富士である。林は「最小の富士山を見たい」という。

そして屁。「放屁採集」にいう。「１９８４年のヨーロッパ旅行で、行きの飛行機の中で屁をもよおし、座席で出すべきか、トイレに行って放つべきか少し考えた。／座席で他人に音だけは聴かれずに屁をひるにはどうしたらいいか。いちいちトイレに立つとすれば、飛行機に乗っている間にわざわざ隣席の人をわずらわせる回数はいかほどか。／つまり、屁をひる時の音の問題と、自分は一日にどれほどの頻度で屁をひるかという問題である。／そこで調査を開始する。何でも思いついた最初は面白いものであるが、屁は夜中にも容赦なくある。普段は何気なく出していても、調査中だから出たらメモをしなくてはならない。けっこう大変な作業であった。／その一覧表を帰国してから知人に見せていたら「フランスで出た屁がフランス語になってる」と言った。確かにフランスでの屁のひとつが「ブリボン」と記載されている。イギリスのは「ブイン」などと「ing」になっている。耳がちゃんとその国の発音で聴きなしているのが面白い」（原文横書き。以下同）と前置きして屁一覧が続く。「4／14（ＰＭ５：09日本時間）ＡＭ11：26アンカレジ空港トイレ　ブリッ、プッ、プッ。」というように、日時・場所・屁音の順に記録される。以下省略するが、事実の記録であるから、長新太『おなら』のごときバリエーションはない。

四月十四日から五月二十日までの三十七日間に計百五十発。ただし一回に複数回発射した場合もここでは一発と数えた。多い日で十六発、ない日もある。平均で一日約四発。就寝中は記録されないので、単純計算では日に六発ほどとなろうか。こんなことをして何に、と不興を買う向きもあろう。だが、こういった瑞々しい興味・好奇心から何事かが始まり見えてくるのである。

坂口安吾「お奈良さま」

かく屁話は尽きることがない。放屁小説にも名作・珍作数々あるが、坂口安吾「お奈良さま」（『別冊小説新潮』一九五四・七、ここでの引用は『坂口安吾全集14』一九九九・六、筑摩書房による）をもって風引き、いや幕引きさせよう。

さる寺の住職であるお奈良さまは生まれた時から絶えずおならが止まらない。作品内に本名は紹介されないが、呼び名に奈良の字を当てるのは「当人の悲願」という。読経を詠む際にもおならが止まないので、通夜・告別式などでは「導師たる自分の後に必要以上に多人数の縦僧を何列かに侍らせてトーチカをつくって防音」しなければならない。物語がファルスそのものなのはもうお分かりいただけよう。

春山唐七の老母はお奈良さまにはなはだ好意的であった。亡夫の命日に読経をあげたあと、老母が自分も近々お経をあげてもらうといったのが聞き取れず、お奈良さまは聞き返した。「そこで隠居は大きな声でハッキリ云うための用意として胸に手を合わせて肩で息をして力をノドにこめようとした時に、お奈良さまはその方面に全力集中して聞き耳たてたばかりに例の戸締りが完全に開放されたらしく、実に実に大きなオナラをたれた。よほど戸締りが開放されきったらしく、風足は延びに延びて港の霧笛のように長く鳴った」。すると老母は息を引きとったのだ。唐七は大往生とお奈良さまに感謝したが、妻・ソメ子ははなはだしく不機嫌だった。これ以来、唐七夫婦の仲も悪くなる。

中学校ではお奈良さまの末娘・花子が唐七の娘・糸子に絶交宣言。これにはお奈良さまも困りはて、糸子に直談判に及ぶ。弁の立つ糸子は、お奈良さまに「人格品性において僧侶たるにふさわしい高潔なものへの変貌」を要求する。おならを恥ずかしいものとする「文化人」からすれば、お奈良さまは「野蛮人」だというのだ。とうとうたる糸子の弁舌を聞くうち、お奈良さまはおならが出かかり路地に駆け込む。そこでお奈良さまは犬に咬まれてしまい発熱する。

唐七の母のお勤めにも代理を差し向けていたが、臨終に立ち会った因縁もあり、糸子が学校へ行った時間を見はかり、お奈良さまは訪ねていく。妻から家での放屁を禁じられた唐七は喜び、二人は放屁しながらおなら談義に及ぶ。唐七はいう。「夫婦の関係というものは強いようで脆いものですな。たかがオナラぐらいと思っていると大マチガイで、家内がオナラを憎むのはオナラでなくて実は私だということに気づかなかったのです。夫婦の真の愛情というものは言葉で表現できないもので、目で見合う、心と心が一瞬に通じあい、とけあう。それと同じように、手でぶちあったり、たがいにオナラをもらして笑いあったりする。オナラなぞは打ちあう手と同じように本当は夫婦の愛情の道具なんです。オナラをもらしあってこそ本当の夫婦だ。ところがウチの家内は私の前でオナラをもらしたことがない。実にこれは怖しい女です。私はその怖しさを知ることがおそすぎまして、これはつまり家内が慎み深い女で高い教養があるからと考えたからで、おろかにもオナラをしたことのない家内を誇りに思うような気持でおったのです。はからずも今回オナラの差し止めを食うに至ってにわかに悟ったのですが、亭主のオナラを憎むとは亭主を憎むことなんですよ。夫婦の愛情というものは、人前でやれないことを夫婦だけで味わう世界で、肉体の関係なぞは生理的な要求にもとづくもので愛情の表現としては本能的なもの、下のものですが、オナラを交してニッコリするなぞというのはこれは愛情の表現としては高級の方です。他人同士の交遊として香をたいて楽しむ世界なぞよりも夫婦がオナラを交して心をあたためる世界が高級で奥深い。なんとも言いがたいほど奥深く静かなイタワリと愛惜です。実に無限の愛惜です。盲人が妻や良人の心の奥を手でさぐりあうような静かな無限の愛惜です。夫婦のオナラとはこういうものです。オナラを愛し合わない夫婦は本当の夫婦ではないのです。要するに妻は私を愛したことがなかったのですよ」と。

お奈良さまは放屁を禁じられた唐七に同情したものの、おならを美化する考えには馴れなかった。その夜からお奈良さまは自分の来し方を反省し、節食を始めた。おならも我慢するようになった。妻は我慢は毒だといってくれたが、やめなかった。お奈良さまは妻のおならを所望した。結末まで引いてみよう。

おならの効用

「なぜですか」

「唐七どのが言ったのでな。夫婦の交しあうオナラは香をきくよりも奥深い夫婦の愛惜がこもっているということだ」

「そうですねえ。奥深いかどうかは知りませんが。私はあなたのオナラをきくのが好きですよ。オナラをしない人は男のような気がしなくなりましたよ。妙なものですねえ」

「それが無限の愛惜かな」

「そうかも知れませんね。どっちかと云えば、私はあなたの言葉よりもオナラの方が好きでした。言葉ッてものは、とかくいろいろ意味がありすぎて、あなたの言葉でも憎いやら口惜しいやらバカらしいやらで、親しみがもてないですね。そうかと思えば、見えすいたウソをつくし。オナラにはそんなところがありませんのでね」

「なるほど。それだ。ウム。私たちは幸福だったな。本当の夫婦だった。ウム。ム」

お奈良さまは胸をかきむしった。アブラ汗が額からしたたり流れている。目を白黒したが、抱きかかえる女房の腕の中へあおむけにころがった。そして、そのまま息をひきとってしまったのである。


妻の「あなたのオナラをきくのが好き」という台詞がしみじみいい。そして、お奈良さまの哀しみ。唐七の長口舌を聞いても、尻馬に乗れずその身の上に思いをいたしてしまう。お奈良さまは唐七の母と同様、もう生死の境を越えて達観してしまうのだ。自分のおならにはやはり自己というものがあったことを反省し、風になろうとしたのだ。

『お早よう』に戻れば、おならで朝の挨拶をしていたかのごとき大久保夫婦のむつまじさ。理屈でいえば平一郎がいっていた「無用の用」か。おはようという日常の挨拶が潤滑剤の役割を担うといえば、それはやはり理屈が勝ってしまう。それが肉化したというか、まさに空気（風）のようになったのが大久保家の姿なのであった。大久保家の人々が表すその軽みこそが、小津安二郎という作家の真髄であった。小津は前年一九五八年に紫綬褒賞、そしてこの年、『お早よう』公開直前に芸術院賞を受けていた。

第6章

『青春放課後』
岡惚れ女と下駄ばき男、あるいは「日本語の妙味」

小津最後の脚本

いきなりいってしまおう。テレビドラマ『青春放課後』は、さほど面白い作品ではない。しかし、このつまらぬ作品が、小津安二郎問題を雄弁に物語っているのだ。なぜなら、『青春放課後』は小津最後の作品であるからだ。

ＤＶＤ化もされていない映画ならぬ『青春放課後』を小津安二郎最後の作品と呼ぶと驚かれるだろうか。『青春放課後』は一九六三年三月二十一日午後八時から午後九時半まで、ＮＨＫテレビで放映された。再放送は二〇一三年十月十四日午前九時から十時四十分、ＮＨＫＢＳプレミアムの「プレミアムアーカイブス」。なんと五十年ぶりのことであった。本稿の映像テキストは、この再放送。司会は小津を意識してか、赤いワンピースに身を包んだ内藤裕子アナウンサー。ＮＨＫテレビ放送開始六十年を記念して「テレビ六十年テレビ史を彩る番組から」と題するシリーズの第三弾。映画監督の山本晋也が選んだ番組を五日間にわたって放映する一日目のことであった。

ちなみに二日目はオリンピック東京大会開会式（一九六四年）と大河ドラマ『天と地と』（一九六九年）。三日目はＮＨＫ特集「永平寺」（一九七七年）、ドキュメンタリー「一時帰国」（一九七四年）、これは中国残留孤児を扱ったもの。四日目は「ソ連邦崩壊」（一九九一年）。五日目は「21世紀は警告する　エピローグ」（一九八五年）であった。

井上和男編『小津安二郎全集［下］』（二〇〇三・四、新書館、以下『全集』）は、『青春放課後』につき、「一九六三年（昭和三十八年）一月十九日に里見弴とストーリーを練りはじめ、三月十三日午前三時に、小津が仕上げた台本である。八日後の三月二十一日、ＮＨＫテレビで放映」と記す。

『全集』に原作・脚色が里見弴・小津安二郎、演出は畑中庸生・小中陽太郎・久米昭二・山本一次とある。放送では最初に「テレビドラマ」と大きく銘打たれる。続けて、ドンゴロスならぬ籐椅子の背様の所に「青春放課後／里見弴」という色紙が置かれる。これは里見を立ててのことだろう。斎藤高順の音楽に乗って八坂の塔のショットが舞台の京都を示す。そこに「脚本／里見弴／小津安二郎」とクレジット。カメラパンして、清水の舞台に変わる。この間、役者とスタッフがクレジットされる。演出に関していえば、映像では畑中庸生の名前のみなので、ベ平連の小中陽太郎ら三人は、演出補助のような役どころだったのだろうか。

脱稿まで

『全集』によれば、脚本執筆に二カ月を要している。これを長いと見るか、短いと見るか。戦後の小津は茅ヶ崎館や蓼科高原に籠って脚本執筆に数カ月かけるのが常だったから、小津にしては短い方かと思える。映像詩人・小津は脚本自体を完成品と考えるからだ。

この間の経緯を小津日記から辿ってみよう。広く知られているように、小津の日記は手帳に記されたものである。没年である一九六三年には五冊存在する。しかも、手帳を変えて書き継がれたというのではなく、いずれも一月から記されている。予定を記すためのものもある。ここでは田中眞澄編纂『全日記　小津安二郎』（一九九三・一二、フィルムアート社、以下『全日記』）にならって「その一」のように区別する。一月十九日に里見弴が小津邸を訪ね、「のち里見邸　将棋などさす」（『全日記』「その一」）となるが、仕事の記述はない。二十一日に「夕方から里見邸にゆく　テレビのストウリーの相談」（「その一」）とある。二月十四日に「出京　里見先生と同道赤坂重箱にてＮＨＫテレビシナリオ審査」（「その一」）、「ＮＨＫテレビ脚本審査会　重箱」（「その二」）、「ＮＨＫテレビシナリオ　４時」（「その四」）、「ＮＨＫＴＶシナリオ審査会　赤坂重箱」（「その五」）とある。重箱は港区赤坂の老舗鰻料亭。そこで、ＮＨＫの「審査」があったということだろうか。注目すべきは、五冊のうち四冊にその記録があること。映画ほど力が入っていないにしても、小津が新興メディアのテレビドラマを重要視していたことが分かる。

『全日記』からさらに拾ってみる。二月二十一日は「夕方から里見邸に出かけてＴＶシナリオの相談深酌」（「その一」）、二十二日は里見弴とともに車で神奈川県湯河原の旅館・中西へ行き三泊。「シナリオ相談好調」（「その一」）、二十四日は、昼過ぎ静岡県熱海のレストラン・スコットに出かけ、「夜仕事」（「その一」）、「仕事進む」（「その五」）。二十八日は「夕方から里見邸にゆく　野田同席」（「その一」）とある。野田高梧の意見を聞いたか。翌三月一日は「ＮＨＫくる（略）里見邸にゆく」（「その一」)。三日「夕方から里見邸　テレビシナリオ訂正　山口久吉同席　帰つてシナリオを案ず」(「その一」)。五日「里見邸　畑中庸生同席　シナリオ訂正」。七日「里見（略）畑中他ＮＨＫの人たちくる」(「その一」)。八日「畠《畑》中くる」(「その一」)。十日「畠《畑》中来てシナリオにかゝる　夜半に及ぶ」(「その一」)。十一日「畠《畑》中と会ひモナミにゆき車で鎌倉に帰る／仕事にて徹夜となる」(「その一」)。十二日「蓼科行のところ　ＴＶシナリオ未完にて不参　四時過畠《畑》中くる　仕事徹夜になる」(「その一」)。十三日「夜つゞいて仕事三時迄　昼から起きると大雪つもる　山内湘三くる　原稿全部渡す　村上くる　ＮＨＫ稿料40」(「その一」)。村上は村上茂子。原稿料が四十万円。物価は現在の十数分の一くらいだろう。

里見弴の関与

ここまでの経緯を整理する。まず、「原作・脚色」に共同で名を連ねる里見弴。放送の冒頭クレジットの第一に「里見弴原作」と謳われるのは、尊敬する先達へ敬意を表してのことだろうが、一月二十一以降、実際に何度も「相談」していることから、ある程度の関与は間違いなかろう。二月十四日のＮＨＫ審査にも同道。その後の進捗具合から見て、「審査」に付されたのは脚本稿ではなく、企画書かエスキースくらいのものだったのではないか。三月に入ってからも、畑中庸生などＮＨＫスタッフと里見邸で「シナリオ訂正」を進めている。

日記の記述から窺う限り、実際に運筆していたのは小津自身だと考えるのが妥当かと思う。とはいえ、最終段階近くまで、畑中庸生などと里見邸を訪うているのを鑑みれば、里見弴の関与を軽くみることは出来ないだろう。

宮本明子「「おじさん」の系譜『彼岸花』から『秋刀魚の味』、そして『青春放課後』まで」（『ユリイカ』二〇一三・一一臨時増刊）は、里見の「老友」（『改造』一九四九・八）などと具体的に比較し、「里見の著作が小津の映画に影響を与えていたことを確認」している。宮本明子「「小津的なユーモア」をめぐって――映画と文学――」（『次世代人文社会研究』〔東西大学校日本研究センター〕一〇、二〇一六・八）は、さらに踏み込み、「小津のシナリオと里見のテクストの表記方法は対応し、いずれも発声時の発音にかなっているという特徴がみられ」ることを指摘している。小津脚本に見られるカタカナを交え発音通りに再現しようとする意志の源に里見弴の影響があるというのだ。

小津が愛読していた文学者、例えば夏目漱石、永井荷風、谷崎潤一郎、志賀直哉、芥川龍之介などの小津テキストへの影響については、今後もっと考究されていくだろう。

不在の父・夫・兄弟、あるいは隠された死者

ドラマに入っていこう。清水の舞台からまた左にパンして祇園の方角へ。脚本は「京都東山界隈の情景、三カット程」（『全集』）。映像では「都をどり」の貼り紙が家々に。物語がほぼ四月あたりのことであることを示す。「小料理／こささ」の暖簾と「小料理／小笹」の行燈。

暖簾をくぐり、山口信吉（宮口精二）が入ってくる。山口信吉は『小早川家の秋』（一九六一年）における造り酒屋店員（山茶花究）の役名。宮口は小津作品では『麦秋』（一九五一年）、『早春』（一九五六年）、『東京暮色』（一九五七年）の三本に出演しており、この時点で四十九歳。学会で京都へやってき

たという山口を笑顔で迎える女将の佐々木せい（西口紀代子）。ちなみに、祇園の佐々木は小津が京都で定宿としていた宿の名。『彼岸花』（一九五八年）、『秋日和』（一九六〇年）、『小早川家の秋』に佐々木の役名が出る。

山口は、「今夜のヨドで帰る」（『全集』。以下台詞は、特に断らない限り放送からの採録ではなく、脚本から引用する。小津を論ずる目的からして、『青春放課後』で問題にすべきは、なんといっても脚本そのものだからである）前にせいの夫の墓参をするが、一緒にどうかと誘う。せいは店の支度があるからと断る。「ヨド」は東海道本線・山陽本線を経て九州に入る急行「よど」。一九六一年十月一日、「全国大時刻改正により特急倍増、急行3倍増、東海道本線は電車特急大増発」（高田隆雄・大久保邦彦監修『全国鉄道と時刻表』一九八五・八、新人物往来社）され、特急は、こだま、富士、つばめ、はと、あさかぜなど、急行は、よどのほか霧島、高千穂、彗星などが走った。「ヨド」は気になる。後述しよう。

せいは、山口の親友・緒方省三（北龍二）の近況を尋ねる。北龍二の小津組出演は、『彼岸花』、『秋日和』、『秋刀魚の味』（一九六二年）の三本。緒方がアメリカ・ヨーロッパから帰国したばかりと山口は応え、帰京の途次、箱根で緒方に会う予定だという。せいは、帰宅した娘の千鶴（小林千登勢）に墓参に同道するようにいう。千鶴の役名は『お茶漬の味』（一九五二年）の山内千鶴（三宅邦子）として既出。山口、緒方と既に鬼籍に入ったせいの夫は京都の学生時代、祇園の雛菊（せい）を争うライバルだった。

せいの夫（千鶴の父）が何時死んだか、物語内では詳らかでない。だが、これはかなり重要な問題なのだ。のち、箱根で千鶴が、山口・緒方から「コッテ（牛）」と綽名されていた父の「もそっとしてスローモー」な動作について知らされることからして、千鶴に父の記憶がないことが分かる。つまり、父は千鶴が物心付く前に亡くなっている。高台寺墓参後の山口の問いに、三歳の時、父が亡くなったと応えている。

唐突だが、千鶴の父の名は何だろう。物語内で明かされることはない。山口が信吉、緒方が省三ということが意味するのは何か。信吉が長男、省三が三男と見立てる。信吉・省三には、それぞれ小津の兄・新一、弟・信三の名が隠されている。さて、次男たるべき千鶴の父には、佐々木ショージと名付けたい。もちろん、『麦秋』（一九五一年）における不在の兄・間宮省二、『東京物語』（一九五三年）の不在の夫・平山昌二からの連想だ。『麦秋』や『東京物語』の紀子（原節子）が日本の運命の女（ファム・ファタール）であることは、これまで何度もいってきた。小津の脚本はそれと明示はしないものの、佐々木ショージを自らに擬し、死者の眼を潜ませている。

二年前、昭和三十六年（一九六一年）日記の頭書に、満五十八歳の小津は「▲酒はほどほど　仕事もほどほど／余命いくバくもなしと知るべし／▲酒ハ緩慢なる自殺と知るべし」（『全日記』）との有名な言葉を記している。これに続けて、「▲食間一日二回／テオコリン〈エーザイ〉1／カリクレイン〈バイエル〉1／カルジノン〈帝国臓器〉2／エガリン〈Ⓟ〉2／かにかくに　としはいぬらし　みちのべの　いしのほとけに　ゆきハふりつむ」（同）とある。心疾患や高血圧の薬を飲み忘れないようにとであろうか。晩年の小津は、自らの死も見つめていた。

千鶴の父は誰か

下品な物いいだが、山口・佐々木・緒方の親友三人が雛菊（せい）を巡る三兄弟であることが、千鶴の前でも明るく語られる。曰く、千鶴の父は誰かという話題だ。今なお艶福な緒方を一番に疑ってもいいが、詮索自体意味がない。このエピソードは『小早川家の秋』の佐々木百合子（団玲子）の父は誰かという問題に繋がる。姓が同じ佐々木なのは偶然ではない。

結果的にせいと結婚した佐々木（ショージ）は、何時千鶴の父となり、何時死んだのか。千鶴は三歳の時に父が亡くなったと、山口に告げている。物語の中で千鶴の結婚問題が喫緊であるかのように描かれていることからすると、千鶴の年齢は、この頃、クリスマスケーキと呼ばれた二十四、五歳あるいは、それを少し越えたくらいと考えられる。演ずる小林千登勢は一九三七年生まれの二十六歳。のちに千鶴と同級生の三枝子（環三千世）との会話で、結婚していないのは二人だけだと分かる。演ずる環は、一九三三年生まれの二十九歳。

千鶴の年齢から逆算してみると、せいとショージの結婚は一九三七年頃かと推測できる。山口ら三人が、昭和十年代前半に学生生活を送っていたとすれば、物語の時点において、三兄弟の年齢は五十を前にしたくらいか。宮口精二は実年齢に近いが、一九〇五年生まれの北龍二は、この時、五十八歳である。山口・緒方・佐々木の三兄弟は、大正初めの生まれとなろう。

年齢などについて推測を重ねてきたが、無駄な空論に見えるだろうか。私がいいたいのは、佐々木は、千鶴がまだ幼い時に戦死したのではないかということだ。明治末から大正にかけて生まれた日本男子は、ごそっと戦争に持ってゆかれた。戦後文学派に属する作家は、この世代に当たる。野間宏しかり、武田泰淳しかり、大岡昇平しかり、梅崎春生しかりである。『青春放課後』とほぼ同時に発表された梅崎の『狂い凧』（一九六三年）になぞらえていえば、彼らはこの時代に生まれた偶然により、大凪に吹かれた狂い凧のような棒に当たってしまったのだ。

大学教授になっている山口、自動車メーカーの重役である緒方、小料理屋の女将・せいの会話から戦争の影は窺えない。だが、いうまでもなく『秋刀魚の味』の「敗けてよかった」に象徴される、高度成長謳歌の日本の姿がここにあるのだ。隠された死者、数知れぬ屍の山の上に、敗戦日本の繁栄はあった。死者を忘却していること、あるいは忘れたふりをしていることこそが問題なのだ。

「ヨド」・高台寺からの連想

燗を付けようかというせいに、山口はビールの方がいいと応える。せいの反応はこうだ。「（残念そうに）「そうどっか？　今日は、先生のお好きな若狭鰈《かれい》のええのんがおますのに……」」（『全集』）。いかにも酒飲みの小津が書いた台詞だ。山口の意は、これから墓参りに行くことでもあるし、ビールで喉を潤すくらいにしておこうということか。せいの意向は若狭鰈に燗酒を合わせてほしいということで、ビールのあてに若狭鰈という選択肢はないのだ。

帰ってきた千鶴と山口は一緒に墓参りへ行く。『全集』によれば、墓は高台寺にあるか。高台寺は豊臣秀吉の正妻・北政所（おね（ねね））を祀る寺。素通りしにくい。冒頭、山口が「今夜のヨドで帰る」といっていたことも思い出そう。ここで、かなり無謀な想像をしてみよう。北政所と淀殿は豊臣秀吉の妻たち。せいを淀殿（浅井茶々）になぞらえると、性別を無視することになるが、千鶴は秀頼もしくは鶴松。秀吉は佐々木か、はたまた急行よどに乗って帰る山口か。いずれにしろ、秀頼・鶴松＝千鶴は誰の子かという中世史のスキャンダラスな謎に結びつく。こんな謎かけを小津が冒頭から巧んでいると声高にいうつもりはない。一読者の過ぎた妄言と笑ってもらっていい。そういえば、『小早川家の秋』の佐々木つね（浪花千栄子）も淀殿の化身か。

真相が示されるわけではないが、千鶴が誰の子かというのは、『青春放課後』のメインプロットであり、埋め込まれたキーワードから自由な想像を羽ばたかせるのは、いかにも小津テキストを読む喜びに繋がるのだ。

墓参の後、ふたりは山口が投宿していた麩屋町通りの茨木屋へ行く。夜行のよどに乗って、箱根へ向かう山口が帰り支度をするのだ。この頃、東京・大阪間をよどは七時間三十分で結んでいた。特急は六時間半。山口は早朝、小田原で下車し箱根へ向かい、緒方と落ち合うことになる。先走りするが、山口と入れ替えで、緒方の愛人・はつ（料亭の女将）（藤代佳子）が、よどに乗って帰京したかもしれない。はつが多情の淫婦なのかどうかは分からぬが、艶福家・緒方が秀吉かどうかという問題には繋がっているのだ。

帰り支度を整えながら、山口と千鶴が酒を飲んでいるところへ、店を閉めてきただろうせいが加わり、学生時代、つまり、せいが舞妓・雛菊だった頃の話になる。中村草田男の俳句「降る雪や明治は遠くなりにけり」（『長子』一九三一年所収）に千鶴が触れると、山口は「大正まで、もうとうの昔になっちゃったよ」と応ずるのだ。山口らは大正初年頃の生まれである。

アメリカと「技術提携」

場面は芦ノ湖（映像）の空ショットで箱根へ。『全集』では、富士屋ホテルがある「箱根宮ノ下あたりの宿屋」とあるが、まあ、箱根の空ショットは芦ノ湖がいいので、気にすることはない。朝やってきた山口と、既に滞在していた緒方は、この日ゴルフに興じた。「ウイスキーの水割りをのみながら」（『全集』）緒方が語るのは、企業間競争・産業スパイのことだ。緒方は自動車メーカーの重役。話はどうやら自動車先進国・アメリカのことのようだ。

高度成長真っ盛りのこの頃、日本のモータリゼーションも夜明けを迎えていた。大衆車コロナ、パブリカの時代だ。「あの娘をペットにしたくって／ニッサンするのはパッカード」と始まる小林旭の「自動車ショー歌」（星野哲郎・詞／叶弦大・曲、一九六四年）に歌われる車も、約半数は国産車であった。「約半数」というのは説明がいる。原曲一番、先の続き。「骨の髄までシボレーで／あとで肘鉄クラウンさ／ジャガジャガ飲むのもフォドフォドに／ここらで一発シトロエン」の最後の部分だ。あまりに露骨だというので放送禁止になり、「ここらで止めてもいいコロナ」と変更して再録音された。フランスのシトロエンに代わって日本のコロナが読み込まれたので三十車種のうち、国産十五、アメ（リカ）車六、フランス二、イギリス三、西ドイツ四となった。

少し後のことだが、城卓也の大ヒット曲「骨まで愛して」（川内和子（川内康範）・詞／文れいじ（北原じゅん）・曲、一九六六年）が、私たちの中学（札幌市立一条中学校）修学旅行で歌唱禁止となった。阿寒湖までの貸し切りバスの中で歌うための歌本をガリ版刷りで製作したのだが、担任教諭の指示でパージされた。

「女中」（『全集』）（この言葉がまだ生きている時代）が料理と日本酒を運んで来ると、山口は次からとびきり燗とぬる燗をいっぺんに持ってきてくれと注文する。酒飲みのこだわりだ。

フォードかGMか、あるいはクライスラーか、米国メーカーと「技術提携の話がまとまっ」たという。緒方は「正式の契約」はアメリカ人の弁護士に書類を作ってもらってからだという。そこから、せいの話題に移り、山口は「酔うと今でも、仲々色っぽいよ」と。緒方が「でも……あれならお前、まだまだ……」というと、山口は「まだまだなんだい、できるか技術提携」と応える。緒方が「出来る、出来る。正式の契約はちょっと無理だがね……」といい「両人、笑う」とあいなる。

自動車の日米技術提携が中年男の猥談と化す。『麦秋』や『秋日和』にストレートに繋がる小津の猥談だ。先に紹介した宮本明子のいう「小津的なユーモア」である。

宇治川の先陣・条約破り

そこへ緒方の部下・長谷川一郎（佐田啓二）がアメリカメーカーとの「技術提携」の件でやって来る。「かれこれ十時」。ついで、昨夜京都で、一緒によどへ乗ろうと誘われていた千鶴がやって来、長谷川に紹介される。ここで、先に触れた「コッテ」の話題になる。

緒方は「君ンとこのおっ母さんが、まだ祇園で、雛菊って、可愛いい舞妓さんの時分には、俺達みんなのりの岡惚れでね」と笑いながらいう。「のりの岡惚れ」とは花柳界の言葉で「一人の人を三人ぐらいが好きになること」（中村喜春『いきな言葉野暮な言葉』一九九二・五、草思社。ここでの引用は、二〇一五・二、草思社文庫による）。とはいっても、そこは「岡惚れ」（「プラトニックラヴ」同前）。という訳で「不可侵条約」が結ばれたと。

ふたりの昔語りをもう少し。山口が「お前だって、宇治川の先陣争いだなんて、宇治の花屋敷に連れていったり」というと、緒方は「お前の方が先だったよ」と応ずる。そして山口の「ところがね、いつの間にやらコッテの野郎が密かに条約破りやがってね……」という述懐。『平家物語』の梶原源太景季と佐々木四郎高綱の宇治川先陣争いにしゃれて、宇治の旅館・花やしき浮舟園に「連れていった」緒方。それを山口が非難すると、「お前の方が先だった」と返す緒方。もうどちらが先陣やら分からない。つまり、「のりの岡惚れ」は、あくまでも当初の段階のことであって、花やしきに誘っているところからして、もう下心見えみえでしょう。

では、コッテの「条約破り」とは何か。『平家物語』佐々木高綱に従えば、先陣を切ったのはコッテ・佐々木ショージという一席が成立するかもしれないが、ことはそう簡単ではない。三人の共有物たる雛菊をコッテが独占したというのが「条約破り」の正体ではないか。ともかく、大正紳士らの放課後放談全開という次第。

山口の「だけど、君のお母さんがおせいさんであることに間違いはないがね。なあ、おい」に対し、「そう、もう……お母っさんは間違いなく、おせいさんだよ。なあ」と緒方。細かいが、山口が「お母さん」（おかあさん）。緒方がいう「お母っさん」（おかっさん）が先には「おっ母さん」（おっかさん）だった。放映では三つとも「おっかさん」だが、小津の脚本が発音の差異を表していたと考えることも出来る。まあ、『全集』表記の揺れかもしれないが。

「じゃうちのお父さん誰ですの」という千鶴の問いに大正紳士らは戸惑う。「コッテ牛の子にしときますわ」という千鶴の言葉が粋な会話を壊さない。

「大日本の歌」

一夜明け、風呂から山口の歌声が聞こえる。部屋に居る千鶴も口ずさんでいる。

まず、『全集』から歌詞を引く。「〽雲晴れて　雲晴れて／緑島山　潮満る／東の国に　この国ぞく／高光る　かんなめす」。「大日本の歌」（芳賀秀次郎・詞／東京音楽学校・曲、一九三八年）である。脚本では小津の記憶違いか、一部原曲と異なっている。

ここは『青春放課後』の肝である。「大日本の歌」は『彼岸花』（一九五八年）の「青葉繁れる」や『秋刀魚の味』の「軍艦マーチ」と同様の位置を占める。この歌は、「日本文化中央連盟が公募・撰定した歌詞。NHKの国民歌謡で、昭和十三年九月『国民歌謡』の第三十四集に採録された。ビクターから、徳山璉、四家文子の歌でレコード化された。橋本国彦が合唱曲にも編曲しており、昭和十四年十一月、国民音楽協会で千人による合唱が行われた」（金田一春彦・安西愛子編『日本の唱歌（下）学生歌・軍歌・宗教歌篇』一九八二・五、講談社文庫）。だが、今はすっかり忘れられている。以下、同書から歌詞を引いてみよう。

「雲湧《わ》けり　雲湧けり　みどり島山《しまやま》／潮みつる　潮みつる　東の海に／この国ぞ　高《たか》光る天皇《すめらみこと》／神《かん》ながら　治《しろ》しめす皇御国《すめらみくに》／ああ吾等　今ぞ賛え《ママ》ん　声もとどろに／類《たぐい》《ママ》なき　古き国柄　若き力を。風迅《はや》し　風迅し　海をめぐりて／浪さやげ　浪さやげ　敢え《ママ》てゆるさじ／この国ぞ　醜《しこ》掃う《ママ》皇軍《すめらいくさ》／義によりて　剣《つるぎ》とる皇御国／ああ吾等　今ぞ往《ゆ》かん　かえ《ママ》りみはせじ／日の御旗　ひらめくところ　玉と砕けん。気は澄めり　気は澄めり　うまし山川／眉あがる　眉あがる／雲のはたてに／この国ぞ一億の皇御民《すめらみたみ》／挙《こぞ》りたち　奮い《ママ》たつ　皇御国／ああ吾等今ぞ進まん　あかき心に／新しき　み国の歴史　ひらけつつあり」。

放送の山口は、「高光る」の前に「おお」と入れてはいるが、原曲通りに一番の「皇御国《すめらみくに》」まで歌っている。脚本が小津の記憶違いなのか、はたまた小津の意図的な改変なのか難しい。「神ながら」を「かんなめす」としていることから、おそらく前者であろうが、すみずみまで気が置ける気難しい小津テキストゆえ油断ならない。「雲湧けり」と「雲はれて」では反対の意味であるし。ここではこれ以上立ち入らない。

放送では、朝の気に触れ山口の歌声に聞き入る千鶴。一部ともに口ずさむが、そこに小鳥の声が交じる。脚本では「千鶴は化粧している」であり、ここは小津を離れて畑中庸生の演出なのだが、「大日本の歌」に引かれて死者の使いがやってきていると読んでみたくなる。千鶴も鳥だ。

さて、肝の話。先に風呂から上がってきた緒方に、千鶴は「小父様、なかなかお上手ね。うち大好き、あの歌……」という。緒方は「ああ、緑島山か、いい歌だね」と応ずる。確認しよう。「大日本の歌」は一九三八年、財団法人日本文化中央聯盟が選定したNHK国民歌謡。ちょうど千鶴が生まれた頃になる。千鶴が「大好き」というのは、戦時中に馴染み刷り込まれているからにほかならない。大正初め生まれの山口・緒方にしても同じことだ。

山口が歌っているのは一番のみだが、ここでは最後の三番まで引いた。小津作品において、例えば『東京暮色』（一九五七年）の上野駅構内放送、『彼岸花』三上周吉（笠智衆）の詩吟、『お早よう』

（一九五九年）のテレビ大相撲中継のように、長くながく聞かせてしまうのが妙に心地よい。ここで小津を気取っているのではない。テキスト読解に際し、たとえ明示されないにしろ、隠された部分に関連する意味を見出すのは当然の手続きだろうということだ。

不明にも、私が「大日本の歌」を知るのは『青春放課後』によってであった。だから、緒方の台詞にあるように「緑島山」が「大日本の歌」を表す一般的ないい方なのかどうかは分からない。歌詞を読めば分かるように、この歌はひと言でいえば、二番の歌詞に表れているように、天皇の「皇御民《すめらみたみ》」である一億日本人が命を顧みず戦って「皇御国《すめらみくに》」建設に邁進しようというものだ。「大日本」とはまさに、外地たる台湾・朝鮮・満州から東アジアへと拡大していく姿を表しており、さらにはその先のインドやオセアニアをも見据える近衛内閣の大東亜共栄圏構想に繫がっていく。

吉田松陰の「預言」

磯田道史『日本史の内幕　戦国女性の素顔から幕末・近代の謎まで』（二〇一七・一〇、中公新書）は、吉田松陰を「天才」、「預言者」と呼び、次のように指摘した。「松陰は「幽囚録」で提言した。西洋も参考にした巨城を伏見に築いて天皇京都を守れ。兵学校で砲術歩騎の兵を操練せよ。方言科（外国語科）を置き蘭・露・米・英の原書を講じよ。それだけではない。「蝦夷を開墾して諸侯を封じ、間に乗じてカムチャッカ、オホーツクを奪い、琉球《りゅうきゅう》を諭して国内諸侯と同じく参勤させ、朝鮮を攻めて人質を取り朝貢させ、北は満州の地を割き、南は台湾・ルソンを攻め、漸次進取の勢いを示せ」。／松陰の門下生とその後の日本はほぼこの通りに実行した。北海道開発・琉球処分・台湾出兵・フィリピン占領だ。朝鮮には「吾れ《わ》（日本）がいかなければ、彼れ（列強）が必ず来る。吾れが攻めなければ、彼れが必ず襲う」（「外征論」）。だから進出する。それが列強を前にした当時の厳しい状況下での松陰の理屈である。／しかし、こういう松陰の複雑な側面の描写はドラマや小説では避けられてきた。主人公が帝国主義者か否かの議論になっては別の話になってしまうからであろう。本当はここに日本史をみつめる一番大切な論点がつまっている」。

磯田が指摘するように、薩長日本は富国強兵を押し進め「大日本」を実現したかに見えた。しかし、その後に二重三重の敗北がやってくる。磯田のいう「一番大切な論点」を忌避してきた日本は今も負け続けている。

失われた「緑島山」

「大日本」はまさしく帝国主義日本。とはいえ、歌詞を真摯に読めば、この歌の背骨にあるのは必ずしも武張った征服欲ではないことが分かる。一番に歌われるのは、「緑島山」が端的に表しているように、天皇が治めるこの歴史ある国の空、緑、土、海への賛歌である。二番で注目すべきは、風強き大海の波に対し「さやげ」、つまり荒くなれと命じていることである。時世から「浪さやげ」には、一九三一年の満州事変、前年一九三七年の「支那事変」（日中戦争）勃発、南京陥落の国民的高揚気分が反映していよう。戦争が拡大しても「敵へて許さじ」つまり、けっして許すことはないということだ。この私も一兵卒である天皇の軍隊は「義」によって武器を取る。我らは命を顧みず錦の御旗の下玉砕しようというのだから、威勢がいい。

だが、三番はまた一番の基調に戻る。「気は澄めり」と精神力を強調するが、続けて歌われるのは「うまし山川」、即ち美《うま》し「緑島山」なのだ。「眉上がる」、つまり自然に見上げると雲の果てに一億国民の理想の「皇御国」が目に浮かぶ。「明き心」赤心をもって新国家建設に邁進しようというのだ。「大日本の歌」は「醜《しこ》掃《ママ》う皇軍《すめらいくさ》」兵士の希望と覚悟を歌いながら、「緑島山」日本の「うまし」国土を愛で慈しむのである。

先の大戦で「醜《しこ》掃《ママ》う皇軍《すめらいくさ》」を完膚なきまで叩きのめしたのがアメリカ。「緑島山」をこよなく愛する緒方は、戦後十八年アメリカと「業務提携」するに至っている。千鶴の父・佐々木ショージは戦死したかもしれないと、私は妄想してみた。緒方や山口が皇軍兵士になったかどうかは分からない。だが、明治・大正どころか戦後はるか、いまや、彼らは『秋刀魚の味』の平山周平（笠智衆）が吐露する「敗けてよかった」の地点に立っているのだ。

国破れて山河在り。焦土と化した敗戦日本を戦後繁栄が、またまた荒廃に導く。水俣や阿賀野川、四日市はその象徴である。いうまでもなく、松阪にルーツを持つ小津にとって、四日市は親しい土地であった。「うまし」「緑島山」をアメリカならぬ「皇《すめら》御民《みたみ》」自身が破壊している。そのような苦い認識を山口・緒方は持っていたろうか。少なくとも、戦後の小津がかような苦さを抱えていたのは確かである。疑う者は、例えば『東京物語』（一九五三年）のお化け煙突（東京電力千住火力発電所）あるいは『秋刀魚の味』冒頭の川崎あたりの煙突を見よ。

翡翠の珠簪

三人が千鶴の縁談につき話題にしているところに、風呂番の男（奥野匡）が入ってくる。緒方に向かって、「これ、ございました。おさがしになっていらっしゃいましたもの」と「翡翠の珠簪を差出す」。千鶴が居るためだろう。緒方は戸惑う。放映では千鶴が簪を受け取る。

千鶴が誰のものかと問うと、緒方は妻・あや子（杉村春子）のものだと。山口は笑いを堪えている。描かれているわけではないのだが、山口はおそらく昨日のゴルフで、愛人・はつの箱根来遊は聞かされていたはずだ。山口と入れ違いに、急行よどで帰京した可能性については、先に触れた。展開はもう少し先に。

プロットやストーリーを追って読むとするなら、この簪事件は中心に据えられるべきなのではある。しかし、ここではさほど重要視することもない。プロットなど、一度読めば大概分かる。作品の面白さは、それとは違うところに隠れているのだ。

「ペンディング」を「ペンディックス」

ふたりの「小父様」と東京へ同道した千鶴。『彼岸花』、『秋刀魚の味』をなぞるバイエルが聞こえる。「山口家の茶の間」のママレード入りの紅茶タイム。そこへ緒方からの電話が入る。重役室で長谷川一郎（佐田啓二）に指示する緒方。脚本では「ああ、これ、ペンディングになってた奴だね」となっている緒方の台詞に拘る。「ペンディング」は『麦秋』の専務室で佐竹宗太郎（佐野周二）が間宮紀子（原節子）にいっていた言葉。それから、十二年経っている。

ビジネスシーンではともかく、「ペンディング」なる英語は外来語・カタカナ語として一般に認知されていただろうか。『広辞苑』第一版（一九五五・五、岩波書店。ここでの確認は一九六六・三発行の第一版第十九刷）には載っていない。採録されるのは第二版（一九六九・五）からで、「事柄が未決定のままであること。懸案。保留。未決」（ここでの引用は一九七三・八発行の第二版第七刷による）との語義。あらかわそおべえ『角川外来語辞典第二版』（一九七七・一、角川書店）には「「書類はきちんとファイルし、ペンディング（懸案中）は別に紙挟みに入れて」大岡昇平『雲の肖像』1957」（ここでの引用は一九八五・一二発行の第二版第五十九刷による。原文横書き。「，」は「、」に変えた）という用例が示されている。用例に挙げられた大岡昇平『雲の肖像』が「ペンディング（懸案中）」とカッコ書きで説明しているのが、この語の目新しさを示して余りある。だとするなら、『麦秋』佐竹専務の口なれたいい方は、オキュパイドジャパン勝ち組の気分を見事に表していたということになる。

気になるのは、緒方が「ペンディング」というべきところ、「ペンディックス」といっていることだ。相手が小津なら、このいい違えを演出によるものと読んでみたくなる。「pendix」って何。「appendix」なら盲腸か付録だけれども。俳優・北龍二が聞きなれぬ台詞「ペンディング」を咀嚼出来なかったと解するのが穏当か。

ちなみに有能専務・佐竹は一九五一年の段階で「ペンディング」をきっちり消化していた。『青春放課後』の緒方省三は、有能かも知れぬが、艶福家であることが強調されているので、いかにも「ペンディックス」といってしまいそうだ。私のような読み方は小津・里見からも遠く離れてのものだ。単なるいい違いであったとしても、読みの翼を羽ばたかせるのは読者の自由なのである。

「日本語の妙味」

緒方からの電話は、千鶴に今夜から家へ「泊りに来い」という誘いである。ついては、西銀座のバー「リラへ来い」ということだ。「来い」「来い」である。山口は「あいつは、いつもそんな風な命令形の口をきくんだよ……重役になったら段々日本語の妙味を忘れて来たようだ」と笑いながらいう。

これまた小津の肝に触れそう。やや抽象的とはいえ、こんなにストレートな表現は珍しいか。ここで山口は、親友たる緒方の重役になって変わった言葉遣いを批評している。つまり、「命令形の口」だ。重役になってアメリカのメーカーと交渉するようになった影響もあろうか、言葉が明確になったということだろう。

アメリカがどうのこうのというレベルは越えている。問題は言葉だ。詞辞構造を有する日本語、すなわち日本文化の問題なのである。

小津テキストの「日本語の妙味」の典型例は、『東京物語』平山紀子の「いいえ」だろう。否定とも肯定とも取りうる深いふかい闇へ繋がる。

アメリカに犯され続ける日本などというレベルも越えて、永遠に折り合わない日本語の孤独がここにある。

ふたりの京都

待ち合わせは西銀座のリラ。緒方は「急な用が出来ちゃってね、これからすぐ行かなきゃならないんだ」ということで、秘書の長谷川に託す。山口も帰る。

残された千鶴と長谷川は、ダイスを振りながら水割り（脚本では長谷川が注文したのは「水割り、いつもの」だが、来たのは「ハイボール」（卜書き））を飲み、話に花が咲く。長谷川も京都の二条堀川出身で大学から東京だという。

ふたりの京都を簡単に整理してみる。千鶴は西陣に住んでいて、二条堀川の高校に通っていた。「番寿軒」（脚本。放映は「こう寿軒」）という菓子屋の娘と同級生。長谷川は「一高」（脚本。放映は「二商」）で、その娘の兄と同級だった。

大学から東京の長谷川が一高というのは不審。ここは「二商」だろう。長谷川役の佐田啓二が「二商」というのは役者の工夫か。というのは、佐田は京都市立第二商業学校を卒業して、早稲田大学に進んでいるから。二商は一九四八年に廃校になったが、その跡地は現在、京都市立北野中学校となっている。

千鶴の高校は、二条城の西に位置する京都府立朱雀高等学校か。前身は京都府立第二高等女学校なので、長谷川は、「僕のうち、あの女学校のすぐ近くですよ」といっている。もちろん、千鶴は一九四八年に設立された新制朱雀高校の出である。

岡惚れの行方

さあ、もう残りは一気呵成だ。

リラに歌謡曲が流れている。歌詞に六本木と出てくる低音男性歌手（フランク永井かな）のものだが、今のところ同定出来ない。千鶴は長谷川に六本木に連れて行ってほしいという。長谷川は「チャンソバ屋位」しか知らないという。『東京暮色』の「安里屋ユンタ」を「耳ざとく聞きつけた」と、與那覇潤『帝国の残影　兵士・小津安二郎の昭和史』（二〇一一・一、エヌティティ出版）に皮肉られた私だが、残念。その與那覇が不吉な中国の記号と呼んだ「チャンソバ屋」。『秋刀魚の味』など、小津映画でラーメンはお馴染み。『帝国の残影』は、小津研究史上の全き傑作。

相当に酔った千鶴は、長谷川に送られ緒方邸に帰り、あや子の不興を買う。のち、あや子が皮肉るように「ちゃんと蒲団がひい《ママ》てあるのに、そのまま廊下の籐椅子で朝まで寝て」しまう。

翌日、千鶴は目白に「番寿軒」の娘・三枝子のアパートを訪ねる。泊まるつもりだ。同級生で結婚していないのは、千鶴を入れてふたり。三枝子も、まだ新婚気分。高度成長の象徴である家電を自在に統べるタイム・スイッチで食事の準備をしている。帰宅した夫の金子（高橋幸治）と三枝子のいちゃついた雰囲気にいたたまれなくなった千鶴は、アパートを辞し、「赤電話」（放送は公衆電話）から、「岡惚れ」の長谷川に電話する。ところが、電話を取ったのは、女。脚本に「長谷川の女」と記される京子（稲野和子）だ。

勘のいい千鶴はすぐに気づいたろう。リラに呼び出した長谷川を問い詰め、「結婚したのと同じことや」、「もう証文は書いてしもて、まだ収入印紙が貼ってないだけのことや」という。ここでタイトルに繋がる台詞が。長谷川が「僕にはもう青春なんてものは、どうでもよくなっちゃった」というと、千鶴が「ああ……みんな帰ってしもて、ガランとした運動場」と例える。千鶴が「うちもそうや」といえば、長谷川は「あなたはまだ」といいながらも、「青春放課後だなあ」と感慨深い。

下駄をはく緒方省三

場面変わって「赤坂田町あたりの」割烹旅館竹川。あや子の所に帰りにくい千鶴は、緒方の隠れ家に泊まると長谷川に案内させてやって来たのだ。まさか、そこに緒方が居るとは知らずに。

先に引いた中村喜春『いきな言葉野暮な言葉』に「下駄《げた》をはく」の項がある。仕事や出張に乗じて愛人との逢瀬を楽しむことだ。中村が挙げる実例が、緒方にぴったり。

「戦争前のこと（略）、ある有名な政治家が満州に出張されて、その帰りに三日くらい「下駄をはいて」、新橋の芸者衆と箱根で静養されたのです。彼女とは二十年ものお付き合いですから、われわれが見ても、しっとりした中年のご夫婦という感じです。／その二号さんが、箱根の宿の浴室に簪《かんざし》（ヘアピン）を忘れたのです。エメラルドの周りをダイヤが囲んでいるヘアピンです。たいそう高値な物なので、宿ではすぐご自宅の奥様あてに書留でお送りしました。この奥様が大したかたで、旦那様に、／「あなた、奥様のお忘れ物が箱根から届きましたよ」／とニコニコしておっしゃったそうです。そして運転手さんに、／「西銀座にこれをお届けしてくださいネ」／とおっしゃったので、万事承知している運転手さんのほうがオタオタしちゃった、ということです」。

本妻の「大したかた」ぶりはともかく、箱根の宿の不手際な対応は、いかにも思慮に欠けるが、まあ、こんなこともあろうか。宿でも「奥様」と思っていたのか。それはともあれ、簪にしろ、箱根にしろ、いかにもありそうな下駄なのだ。

千鶴は、目ざとくはつの翡翠の簪を見つける。そして、緒方を「不潔」とからかうのだ。『晩春』（一九四九年）曽宮紀子の変奏だ。千鶴は緒方を、けっして詰っているわけではない。コッテの子岡惚れ千鶴には、下駄ばき緒方と通ずるものがあるからだ。このあたり、曽宮紀子の「不潔」と重ねて考えたいが、『晩春』は難しい。ペンディングだ。

下駄ばき緒方は、たしかに仕事をしていた。竹川でローガン（マイク・ダニーン）と商談をしていたのだ。ローガンの帰り際、緒方は、ややたどたどしくはあるが、英語で礼をいう。「Yes, fine thank you.」。緒方は、高度成長を成し遂げた見事なジャパニーズ・ビジネスマンであるのだ。だが、ここで山口指摘の緒方が忘れた「日本語の妙味」を思い出そう。

日本語の行方、あるいは「敗者」の想像力

緒方と千鶴は家へ帰る。女中（悠木千帆）が迎える。悠木千帆はこの時二十歳。のちの樹木希林である。

ラストシークウェンスは、みたびリラ。緒方と山口が、並んでハイボールを傾けている。「青春放課後」とはうまいことをいったもんだと、緒方がいうと「しかし、俺たちはもう青春老化後だよ」としゃれる山口。そこへ、京都行きの列車に乗る千鶴を見送った長谷川がやってくる。

千鶴の「青春放課後」を緒方に告げたのは、千鶴自身だったのか、あるいは長谷川か。それは語られていない。「青春放課後」を「ガランとした運動場」になぞらえたのは、千鶴の「日本語の妙味」。『いきな言葉野暮な言葉』の中村喜春は、戦後日本の言葉の退廃を嘆き続けた。実際、中村はニューヨークに移り住み、日本を撃つ。「よく日本人は「英語には敬語がないから簡単だ」なんて言って、敬語を使えないことの理屈づけにしますが、とんでもない、日本人が知らないだけなのです。ちゃん

と敬語はあります。品の良い言葉と下司《げす》な言葉は英語だってはっきりとあるのです」（『ああ情けなや日本 江戸っ子芸者の30年ぶりの日本』一九八五・六、草思社）といい放ち、アメリカ大好きと公言する（『あたしはアメリカが好き』一九八七・七、草思社など）。中村は彼我の比較から日本の後進性を批判しているのではない。戦後、急速に失われつつある祖国のゆかしさを嘆いていたのだ。その端的な徴表を言葉に見、「日本語は乱れるばかり」（『ああ情けなや日本』）というのだ。

確かに、小津映画の人物たちの日本語にはゆかしいものが多い。だが、日本語の問題は簡単ではない。

加藤典洋は『敗戦後論』（一九九七・八、講談社）、『戦後入門』（二〇一五・一〇、ちくま新書）などで「敗戦後」を総括することなくやり過ごしてきた日本を批判し続ける。その加藤の近著『敗者の想像力』（二〇一七・五、集英社新書）は、一九八〇年前後、カナダの大学で教えていた時の体験を語る。学生たちが「小津安二郎の映画祭のようなものをやろうとしているのを見て、意外の感に打たれた」という。黒澤明などと違い、小津は外国人に受け入れられにくいだろうという固定観念に、加藤も縛られていたのだ。

加藤はいう。小津映画は「「反戦的」というのでもない。／しいて言えば、「小市民的」、そして「敗戦的」――。／彼らは、伏し目がちに酒を飲む。そしてぼんやりと微笑《ほほえ》む。／主人公たちは、みんななで肩、そしてうつむき加減。勤め帰りにバーに寄ると、遠くから軍歌めいた威勢よい音楽が聞こえてくる。それを肩をすぼめてやり過ごす。その「敗戦的」な感じに、どこか惹《ひ》かれた。その風情が、私には好ましかったのだが、これは外国の人間、特に「戦勝国」のアメリカやカナダの人間などにはわからないだろうヨ、というのがそのときに打ち砕かれることになった、私の狭い、了見だったのである」。

「伏し目がち」、「なで肩」、「うつむき加減」、「遠くから軍歌めいた威勢よい音楽」、「肩をすぼめて」という加藤が作る小津のイメージには思わず微笑んでしまう。必ずしも正確ではないが、なるほど小津はこのように受容されているのかということだ。

加藤は続ける。「その判断は間違っていた」と。「敗者の想像力」は、「けっして敗戦国に特有のものではない。それは普遍的な拡がりをもつ」からだ。加藤は第三の新人と揶揄された安岡章太郎などの再評価を提唱するなど、敗者が持ちうる想像力の豊かさに目を向ける。小津安二郎の敗者としての想像力は、戦後復興への弥栄と何事も忘れ去ってしまう日本人への絶望とがないまぜになったものであった。その絶望を噛みしめながらも、そこから脱出する手掛かりは、やはり日本語にしかない、というのが私の判断である。そして、それは小津安二郎の判断でもあったろう。

やっぱりやっぱりやっぱり小津安二郎、あるいは絶望と希望の行方

これまで、繰り返し繰り返し述べてきた。映像詩人・小津安二郎が、何よりも重要視したのは、ワンショットワンショットを完璧な絵として仕上げることだということについて。

そうであるとすれば、『青春放課後』に下されるのは、残酷な鉄槌でしかないだろう。いくら小津安二郎が書いた脚本だといっても、私たち読者が受け取った作品はキッチュにすぎないと。

だが、果たしてそういって切り捨ててしまってよいものだろうか。想像力を働かせて、当時の技術

水準に思いを致そう。鮮やかな総天然色大スクリーンと、茶の間の小さな箱の暗くゆがんだ画面との落差。単純化すれば、テレビが映画から読者を奪ったのは、只であるからという理由に過ぎない。もちろん、そんなに単純なことではないというのは百も承知だが。娯楽としての映画とテレビの実力は、実際、大人と子どももほども離れていたのだ。

さらに、想像してみるがいい。『青春放課後』のメガフォンを、小津が松竹なり東宝で取ったとしたならばどうだったか。なかなかの作品に仕上がったであろうことは疑えないであろう。

畑中庸生の演出をけなそうなどというつもりは毛頭ない。監督が違えば、作品はもとより別物となる。いくら小津組の俳優・女優を使おうと、小津安二郎のキッチュとしかならない所以である。『青春放課後』の楽しみ方を示そう。天に唾するような提言だが、画面を観ずに音だけを享受してみるのだ。それでも小津でないこと疑えないのではあるが、ところどころ、やっぱりこれは小津安二郎という箇所箇所にはっと息を飲むであろう。究極的には脚本自体ということなのであるが、このつまらぬ『青春放課後』に耳を傾けてしまうという事態に、読者は誘われるはずだ。

「敗けてよかった」の地点から、小津はさらに絶望を深めていたはずだ。「緑島山」と緒方の英語が、それをよく示していた。しかし、小津は緒方省三をカリカチュアライズしながらも、ひとりの愛すべき老人として描くことに終始したのだ。

矢部宏治『知ってはいけない 隠された日本支配の構造』（二〇一七・八、講談社現代新書）などが暴いたように、戦後七十年以上も経ながら、日本はアメリカの属国であり続けている。加藤典洋ふうにいえば、私たちは未だ「敗戦後」を生き続けている。

仮に小津安二郎が現代を生きて映画を撮れば、必ずやあのゆかしい言葉たちの飛びかうものではないだろう。小津は、ますます深まる絶望を抱きながら、日本語のかすかな未来に希望を託して描き続けるしかないのだ。今を生きる小津安二郎は、今を生きる私たち一人ひとりなのである。

II

小津安二郎の方へ

第7章

越えていく者たち

周防正行『シコふんじゃった。』から

ふたつのテキスト

『シコふんじゃった。』は映画監督周防正行の名を広く知らしめることになった大ヒット作品（一九九二年一月十五日公開）である。キネ旬ベストテンの第一位をはじめ多くの映画賞を獲得した。『シコふんじゃった。』には、映画のほかもうひとつのテキストがある。周防正行自身による小説『シコふんじゃった。』（一九九一・一二・一八、太田出版）である。

小説の「あとがき」に周防は「小説『シコふんじゃった。』は映画『シコふんじゃった。』の原作でもなければノベライゼイションでもない」とわざわざ断っている。だが、はたからいうなら、小説『シコふんじゃった。』をノベライズと受け取っても、原作と受け取っても一向に構わない。というのは、そも映画と小説は別個のテキストとして享受されるという前提の上に成立すべきものだからだ。周防がことさらに強調するのは、ふたつの『シコふんじゃった。』が作家の頭の中で「微妙に影響しあって」醞釀されてきた別々の花だと主張したいがためであろう。つまり、どちらかが先行していた

わけではないということである。でもね、映画のエンディングクレジットに「ノベライゼーション●周防正行（太田出版刊）」と流れるから、ちと力が抜ける。

読者である私たちにはどちらでも構わないのであるが、ともに優れたテキストであることにもよって、両者を平行して読んでいくと興趣が足し算掛け算になって膨らんでくることになる。原則論として、映画は映画として、小説は小説として読むべきなのではあろうが、読者である私たちは知らず知らず互いの情報を密輸入していることがしばしばなのだ。

こちたい前置きはこのくらいにしよう。以下行論上紛れが生じかねない場合は映画を『シコA』、小説を『シコB』と区別する。

ジャン・コクトーの大相撲

『シコB』のエピグラフにジャン・コクトーの言葉が使われている。「力士たちは、桃いろの巨人で、シクスティン礼拝堂の天井画から抜け出して来た類稀《たぐいまれ》な人種のように思える」（堀口大學訳）。『シコA』では冒頭アヴァン・タイトル部分、大学の教室で穴山（柄本明）がコクトーの「僕の初旅・世界一周」（堀口大學訳）について話している。以下、映画の台詞を『ジャン・コクトー全集V』（一九八一・二、東京創元社）から引用する。映画で省略されている部分を示したいがためである。『シコB』の引用部に加え「或る者は伝来の訓練によって、巨大な腹と成熟しきった婦人の乳房とを見せている。（略）いずれのタイプの力士も、髷《まげ》を戴いて、かわいらしい女性的な相貌をしている（略）不動の平衡が出来上る、やがて足が絡み、やがて帯と肉との間に指がもぐり込み、まわしのさがりが逆立ち、筋肉が膨れ上り、足が土俵に根を下ろし、血が皮膚にのぼり、土俵いちめんを薄桃いろに染め出す」と穴山は続ける。コクトーの相撲観は『シコふんじゃった。』の世界を支配する位置を占めている。

一九三六年三月から六月にかけて、コクトーはジュール・ヴェルヌ『八十日間世界一周』（一八七三年）に倣って世界一周を行ない、記録に残した。その記録のハイライトは日本訪問であった。また香港から日本郵船の貨客船鹿島丸でチャーリー・チャップリンと乗り合わせ意気投合したことを、コクトーは「運命の邂逅」という。

コクトーとチャップリンがやってきたのは二・二六戒厳令下、そして阿部定事件の日本であった。詩人はカイロを「死の市《まち》」と喝破した鋭敏さで日本からも死のにおいをかぎつける。「六十年毎に、自分たちの生活の本拠を地震と颱風の被害で、廃墟にされるこの国民は、安んじてまた焼け跡の灰の上に再び家を建てるのだ。彼らのすべての行為は死に連なっている」。ここに示された天災国日本のイメージは、たとえばアーノルド・ファンク監督・原節子主演の映画『新しき土』（一九三七年）と変わらないが、コクトーは死の後の弛みなき再建を読み取っていた。日本は死と再生の国なのだ。

一九三六年五月十八日。この日未明、荒川区尾久町の待合・満佐喜で定は石田吉蔵のいちもつを切り取っていた。夜八時過ぎから歌舞伎座で六代目尾上菊五郎の「鏡獅子」を観たコクトーは、「菊五郎は俳優であるばかりか、同時に神官でもある。このスペクタルは祭祀的だ」と感じ入る。西川正也『コクトー、１９３６年の日本を歩く』（二〇〇四・一一、中央公論新社）は「ギリシャの古典劇をこよなく愛した彼にとって、この言葉は最大級の賛辞であった」とし、「歌舞伎の持つそうした極度の様式性の中に、宗教と共通する儀式的な崇高さを読み取っていたのである」という。菊五郎と握手した際、コクトーは手の白粉が剝げないようにと気を遣い、音羽屋を感服させたというエピソードも残す。ちなみに、コクトーが歌舞伎座を訪問したまさにそのころ、小津安二郎が六代目菊五郎の『鏡獅子』（一九三六年）を撮っている（五月楽屋部分、六月二十六日深夜から二十七日朝舞踊部分）。

音羽屋に会った翌日、コクトーは藤田嗣治と堀口大學に連れられて国技館へ大相撲見物に出かけた。さて、穴山が引用していたコクトー。ふたつ目の省略部分に戻ろう。映画だけから判断するなら、「不動の平衡」が何を指すか分かりにくい。省略は穴山によるものではなかろう。読者には伝えられないものの講義では省略部分についても語られていたと考える方が通りやすい。精読者たる私たちは省略部分を補ってみよう。語り手「オレ」自身もコクトーについて「あとで図書館に行って調べればいい」といっている。精読を期待しているのだ。

一九三六年五月夏場所。十一日制六日目中日結び前の一番。「近代風な体格の鼻の低い美丈夫と、拳闘家のほっそりした腰の上に太鼓腹をのっけた仏陀のような、土つかずの勇士」の取り組み。「両力士が立上って四つに組むと同時に、完全な力の平衡が双方を絶対不動の位置においてしまった」。お分かりと思うが、「平衡」とは互いに四つに組んで動かなくなった状態なのである。「仏陀のような、土つかずの勇士」は西関脇双葉山。前場所の一月春場所七日目から連勝街道を走り始めていた。いうまでもなく六十九連勝の途次である。相手は東小結の綾昇《あやのぼり》。コクトーは「稀有な好取組に恵まれた」と記す。平衡状態が続き「目の前で化石してしまうのではないだろうか」と思われた時に水入りとなる。穴山が引いていたのは再開後の部分。コクトーは続ける。「不意に「土つかず」が藁屑ほどの隙を見つけ、呼吸をはかって平衡を破る。マグネシウムが閃いて、人体が作っていた橋杭の一本が抜けて飛び、逆しまに倒れる」。続けて「勝力士は土俵に塩をまく」というのは記憶違いであるが、コクトーは「平衡」の静寂に桃色の美を発見した。相撲の勝負も生死の分かれ目である。コクトーは歌舞伎同様、ここにも「祭祀的」美を見出していたのだった。

　コクトーは浅草六区や私娼窟玉の井も探訪していた。コクトーを案内した堀口大學の恩師である永井荷風も浅草のみならず『濹東綺譚』（一九三七年）に結実する玉の井通いを始めていた。コクトー、チャップリン、荷風、小津、阿部定と一九三六年戒厳令下の東京は濃密な物語を育んでいた。

小説的な、あまりに小説的な

『シコB』は小説としてかっちり分析してみたい誘惑にかられるテキストである。

コクトーのエピグラフに続く「序の口」の冒頭。「今、オレは四股《しこ》を踏んでいる」。語り手の「オレ」が相撲部で暮らした「めくるめくような愛と感動と勘違いの三ヵ月」を振り返って語り始める。末尾は「再び序の口」として冒頭に戻ってくる。三ヵ月間が四股を踏む土俵上の今にサンドウィッチされるという構造である。「オレ」の名は山本秋平。物語は終始「オレ」秋平の語りを中心に進行する。『シコB』と『シコA』の決定的な違いはここから生まれる。『シコA』はいわゆる神の視点で進められ、秋平（本木雅弘）に寄り添っているわけではないから。誤解なきよう贅言すれば、秋平に添って映画を作ることも可能であるし、神の視点で小説を語ることも当然可能であるが、それは選択されていないということだ。

田中豊作（『シコA』で演ずるのは田口正浩）の入部動機が男色的興味によるのではないかと「オレ」が疑い続けるのは、『シコB』に独自であって、語り方からして容易なことである。川村夏子（『シコA』で演ずるのは清水美砂）のミニスカートから露になる脚線を巡っての穴山と「オレ」の視線の交錯などに言及したくなるが、ここでは「オレ」が青木（『シコA』で演ずるのは竹中直人）と最初に会う場面に拘ってみよう。秋平が相撲部部室を訪ねると、青木が小錦を仮想の相手にひとりで相撲を取っている。『シコB』では青木は自分の四股名を青海龍といっているが『シコA』では青木のまま。

「青木は「フン」という顔をすると道場の塀沿いに作られている手摺《てす》りのほうに歩いていった。／そして手摺りに引っかけてある薄汚れた、かつては白かったらしい帯状の布を取った。／「ほら、まわしだ」／青木はその帯をオレに差し出した。（略）初めてのまわしは屈辱だった。オレはフルチンで土俵に立たされた」。注目したいのは、「まわし」という言葉を巡るやりとりである。『シコA』では新入部員たちが「フンドシ」と連発するのを青木がいちいち「ま・わ・し」と訂正していた。同様のやりとりは『シコB』にも先の部分に続けて登場するが、ここでは『シコB』にしか存在しない引用部について考えたい。

語り手「オレ」は、青木が取った「手摺りに引っかけてある薄汚れた」物体を、「かつては白かったらしい帯状の布」と形容した。もちろん青木はそれを「まわし」と呼ぶが、「オレ」にとっては、まず「帯状の布」であった。「オレ」の語彙に「まわし」があったかどうかはどちらでもいい。「オレ」の感得した「帯状の布」と青木にとって当たり前の「まわし」のずれをかくさりげなく鮮やかに描いてみせるのはいかにも小説らしい表現なのだ。『シコA』で印象的な「フンドシ」「ま・わ・し」の応酬はこれまた映画的で分かりやすい表現であるが、ここで問題にしているずれは人物の認識をそのまま言語で表現しうる小説ならではの特徴なのだ。映画でも出来ないことはないが、映像そのものとしてではなく台詞（モノローグないしはダイアローグ）を通してということになってしまう。

ここで、先のコクトーの引用を思い出された向きもあろう。「やがて帯と肉との間に指がもぐり込み、まわしのさがりが逆立ち」の部分。原文を確認していないので堀口大學の訳文から論ずるのであるが、「まわし」に先立って「帯」とまず形容している。おそらくコクトーの目にまず「帯」と見えたということだろう。

このような事態の典型的な例として、私たちは宮澤賢治「グスコーブドリの伝記」（一九三二年）を知っている。クーボー博士の学校を訪れ初めて大教室に入ったブドリの眼に飛び込んできたのは「大きな黒い壁」（ここでの引用は『宮沢賢治全集8』一九八六・一、ちくま文庫）であった。ブドリは自動化された「黒板」という語彙を持っていなかったから。「黒板」が自動化してしまった私たちはたとえ緑色の壁であっても「黒板」と呼んでしまう。かく私たちの感覚を異化してくれるのは小説の得意とするところなのである。

「カラリと晴れ」ときどき小津安二郎

周防正行の監督デビューは『変態家族兄貴の嫁さん』（一九八四年）。周防自身が最初に付していたタイトルが『お嫁さん日和』であったことにも表れているが、全編小津安二郎をパスティーシュしている。思いがけず蓮實重彥に激賞され、周防は幸運な出発を果たしたのだった。『サラリーマン教室　係長は楽しいな』（一九八六年）、『ファンシイダンス』（一九八九年）、『大災難』（一九九五年ビデオ化）、『Shall we ダンス?』（一九九六年）と続く作品群の小津テイストについては、いずれまとめて論じたい。ここでは『シコA』の小津遊びについて、簡単に列挙しておきたい。

①相撲部の乱雑な台所のビール瓶。アヴァン・タイトル部移動カメラ。小津『浮草』（一九五九年）冒頭部防波堤の一升瓶の如く上手にビール瓶が。

②青木富夫という役名。いうまでもなく小津組の突貫小僧。戦後は本名青木富夫で日活の脇役などを務める。『Shall we ダンス?』のドニー青木（竹中直人）も青木富夫だった。『シコB』では青木という苗字だけ。

③秋平という役名。小津『父ありき』（一九四二年）の堀川周平（笠智衆）、小津『秋刀魚の味』（一九六二年）の平山周平（笠智衆）に通ずる。また、『秋日和』（一九六〇年）の三輪秋子（原節子）、『小早川家の秋』（一九六一年）の小早川秋子（原節子）にも。

④比較文化研究室での穴山冬吉と山本秋平のどんでん。小津映画お馴染みの正対するどんでん。ちなみに穴山のショット上手に『ジャン・コクトー全集』が置かれている。

⑤富士山の看板。相撲部部室横の塀に立てかけてある「写真部　富士の四季展」の大きな看板に富士が描かれている。富士山は小津好みのアイテム。『彼岸花』（一九五八年）冒頭の東京ステーションホテルの廊下の絵。

⑥青木の下痢・放屁。小津『お早よう』（一九五九年）は放屁映画の傑作。その系譜に『ファンシ

イダンス』、ホ・ジノ『八月のクリスマス』（一九九八年）がある。

⑦ちゃんこ屋富士錦。相撲部OBが部員を招いてくれるちゃんこ料理屋の名に「富士」が入り、「富士急行K．K．」寄贈の富士錦の化粧まわしが飾られている。富士山に稲妻の図案。ちなみに、もうひとつ鶴のデザインの化粧まわしも飾られている。

⑧ジョージ・スマイリー（ロバート・ホフマン）のアパートの廊下に赤い消火器。T字型の小津の廊下ではないが、小津『東京物語』（一九五三年）の平山紀子（原節子）や『東京暮色』（一九五七年）の相生荘を思わせる。また赤は小津カラー映画のシンボル。

⑨間宮正子（梅本律子）という役名。間宮は小津『麦秋』（一九五一年）の家族。正子は小津『早春』（一九五六年）の杉山昌子（淡島千影）に通ずる。

⑩成田山のお守り。間宮正子が秋平の弟・山本春雄（宝井誠明）のサンドバッグに巻かれたピンク色の布にお守りをキスしてから入れる。正子は春雄への熱い思いから相撲部に入ったのである。のちのショットで猛稽古のため土まみれになった布の破れ目から「成」の字がはっきり確認できるので、成田山だろう。成田山のお守りは小津『淑女と髯』（一九三一年）の岡嶋（岡田時彦）が腹に巻いていた。

⑪穴山ゆき（桜むつ子）。穴山の母を演ずる桜むつ子は戦後小津映画でお馴染み。永井荷風にも繋がる。桜のキャスティングは小津へのオマージュ。

⑫穴山の実家の縁側にある籐椅子。籐椅子は小津好みのアイテム。

⑬ビール瓶の林立。三部リーグで優勝し、部室で開かれる祝勝会。サッポロビールの吟仕込が林立

し。赤いビール箱が重ねられている。ビール瓶やビール箱は小津映画に頻出。
⑭峰安二郎（村上冬樹）という役名。相撲部ＯＢ長老の名がエンディングクレジットで明らかになる。

と挙げてみたが、牽強付会と思われる向きもあろうか。ショットショットに小物を配して先行テキストに敬意を捧げることはよく行なわれる。作り手が意識的に行なう場合もあれば、読者が読み込んでしまうこともある。

『シコＢ』には小津の名が直接出てくるところがあるので、そちらも引いておこう。

秋平が夏子に電話し、夏子行きつけの店で待つ場面。「バー『ルナ』は小津安二郎の映画に出てきたトリスバーみたいなところだった。二ヵ月前に見たそのビデオは『秋刀魚の味』という日本の昔の喜劇映画だった。なんでそんなものを借りたのかというと、テレビのコマーシャルで浅野ゆう子が「ヴェンダースと小津との関係について語ってから彼はニューヨークの、うんたらかんたら」とか言っていたので、これはトレンディーなのに違いない、だけど小津ってなんだと思ったら、日本の昔の映画監督だったらしいというのがヴェンダースの線から分かったので、早速レンタルビデオ屋に行ったのだった。／それじゃー今日は、その小津の線から話を始めて、ヴェンダースをひとしきり語り、ヨーロッパ芸術映画路線で口説いてみようか」。

もう一箇所。青森の穴山の実家での夏合宿のある日。雨中出ていった田中を探しにいくところだ。「雨はさらに勢いを増して激しく叩《たた》きつけるように降っていた。まるで『秋刀魚の味』と一緒に借りてきて見た『浮草』の雨のようだと思った。しのつく雨は人の心をも激しく打つとみえ、映画のクライマックスによく使われるが、小津の激しい雨は『浮草』だけだったらしい。激情を好まなかったのだろうか」。

語り手「オレ」が小津映画に触れているところなのだが、たとえ口説きの小道具だったとしても、こういった考察力を与えてしまうのは一人称の語り手が持ってしまう必然性である。『シコA』の秋平にこういった内省力を見出せないというわけではないのだが、一人称小説には避けられないこういった特色が『シコB』を際立たせているということだ。

正子の思いと夏子の土俵入り

『シコふんじゃった。』は一見、裸の男たちのドラマに思える。周防自身、『ファンシイダンス』本木雅弘の違った面を輝かせるべく「今度は裸にしよう」というアイディアから始まった企画だったといっている（『周防正行 DVDBOX ボーナスディスク周防監督大放談』）。

だが、ここでは女の側から見てみよう。川村夏子と間宮正子である。

まず『シコB』。国靖神社境内相撲場。三部リーグ、対北東学院戦。山本春雄が対戦中骨を折ってしまう。「誰よりも早く正子が土俵に駆け上がる。正子は、「エイッ」と春雄をかつぎあげると、「こらこら女は土俵に上がっちゃいかん」と注意する審判を突き飛ばし、一目散に走り去った。あっと言う間の出来事にオレ達はなにがなんだか分からなくなっていた。正子は場内の出口の階段の上で一度立ち止まり、オレ達の方を一瞬見てそれからまた脱兎《だっと》のごとく駆け出していった。正子の迫力に誰も後を追うことなどできなかった」。『シコA』でも正子は躊躇なく一直線に土俵を横切り、春雄の許に駆け寄り、運び去った。

確認しておかなければならないのは、土俵が女人禁制だということ。内館牧子『女はなぜ土俵にあがれないのか』(二〇〇六・一一、幻冬舎新書)によれば、国技館など大相撲の土俵と靖国神社の土俵では厳として守られている。女人禁制の起源等について、ここでは立ち入らないが、森山真弓元官房長官や太田房江前大阪府知事の土俵への執着を、文化を理解しない妄言と一蹴した内館の立場に私は立つ。朝青龍への厳しさには意見があるけれどもね。正子のためにいっておけば、正子は女人禁制など知らなかったかもしれない。無知に同情するわけではないが、正子を突き動かすのはもっと初源的な激情なのである。

内館は土俵が俵で結界された異界であることを詳述している。相撲が単なるスポーツではなく、神事である所以だ。この土俵につき『シコB』に注目すべき記述がある。「オレ」と青木の相撲の場面。「オレは足元を見て、しまった、と思った。俵はところどころ擦り切れていて、内と外の境界がなくなっていたのだ。/今思えばこの俵の擦り切れた土俵が当時の教立大相撲部を象徴していたような気がする。相撲において土俵の内と外とでは、天国と地獄ほどの差がある。内に残った者が勝ちで、外に出た者が負け。それが相撲なのに、教立の土俵には内と外がなかったのだ。/相撲を成立させる土俵という丸く閉ざされていなければならない世界が決壊している。つまりそれは試合のたびに他の運動部にお願いして相撲を取っていただいていた教立大相撲部の部員と部員ではない者の境界の曖昧《あいまい》さに似ているのだ」。これは「オレ」が気付いてしまった決定的な点である。『シコふんじゃった。』という物語を解きほぐす鍵なのだ。『シコA』においても、冒頭アヴァンタイトル部で擦り切れた土俵は描写されていた。「シコふんじゃった。」というタイトルは擦り切れた土俵の中に浮かび上がってくるのだ。整然と整備された土俵では、越えていく者たちは出現しにくい。教立の決壊した結界から、軽く軽く越えてしまった者たちが出現したのだ。

さて翌日、正子は骨折した春雄に代わって選手として土俵に上がる。正子が「春雄の敵《かたき》を討ちたい」と懇願したのだ。三部リーグ優勝の教立と二部リーグ最下位の大東亜舘の入れ替え戦。女であることが覚られないように、髷を結い、さらしを巻いた正子。「ついに土俵に上がってしまった正子の凛々《りり》しい姿を見て、オレは背中に電気が走った。／なんて健気な奴なんだ。叶《かな》わぬ恋と知りながら、好きな男のためにまわしになって、その上ちょんまげまで結って、むくつけき肥満児と肌を合わせて戦うなんて、普通の女にできることではない。正子は「春雄命」と書いた辺りを何度も手で触りながら、相手を真似て懸命に仕切っていた」。『シコB』では、正子は「相手の耳をレロレロ嘗《な》めながら、前へ前へと出ていい」き押しつぶす。『シコA』では熱戦の末、正子は惜敗。この時、今度は春雄が一直線に土俵を越えて正子にタオルをかけた。

正子を土俵に駆り立てたのは、むろん春雄への一途な思いである。だが、正子を真に導いたのは穴山の決断なのであった。ほかでもない国靖神社の土俵なのだ。「出たらいい」、「正子も教立の相撲部員だ」という穴山の言葉は穏やかだ。なんの衒いもない。穴山は入れ替え戦に是非とも出場しようというプラグマティズムから正子を起用したわけではない。大東亜舘に勝とうとしたわけでもない。正子が必ず相撲を取れるように出場順を決めてもいた。正子の思いを汲んだからであろう。相撲を桃色の音楽と観じたコクトーの美学が染み込んでいるに違いない。正子の勝ち負けなど、『シコB』と

『シコA』は違っているが、穴山が正子を登用する描き方は共通する。『シコB』で教立の六人は三勝三敗。惜しいかな七人制なので、一不戦敗で二部進出はならなかった。『シコA』では秋平が勝ち、入れ替え戦の勝利が決まる。教立相撲部員、OBらは夏子を除き、土俵に雪崩れ込み喜びを分かち合う。もちろん正子も。ご愛嬌ながら春雄に付き添っていた看護婦まで。

さて、夏子。相撲部名誉マネージャーである夏子は、正子とは違い土俵の女人禁制を十二分に理解している。『シコA』で夏子は土俵どころか、部室の敷居を跨ぐ前に靴を脱いでいた。同じく『シコA』の入れ替え戦で正子が負けた時、立ち上がった夏子は土俵下で立ち止まった。土俵を迂回して正子の許へ向かうのだ。その夏子が越えていく。

先に見たように『シコB』は「序の口」に始まり、「再び序の口」で語りの現在に戻る。「オレ」はシコを踏んでいる。「足の裏から伝わってくる土俵の力に、オレの心は揺らいでいる」。気が付くと横に夏子がいた。「オレ」は就職を止め、相撲部に残る決意を伝える。「ゆっくり目を開けた夏子がオレを見て言った。／「ねえ、シコ教えてくれる」」。えっ。夏子が目を閉じていた。直前はコクトーを暗唱する夏子。目を閉じていたんだ。ふたりが接吻したわけではないでしょう。

末尾を引こう。「オレは夏子に四股の踏み方を教えた。／「一緒に、あたしと一緒にシコ踏んでくれる?」／オレ達は土俵の中で向き合った。／そしてゆっくり大きく四股を踏んだ。／「ついにあたしも、シコふんじゃった」／夏子はそう言うと小さく笑った。夏子の目の中で、まわしのオレが四股を踏んでいた。／オレは今やっと、自分の足で四股を踏み始めたところなのだ」。ここに新しい恋が始まったかもしれない。かつて夏子の料理を「「いい奥さんになれるぜ」」と褒めた「オレ」に「「あたしは一生かけても、そういう女性蔑視《べっし》の発言と戦っていくわ。いい、あたしがキミ達のためにご飯をつくるのは、女だからじゃないの。キミ達の同志だからなの。覚えといてね」と反撥していた夏子。今、夏子はこういったフェミニズム風なこわばりから抜け出たかもしれない。

『シコA』末尾の夏子のシコは美しい。夏子はいつも通り敷居で靴を脱いだ。そして呼吸を整えて土俵を跨いだのだ。それは穴山や正子に導かれてのことであった。秋平もまた自分で歩き始める。『シコB』での敗戦は捲土重来の意味を強めただろう。コクトーはいう。「文体《スタイル》はダンスではなくて、歩きぶりのことだ」（「美の秘密」一九五〇年、『ジャン・コクトー全集V』）と。スタイルとは生き方、思考法の謂。『シコふんじゃった。』は生き方としての「歩きぶり」を獲得する若者たちの物語なのである。

第8章　岡田嘉子のことを考えるために『隣りの八重ちゃん』、『男はつらいよ　寅次郎夕焼け小焼け』あたりから再読してみよう

大女優並みの扱い

女優・岡田嘉子（一九〇二〜九二年）が文字通り波瀾万丈の一生を送ったこと、贅言には及ぶまい。つまり、サイレントからトーキーの時代にかけ、数々のスキャンダルに塗れながらも、トップ女優であった岡田が杉本良吉（一九〇七〜三九年）と、一九三八年一月三日、樺太国境を越え、ソビエト連邦に亡命したこと。ソ連ではモスクワ放送に勤務し、演出家としても活躍したこと。彼の地で結婚した滝口新太郎（一九一三〜七一年）の遺骨を抱いて一九七二年に帰国したことなどなどである。滝口新太郎は川端康成も脚本参加した衣笠貞之助『狂った一頁』（一九二六年）で映画初出演。『狂った一頁』がロベルト・ヴィーネ『カリガリ博士』（一九二〇年）の子どもであるこというまでもない。子役として活躍し始めた滝口は岡田嘉子とも知遇があった。原節子のデビュー作である田口哲『ためらふ勿れ若人よ』（一九三五年）では主役を張った。兵隊に取られ満州で敗戦。シベリア抑留の後、ソ連に残り岡田嘉子と再会した。

『日本映画人名事典　女優篇〈上巻〉』（一九九五・八、キネマ旬報社）は、岡田嘉子の項に十二ページを割いている。同事典〈下巻〉（同）が高峰秀子に十ページ、田中絹代に十ページ半、原節子に八ページを充てているのを鑑みれば、大女優並みの扱いといっていい。やはり面白すぎる私生活なのかな。

私が長らく岡田嘉子のことを気にかけているのは、もちろん、『また逢ふ日まで』（一九三二年）、『東京の女』（一九三三年）、『東京の宿』（一九三五年）と三本の小津映画に出ているからなのだが、そちらに向かってゆるゆると進んでいこう。まずは、七十四歳の岡田嘉子が出演した山田洋次『男はつらいよ　寅次郎夕焼け小焼け』（一九七六年）から。

寅次郎の夢

『寅次郎夕焼け小焼け』は、シリーズ第十七作。冒頭恒例の夢はスティーヴン・スピルバーグ『ジョーズ』（一九七五年）のなぞり。車寅次郎（渥美清）操縦のボートが人喰いザメに襲われ、おいちゃん・竜造（下條正巳）、おばちゃん・つね（三崎千恵子）、満男（中村はやと）は既に呑み込まれた。ボートには下半身を食いちぎられた源公（佐藤蛾次郎）。無事なのは、寅とさくら（倍賞千恵子）のみ。燃料・水・食料が尽き、寅は源公の内臓（肝臓か）を針に付け、釣り糸を垂らす。このブラックでキッチュな味わいがいい。

幻聴を聞くさくら。寅は「ああ、お前はとうとう狂ってしまった」と、さくらを憐れむ。ここには一九七〇年代から顕著になるゾンビブームの影もあるが、滝口新太郎が出ていた衣笠の『狂った一頁』への連想も可能だ。つまり、この寅の夢、ブームの『ジョーズ』やゾンビを引き合いに、本編に登場する岡田嘉子へと密かに繋がっているのだ。巨大サメにさくらも喰われ、助けんとした寅の両手に残されたのは、これまたキッチュなマネキンの足かと紛うさくらの両足。

人喰いザメを釣り上げ巨大な口が寅を呑み込まんとする。ここで寅は夢から覚める。トンビが鳴く石積みののどかな防波堤。寅が垂れていた糸に掛ったのはシンコほどの小魚。「あいてて、噛みつきやがった」という次第。そしてクレジットが入り、主題歌へ。バックは江戸川。金町浄水場取水塔である。『男はつらいよ』お馴染みの取水塔だが、これまた、後で触れる『隣りの八重ちゃん』（一九三四年）（本稿で使用したＤＶＤ松竹 DB-0207 のパッケージでは『隣の八重ちゃん』。ここではもちろんフィルムのタイトルを採る）の岡田嘉子に繋がる。ここは『寅次郎夕焼け小焼け』につき詳述する場ではないので、先を急ごう。

寅はなぜ人生の最後に神戸に降り立ったか

とらやに現れたのは、金を持たずに酒を飲み、寅に救われた老人・池ノ内青観（宇野重吉）。この老人、実は日本画壇の大家であった。名は池大雅と横山大観をもじっている。マドンナは兵庫県龍野市（二〇〇五年からたつの市）の芸者・ぼたん（太地喜和子）。ぼたんを騙し二百万円を返さない鬼頭（佐野浅夫）と寅らは対決する。だが空しく敗退。青観はぼたんに画を送るのだった。「社会的不正義に対して、庶民は人間的正義感で対応するとの発想こそが山田の山田たる所以」と吉村英夫『完全版『男はつらいよ』の世界』（一九九七・四、集英社）はいう。

青観が無銭飲食してしまう上野ガード下の飲み屋の場面。「軍艦マーチ」が聞こえる。小津安二郎へのオマージュだ。北海道出身という女中（ＰＣは無視する）（西川ひかる）に、寅は「お互いに貧乏人同志じゃねえか」と弱者の連帯を説く。北海道＝貧乏という固定観念にも注目したいが、車寅次郎というマレビトが、どうしていつまでも人を惹きつけるのかという問題のヒントになるところだ。

シリーズ最終第四十八作『男はつらいよ　寅次郎紅の花』（一九九五年）。車寅次郎はなぜ生涯の最後に神戸市長田区に降り立ったのか。『寅次郎紅の花』のモチーフは一九九五年一月十七日の阪神淡路大震災。冒頭近く、神戸でボランティアをする寅がテレビに映る。ちなみに、この作品に開巻恒例の夢はない。夢部分は本編を撮り終わって作られたので、無理はしなかったのだろう。渥美清の病状が進んでいたためならん。座ったり寝そべっている寅が目立つ。もちろん、寅とリリー（浅丘ルリ子）の行方は大いに気がかりなのだが、満男（吉岡秀隆）と泉（後藤久美子）の恋に比重を移さざるを得なくなっているのだ。

大尾、寅が神戸市長田区菅原市場を再訪する。物語の流れからして、もちろん自然なことではある。だが、私が拘りたいのはラストショットの戦慄についてだ。寅が長田にやって来る。向こうではチマチョゴリ姿の女たちが、新しい年を祝い踊っている。寅は常に弱者に寄り添う。寅自身が疎外された弱者だからだ。一年を経てもまだ焼け跡が生々しく残るこの場所からカメラがクレーンアップする。はるか長田の東方、新開地・神戸・元町・三宮方面には復興のクレーンが何本も連なっている。この残酷なショットの批評性を見よ。歴然たる復興格差が刻まれている。

私の記憶が正しければ、確か荒川洋治講演会（二〇一五・七・三一、北海道立文学館）で聞いたことだ。阪神淡路大震災の日、神戸市立病院の医師たちは指示を待って待機し手を拱いていたと。けしからんと単純に非難するわけではないが、理念としては宮澤賢治のように「行って」みたい。寅なら「行って」しまう。この稿が活字になる頃には先帝になっている王も「行って」みたい存在だったか。暴論に見えるかも知れないが、ふたりの相似性は、寅の特殊性を考えるヒントになるのではないか。もう皆忘れているかもしれないが、東北大震災での福島第一原発事故の際、福島県立医科大学の関係者は自分たちだけヨウ素剤を服用した。弱者はいつも切り捨てられる。さらなる連想でいえば、あの時『男はつらいよ』、『隣りの八重ちゃん』の金町浄水場も放射能に塗れた。私たちは都合の悪いことを忘れ去り、また再びの東京オリンピックに突き進んでいる。復興五輪というスローガンすら置き去りにして。

「人生に後悔は付き物」

さて、『寅次郎夕焼け小焼け』の岡田嘉子。出演場面は少ないが、なんとも存在感が大きい。志乃という龍野在住の上品な老婦人である。三木露風の生地・龍野に招かれた青観は志乃を訪ねる。「先生のこまい頃の建物もそっくりそのままやと存じます」という観光課長（桜井センリ）の台詞から、青観の出身地であることが分かる。

青観は市役所の案内を断り、カトリック龍野教会（映像には「カトリック教会」の看板）近くの家を訪ねる。女中（PC無視といきたいが、この時点では「お手伝いさん」と言い換えられていたか）（榊原るみ）が「先生、池ノ内様とおっしゃる方が見えてますけど」と取り次ぐ。榊原るみはシリーズ第七作『男はつらいよ　奮闘篇』（一九七一年）で知的障害のマドンナを好演。『寅次郎夕焼け小焼け』ではクレジットなしという粋な扱いだ。玄関の看板は判読しづらいが華道の師範であろう。右手上に表札があるが、下の「野」の字しか読めない。「分かりますか」という青観に、志乃は「かずおさんでしょう」と応ずる。

夕焼けのショット、寅やぼたんの宴会の場面が挟まり、時間はかなり経過している。一人暮らしは寂しいという志乃に、青観は「僕は貴女の人生に責任がある」、「僕は後悔しているんだ」と。志乃はいう。「じゃあ、仮にですよ。あなたがもうひとつの生き方をなすっとったら、ちっとも後悔しないで済んだといい切れますか。私このごろよく思うの、人生に後悔は付き物なんじゃないかしらって。ああすりゃ良かったなあっていう後悔と、もうひとつは、どうしてあんなことをしてしまったんだろうという後悔」。

志乃の穏やかな述懐に、読者は岡田嘉子の数奇な人生を重ねるだろう。志乃を独り身にさせてしまった青観の「後悔」を、志乃の言葉はすべてを受け入れる肯定に変換してみせるのだ。ここにこそ、『寅次郎夕焼け小焼け』の思想がある。岡田嘉子登用の意味だ。このシークウェンスが志乃の主たる出番。あとは、青観・寅が黒塗り公用車ニッサングロリアで送られるのを無言で見送る場面のみだ。それに気づいた青観は車内から一礼し振り返る。車道に一歩踏み出し、右手を挙げる志乃もいい。

岡田嘉子はベティ・ブープ

さあ、時代を遡ろう。島津保次郎『隣りの八重ちゃん』。蒲田小市民映画の傑作である。豊田四郎、吉村公三郎が助監督に付き、若き木下恵介が撮影助手として加わっている。逢初夢子、大日方傳、磯野秋雄、飯田蝶子、葛城文子、岩田祐吉、水島亮太郎とキャスティングも手堅い。香川照之（九代目市川中車）と四代目市川猿之助の祖母に当たる高杉早苗（女学生・服部八重子（逢初）の同級生・真鍋悦子）のデビュー作でもあり、語りどころ満載。大好きな作品であり、VHSの頃から何度も観てきた。

だが、ここはぐっと抑えて、岡田嘉子に絞っていこう。服部家（岩田・飯田）の長女・京子（岡田）が、夫を見限り実家に帰ってくる。次女が八重子（逢初）である。八重ちゃんは隣家の帝国大学「独法」（現・東京大学法学部）生・新井恵太郎（大日方）に好意を持っており、靴下の穴（戦前喜劇の定番）を繕ってやったりする。

縁側に腰掛けた京子は恵太郎に「ああ。どうしていいんだか分からないわ。全く世の中真っ暗よ」という。この後、柱に額を付けた京子の顔がクローズアップされ、「いやらしい。あたし本当に悔しいの」と。「いやらしい」とは何か。夫の金田が女中に手を付けたり、女にだらしないことだけなのか。

八重子が恵太郎を映画に誘う。恵太郎は弟・新井精二（磯野）、それに京子も誘って皆で行こうと提案。すると、京子は自分が奢るという。帝劇で掛かっていたのはフライシャー兄弟の『ベティ・ブープ』。映像が引用されているが、私は作品名を特定しえていない。とはいえ、京子に色目を使われる恵太郎はまんざらでもなさそうだし、姉妹のイットの違いは大きいと描かれている。五所平之助『マダムと女房』（一九三一年）の女房（田中絹代）の台詞でいえば「エロ」の差である。ベティちゃんに擬せられているのは、姉・京子の方なのである。それが証拠に八重子がお下げなのに対し、京子は若干ベティ風にカールさせている。

京子の経済力

映画の後、「ンド銀座」のネオンが流れる。円タク内から見えるという体か。続いて「八重洲園」のネオン。四人はここでコーヒーを飲む。バックでは八重子を代弁して「赤き夕陽も泣ける思い／やるせなけれど口にはいえず／君の心を解きかねて／吐くは溜息ああこの謎」（大木惇夫／詞・早乙女光／曲）と、矢追婦美子が歌う。さらに車窓が流れ鳥料理屋へ。京子が合鴨鍋に兆子も注文。彼女は煙草も吸う。「ここの鳥高いのよ」という京子以外はこんな店に馴染んではいない。恵太郎・八重子が注文時、決められないことや、精二が白い前掛けの使い方に戸惑うのがその対比を表している。京子と恵太郎が差しつ差されつなのをやっかむ八重子は「私も飲もうかしら」といって、京子に「まあとんでもない」とたしなめられる。そうそう、京子は恵太郎の父・幾造（水島）に酒を勧められた時に、「あたし、いただけませんの」と断っていたのではないか。

円タクで帰宅する四人。精二は助手席。後部座席には恵太郎を挟んで、京子と八重子。すっかり酩酊した京子は恵太郎にしなだれかかる。八重子は穏やかではない。確認しておきたいのは、夫との不仲で家を出てきた京子の経済力についてだ。「カフェーで働くんだったら、今日からだって立派に食べていけてよ」と母・浜子にいって、「まあ、とんでもないことをいう人だよ。そんなことをして私たちが世間に顔向けが出来ますか」と憤慨されていた。帝劇と鴨鍋は憂さ晴らしの散財でもあったろうか。円タクも帝劇から銀座を掠め八重洲。八重洲からどこか分からぬが鳥料理屋、そこから家へと帰途だけで都合三度の乗車なのである。京子がそれなりの金を自由に出来るのは、夫・金田の財力にもよろうが、浜子は「気の毒に父さんだってお前のために頭を下げて歩いているんだよ」と京子を諫めていた。京子の夫が何をしているのか、また、父が京子の何を謝らなければならないのか、それは物語の中で明らかになることはない。というより、謎は深まるばかりだ。

江戸川取水塔の逢瀬

タクシーのシークウェンスに続くのは、川べりを歩く和服日傘の女と詰襟の男。遠景である。変わって、新井家に花を持って来る八重子。恵太郎の部屋にと。恵太郎は散歩に行ったと母・松子（葛城）はいう。一方、服部家では京子の行方を尋ねる父・昌作（岩田）に母・浜子はやはり散歩に行ったと応える。ここで川べりの男女と恵太郎・京子が結びつく。さらに浜子は夫に「日が経つと忘れるのかしら。このごろはうきうきしてきましたよ」と。帝劇と鴨鍋の夜から日数が経過しているのだ。その間、京子・恵太郎に何があったのだろう。父はいう「なるようになるさ」。

再び江戸川べりの場面。金町浄水場取水塔に京子と恵太郎。『男はつらいよ』でお馴染みの葛飾柴又である。もちろんこの時、ふたりは知る由もないが。正確を期せば、『隣りの八重ちゃん』に映っているのは第一取水塔で、一九六四年、第三取水塔に取って変わられた。第二取水塔の完成は一九四一年。現在は第二、第三と二基の取水塔が並んでいる。服部家・新井家が東京郊外にあるのは、作品冒頭の恵太郎・精二のキャッチボール場面からも明らかだったが、柴又辺りであったのだ。キャッチボールのロケ地も柴又であるとは限らないのが、映画の映画たるところではあるが。

ふたりの会話を聞こう。「帰らない」かと促す恵太郎に、「いいじゃないこと。こうしていると、なんていうかしら、あたしの心に新しい芽が元気よく伸びてきたようよ」と京子。「あたし、籍まで抜いてしまったもんだから、すっかりのんびりしてしまったのねえ」と屈託ない。鉄橋から汽笛が聞こえる。ふたりは何を越えてゆくのか。越えぬのか。「戸籍なんて、紙の上に書き入れただけのものなんだけれど、人間の心って不思議なもんねえ」という京子に、「つまり、あんた自身は清算されたからさ」と恵太郎。「清算」は当時の左翼用語だ。「が」ではなく「は」というのが難しい。恵太郎自身「は」「清算」されていないのだ。京子は非合法の組織などと関係を持っていたのか。小津安二郎『東京の女』を観た同時代の読者なら、そんなことも考えてしまう。

「恵ちゃん、あたしを愛してくれない」

晴れ晴れした京子に比べ、恵太郎は鬱々としている。なんだろう。この後の京子の台詞が不明だ。「けるは」と聞こえるようだが。単に映写技師が切り取って欠落してしまったのか、あるいは検閲でカットされているのかもしれない。「あたし、今までのことは夢だと思って」と「娘のようになろうと思うの」の間に汽笛が入り、聞き取れない。「どう。駄目かしら」という京子に「そりゃあ、あんたの心の持ち方ひとつ」と恵太郎。京子が「でも、八重子のように純にはなれないわねえ。あたしよく分かってるんだけれど」というと、恵太郎は「何も精神的にも肉体的にも処女のように純になろうとしなくってていいんだ、なることない」と応える。「男の方がそういうふうに思ってくだされば、あたし本当に嬉しいんだけれど」という京子。恵太郎は「つまり、男でも女でも純な愛が持てたら、それで満足だなあ、僕なんざ」と応える。

さあ、展開が凄い。「恵ちゃん、あたし何だか嬉しくなっちゃったわ。恵ちゃん、あたしを愛してくれない。恵ちゃん、あたしの苦しさを救ってくれない。あたし、さみしいのよ。恵ちゃん」。「恵ちゃん」である。読者が知らぬ間に、ふたりの距離はこれほどまでに接近していたのだ。思わず立ち上がる恵太郎。「まあ、どうして逃げるの。あたしが嫌いなの」。「もう帰ろうよ」。「いや。あたし帰らない。帰らないわ」。恵太郎は時計を見、「僕は帰る」といい、ゆっくり去る。

京子の方を振り返るところで、場面は精二が投げる野球の試合に。胸に「SHOJITU」。スコアボードに「W」とあり、早稲田実業をもじっているか。観客席には八重子と恵太郎が居る。精二のチームは優勝し甲子園出場が決まる。

三人が円タクで帰宅すると、新井松子（葛城）から京子が書き置きをして家出したと知らされる。浜子は「あの子は不幸者だ」といい、「死んでしまいたい」と書いてある書き置きを恵太郎に見せる。考えすぎだろうが、そこに恵太郎の名はあるのか。八重子と恵太郎は京子を探しに取水塔へ行く。「なじか知らねど暗き思い／いつになったら心は通う／君の明るき顔を見て／吐くは溜息ああこの謎」と矢追婦美子は歌う。誰の心か。「謎」だ。京子の攻勢に終始戸惑っていた恵太郎は、八重子と「心」を通わすのだろうか。

雲の予兆、不気味な雷鳴

折も折、服部は朝鮮へ転勤することになる。あたふたと引越し荷物を積んだトラックを行かせ、服部夫妻は円タクで停車場に向かう。浜子は新井松子にいう。京子が帰ってきたらくれぐれも頼むと。朝鮮にも女学校はあるのだが、八重子は東京に残り、新井家に面倒を見てもらうことになる。恵太郎と精二がキャッチボールをしているところに八重子が帰ってくる。

大きな雲のショットが挿入される。『男はつらいよ』シリーズのラストシークウェンスでも多用される雲だ。そして、太鼓の効果音だろうか。おそらくは雷鳴だろう。恵太郎が笑顔で「女学校を出るまで八重ちゃんもうちの人になるんだね。えっ」というと、八重子は「ええ、もう今日から隣の八重ちゃんじゃないわ」と応ずる。三人は声を上げて笑い、駆け出す。

再びの雲とますます大きく不気味な雷鳴。朝鮮への転勤といい、雷が連想させるどしゃぶりといい、ここに時代の不安を読むのは、私たちの特権性だけによるものだろうか。ラスト三人の異様な明るさの違和感。映画史的にいえば蒲田調小市民喜劇の終焉だったのかも知れない。なんとも不可思議なエンディングではないか。帰らぬ京子は一体どうなったのだ。

京子を演じた岡田嘉子は、四年後の正月、日本帝国という家を出た。『隣りの八重ちゃん』の服部京子は行方知れずのまま「謎」になった。小津安二郎『東京の女』や清水宏『泣き濡れた春の女よ』（一九三三年）のイメージが京子に負わされていたこと、というより山田隆弥・竹内良一などとのスキャンダルが重ねられて岡田嘉子という女優が消費されていたこと疑いえない。だがそれを語るのは、また逢う日までということに。

小津安二郎に学ぶもてなしの心――柳瀬才治という生き方

小津安二郎の日記をめくると、客を迎える記事が実に多い。人が好きだったのだ。

二〇〇三年十二月十二日に、小津は生誕百年没後四十年を迎える。お祝いに向けて、ゆかりの各地で準備が始動している。とりわけ熱気にあふれているのが、三重県の山中にある飯高町。昨年十二月十五、十六日に行なわれた「オーヅ先生を偲ぶ集い」に出かけた。オーヅ先生とは小津安二郎のこと。土地の訛りでオーヅとなる。小津は東京深川生まれであるが、父の郷里松阪で小学校を終え、伊勢にある旧制宇治山田中学校を卒業した後、飯高の宮之前尋常小学校で一年間代用教員を勤めたのである。

参加申し込みをしたところ、思いがけず飯高オーヅ会を主宰する柳瀬才治さんから、家に泊まりなさいとお電話をいただいた。もうすぐ米寿を迎える柳瀬さんは小津の教え子。師範学校を出て小学校の先生を歴任。小津に教わった宮前小学校校長退任後、乞われて花岡神社宮司も務めた。この神社で小津は体育の授業をしたという。趣味に自動車旅行を挙げる柳瀬さんが運転免許を取得したのは退職後のことだ。日本中くまなく訪問し、玄関に貼られた地図には、その凱歌が刻まれている。

会の前夜、鳥取、広島、三重からの客人ともども、丑三つ時まで松阪牛のすき焼きを囲みながらの談ははずんだ。初対面の人々をすぐさまジョイントさせてしまうのは、柳瀬さんの才に違いない。奥様のかずさんお嬢さんの岡本美夜さんにもお付きあいいただいた。翌朝の支度などもあったのだから、さぞやお疲れだったろう。柳瀬夫妻のエネルギーの源は年少者と接することを厭わず、新しいものに興味を持つことなのだろう。

柳瀬さんはいった。七十年以上も経っているのにおおぜいの教え子たちが慕ってくれるということは、同じ教育者である自分たちの身の上に置きかえてみれば大変なことではないかと。柳瀬さんたちがオーヅ先生を慕うのは、後年有名な映画監督になったからではないのだと。小津が子どもたちを可愛がった様子は、柳瀬さんが編んだ教え子たちの文集「人それぞれにオーヅ先生の思い出」（飯高オーヅ会、一九九四年）によく出ている。当時珍しかったローマ字を習った、うそ話をしてくれた、下駄履きで一緒に山に登った、橋から麦わら帽子を飛ばしたなどのエピソードは小津ファンのよく知るところだが、私が興味を持ったのは、下宿先を子どもたちが頻繁に訪ねていることだ。子どもの心を逸らさない先生だったのだろう。そういえば、小津は「生れてはみたけれど」（一九三二年）や「お早よう」（五九年）など、子どもの目線で描いた名作を多く残している。

さて、偲ぶ集いの一日目。小津義妹の小津ハマさん、最後の愛弟子である俳優の三上真一郎さん、映画史研究の田中眞澄も交え、総勢二十七人による「素人座談会」が開かれた。これには私も加わったのだが、皆わけへだてなく小津への思いを語ろうというのが、柳瀬さんのもくろみだろう。こういう企画にも、柳瀬さんの人柄が反映している。三年連続来場の三上さんは、もてなしの温かさがうれしいという。

二日目。メインは活動弁士・澤登翠さんの語りによる「浮草物語」（三四年）。開演に先だち、オーヅ先生に一分間の黙禱が捧げられた。そうだ、偲ぶ会なのだ。町おこしを狙ったそこらの映画祭とは訳が違う。百五十人ほどの参加者が、澤登さんの迫力ある名調子に酔った。会場にはすすり泣きの声が響いたのである。

柳瀬さんは小津飯高時代の記録を整理したばかりでなく、関係資料を収集し、小学校跡地にある老人福祉センターの一室で公開している。中学時代の生徒手帳や細密な植物スケッチなど貴重な品々である。柳瀬さんの所に引きよせられてきたといってよい。偲ぶ集いは今回で八年目。小津百年祭へ向けて、人の交流を図り各地のイベントの重複を避けようと、柳瀬さんは全国小津安二郎ネットワーク会議を立ちあげた。

飯高町の人びとの献身的な裏方ぶりは忘れられない。柳瀬さんらに引きつがれたもてなしの心こそが、オーヅ先生の遺した最上の宝に違いない。

南京・小津・ザ・ピーナッツ

「ため息の出るような」(「恋のバカンス」岩谷時子詞/宮川泰曲、一九六三年)と歌い出すのは、懐かしきザ・ピーナッツ。本多猪四郎監督『モスラ』(1961年)における小美人(ザ・ピーナッツ)歌う「モスラヤモスラ」(「モスラの歌」由起こうじ詞/古関裕而曲)というフレーズも耳の底にこびりついている。TVでは「シャボン玉ホリデー」（一九六一年〜七二年、日本テレビ系列）でのハナ肇や植木等との軽妙な掛け合いが思い出される。数々の大ヒットをものしながら高度成長期日本を駆け抜け、一九七五年、すぱっと引退した双子デュオ・ザ・ピーナッツ。そのザ・ピーナッツが小津映画に出演していたといえば、驚かれるだろうか。

『浮草』（一九五九年）の相生座二階。嵐駒十郎（中村鴈治郎）一座の楽屋に『毎日グラフ』の表紙が二種類貼られている。ひとつは一九五九年七月一九日号の春丘典子。東映の若手女優だった。左下方に赤いライト。これが天地逆さに貼られている。小津好みの赤を右上方に配して構図に入れ込ませるためとも考えられる。いまひとつが同年六月二八日号のザ・ピーナッツ。デビューまもなくのころだ。ちなみにデビュー・シングルは「可愛い花」（音羽たかし詞／シドニー・ベケット曲）。そのB面に「南京豆売り」（音羽たかし・宮川泰詞／モイセ・シモン曲）がカップリングされた。戦前にエノケン（榎本健一）も歌っていた曲であり、美空ひばりも佐々木康監督『陽気な渡り鳥』（一九五二年）の中で歌っていた。女剣劇一座の話で撮影は厚田雄春である。なんか繋がっていますね。さて、ザ・ピーナッツの表紙の地色は、小津が偏愛した朱色である。カラーに移行した小津安二郎が色遣いの実験的遊びを繰り返していた経緯からすれば、その色味から選択されたものと判断するのがもっとも妥当かと思われる。

しかし。しかしである。ピーナッツといえば落花生、南京豆。画面に映り込む小物ひとつないがしろにしない小津安二郎のことである。なにがしかの意味を見いだしたくなってしまう。なにしろ、『東京物語』（一九五三年）では団扇に高峰秀子の写真を使い、『小早川家の秋』（一九六一年）では、小早川万兵衛（中村鴈次郎）に「浪」の字の団扇を使わせた。万兵衛が通う焼けぼっくいの佐々木つねを演ずるのが浪花千栄子であるから、これはいかにも粋な遊びである。むろん、「浪花のことは夢のまた夢」という太閤の辞世に繋がっていることというまでもない。

相生座の楽屋をスクリーンで観たとて、春丘典子やザ・ピーナッツを識別すること容易とは思えない。とはいえ、現場の小津やスタッフが気づかぬことも当然ない。楽屋にザ・ピーナッツが登場してまもなく、興行主の旦那（笠智衆）が加代（若尾文子）のことを「あの時分は南京豆みたいな子やったがのぅ」という。それを聞いた加代はすみ子（京マチ子）に「南京豆って何」と聞く。すみ子は「ピーナッツや、落花生」と応える。『毎日グラフ』の表紙と無関係ではあるまい。加代と本間清（川口浩）のキス・シーンもため息が出ますし。

戦後小津映画に南京豆が出て来るのは、『風の中の牝鶏』（一九四八年）が最初。病室を掃除している看護婦が性病に罹った学生を非難して「南京豆売って学校行ってる人もいるのにさ」という。続いて『お茶漬の味』（一九五二年）。岡田登（鶴田浩二）と佐竹茂吉（佐分利信）の会話を引く。「おふくろ、兄貴が戦死してから、急に年とりましたよ」／「そうかい。ああ、いい背広買ったじゃないか」／「放出ですよ。中古」／「いないかい、南京虫」／「いませんよ、そんなもの」／「南京虫って、英語でなんていうか知ってるかい」／「ええと、ピーナッツ」／「そりゃ南京豆だ」。ここでは、戦争と南京がストレートに結びついている。『お茶漬の味』が元々戦時中の脚本・『彼氏南京へ行く』であったことも忘れてはなるまい。『風の中の牝鶏』、『東京物語』、『お早よう』（一九五九年）のト書きにも南京豆は現れる。『風の中の牝鶏』では看護婦が『東京物語』では平山周吉・とみ夫妻（笠智衆・東山千栄子）が食べている。『お早よう』では丸山明（大泉洸）が近所の子どもらに食べるよう勧める。『彼岸花』（一九五八年）では、ピーナッツの映像がはっきり分かる。バー・ルナで近藤庄太郎（高橋貞二）は「南京豆、南京豆」と連呼する。次いで『秋日和』（一九六〇年）と『小早川家の秋』。前者ではバー・ルナのカウンターで間宮宗一（佐分利信）が、後者ではバー・リラのカウンターで磯村英一郎（森繁久彌）が肴につまんでいる。

ウィスキーのつまみにピーナッツ。ごくごく自然のことであり、取り立てて問題にすべきことじゃなかろうと思われるだろうか。しかし、そうではない。ザ・ピーナッツという歌手の名ひとつにも小津が反応しなかったと考える方がおかしいのだ。『秋日和』では、三輪アヤ子（司葉子）が修善寺の宿の鯉にバターピーナッツをやったといっていることも付け加えておこう。

小津安二郎や山中貞雄にとって南京が特別の場所であることは、これまで何度も論じてきた。（例えば、拙稿「「敗けてよかった」再考――小津安二郎の戦争・序説」〔『社会文学』二二、二〇〇五・六〕、『精読　小津安二郎　死の影の下に』〔二〇一七・六、言視舎〕に収録）。小津の戦後を考える時、南京体験をはじめとする戦場のトラウマが物語の中に大きな影を落としている。小津の戦後作品群の凄みは、密やかにかつ鮮やかに戦争の傷が描かれていることだ。声高にそれを主張しないことが、哀しみをいや増すのだ。『東京物語』や『麦秋』（一九五一年）の紀子（原節子）に刻み込まれた深い傷。戦場に散った日本の魂を鎮めるべく紀子は生き続けなければならない。原節子が日本のファム・ファタール（運命の女）だと、私が繰り返すのもそういう意味である。

〈世界映画遺産〉茅ヶ崎館

神奈川県茅ヶ崎市中海岸に、〈世界映画遺産〉と呼ぶべき宿がある。一八九九（明治三十二）年創業の茅ヶ崎館（登録有形文化財指定）。サーファーで賑わう海辺に近く、ひっそりとたたずむ日本旅館。日本最古のサーフボードもある。一九〇八年、近くの結核療養所・南湖院で国木田独歩が三十六歳の若さで亡くなった。荼毘に付された独歩は茅ヶ崎館で田山花袋、小栗風葉、真山青果らに囲まれ一夜を過ごしたのであった。茅ヶ崎館は日本文学史の一頁を彩る宿である。

茅ヶ崎館を〈世界映画遺産〉というのは、日本が世界に誇る映画監督・小津安二郎が、ここを仕事の拠点にしていたからだ。ほかにも多くの映画人が出入りした。小津は昭和十年代から茅ヶ崎館に通い、多くの脚本を書いた。小津の脚本作りは念の入ったもので、構想から脱稿まで、数カ月から半年を要した。小津はその間、茅ヶ崎館に籠もるのだった。戦後は二番の八畳間に脚本家・野田高梧と寝食を共にした。

その墓（円覚寺）に「無」のひと文字を刻んだ小津安二郎の世界は、まさに無常そのもの。一兵士として日中戦争に従軍した小津は、生きる哀しみをさりげなく作品に込めた。茅ヶ崎館で生まれた『晩春』（一九四九年）、『麦秋』（五一年）、『東京物語』（五三年）は、その頂点に位置する。いずれも原節子が紀子という役を演ずるので、紀子三部作という。『麦秋』の紀子は兄が、『東京物語』の紀子は夫が戦争から帰らない。原節子は、戦後日本人の悲哀を銀幕に刻んだ運命の女であった。もちろん原節子も茅ヶ崎館に泊まった。

現在の建物は、関東大震災後に再建されたもの。小津が滞在していた二番の部屋もほぼ変わっていない。天井は小津が部屋で煮炊きをしていた半世紀以上前の煤をそのまま伝える。四代目・森勝行さん、五代目・浩章さん父子は、現在の姿を出来るだけ残していきたいという。五代目は映画会・講演会を催すなど茅ヶ崎館の伝承に熱意を燃やす。何せ古い建物。維持管理の大変さは想像に余る。手入れの行き届いた見事な庭から聞こえる小鳥のさえずりに驚き、しばし小津の世界にひたるのは、なんと贅沢なことであろうか。

葦の髄から『東京物語』――「汚い下駄」考

長年学生たちと小津映画を観ていると、彼女らの定型反応がどうしてもこちらに感染する。たとえば、『東京物語』（一九五三年）の老親（笠智衆・東山千栄子）に対する金子志げ（杉村春子）の態度。冷たいというのだ。たしかにそのように描かれているだろう。杉村春子の入神の演技もそんな印象を深めさせる。母危篤の電報に接したときの喪服持参。ここでは喪服組の志げ・平山幸一（山村聡）と持って行かない（いない）平山紀子（原節子）・敬三（大坂志郎）・京子（香川京子）の組が鮮やかに対比される。母の精進落としでは、志げが形見分けをいい出す。学生らは京子とともに憤慨するのだが、これはありうることだと、私はいう。喪服持参については、そういう振る舞いこそ大人としての知恵なのだとまで説明する。

東京までやってきた両親を、子どもらは忙しくて満足に歓待できない。優しく接するのはむしろ他人。はとバスに乗せるのは、戦争から帰らない次男の嫁・紀子であった。志げの連れ合い庫造（中村伸郎）は義父母を銭湯に誘う。志げは「あ、お母さん。そこのあたしの汚い下駄はいていく（脚本〈井上和男編『小津安二郎全集〔下〕』二〇〇三・四、新書館〉は「はいてく」）といいわ」と仕事をしながら見送る。この台詞・態度への学生らの反撥も変わらない。

さあ、この「汚い下駄」という台詞である。鴨下信一の『誰も「戦後」を覚えていない』（二〇〇五・一〇、文春新書）は板の間稼ぎの話題から始まる。板の間稼ぎとは脱衣場における窃盗。まだまだ内湯など珍しかった貧しい時代。高価な服なぞ着ていこうものなら、入浴している間に着ていかれてしまう。「日本人一億が総犯人だった」と鴨下はいう。「外で脱ぐ履物（靴なんかズック靴だって履いてゆかない、たいていは下駄）はもうあきらめていた。すり減った、チビた、古い下駄を履いてゆく以外にない。そうすれば取り換えられないですむ。雨の日の傘も同じ」。「盗むのではない、取り換えるのだ」。それはもう「社会のルール化していた」のだと。まあ、今のちゃりんこ泥棒（自転車泥棒といっては感覚がずれる）に通ずる。

私も子どもの時は銭湯通いをしていたので、なるほどその感覚はよく分かる。げに忘却は恐ろしい。

鴨下信一の指摘通り誰も覚えていない、いや振り返ろうとしないのである。基本的な読みとして、志げが冷たく見えるというのは間違いではない。でも、実の子とはそのようなものだというのも悲しい真実。そこは疑わないとしても、志げの「汚い下駄」は、まさに戦後の貧しさ（物質的にも・心理的にも）を反映した台詞であったということは確認しておくべきなのだ。

藤田明の仕事

関東平野、つまり東京から移り住んだ人に札幌は山が近くに見えていいといわれ、驚いたことがある。石狩平野に生まれ育ったそんな私は、小津安二郎の根源を伊勢平野に定めて明らめようとする藤田明の『平野の思想　小津安二郎私論』（二〇一〇・一二、ワイズ出版）を一読、まさに三嘆したのであった。小津映画と同時代を生きて思考を持続させた結実。それから一年。再読ますますその思いを強める。つまり、合理主義に立脚する伊勢びとを育んだ「平野」という発想の意外性。シベリアの荒れ野を飛行機から、あるいは徐州あたりの麦畑を硬座車両から飽かず眺めた時は、まさに「どこまでつづく」という浮遊感を味わったものだが、それを石狩平野や関東平野、ましてや伊勢平野と比べてみようなどとは思いもよらなかった。私にとっての三重は、なにしろ山と海の郷だったのだから。

なにより藤田明は、小津年譜上の知られざる空白であった宮之前尋常小学校代用教員時代の探求者として登場した。一九七五年のこと（「代用教員・小津安二郎」）である。ようやく私が映画史上の名作として『大人の見る絵本　生れてはみたけれど』などを「勉強」し始めたころだ。「勉強」が「好き」に高ずるのは十何年も後のこと。古書店の目録注文で藤田の仕事（再掲誌）を入手したのもそのころ。遅ればせで小津ネットに加えてもらい、折にふれお話を伺ってはいたものの、藤田の小津論がかくも遠くを見据えていることになかなか思いを致せなかった。私の射程が短いがゆえに、とんちんかんな受け答えをしていたことも、今まさにパズルのピースがはまり理解されてくる。藤田のまなざしは映画論を越えて、文化史へと開かれていく。拾いきれないくらいの宝（思考のヒント）を贅沢にまき散らしながら。

藤田は指摘する。小津映画中に対比される「はるかな遠い世界」、「はるかな彼方」（「作品における地方の問題」）は死と生を結ぶのだと。そして、晩期作品を彩る「生死《しょうじ》一体の認識」は「平野の思想の帰結」（「小津映画の核心」）なのだと。「生死《しょうじ》」は小津映画のショージたちに通ずる小さな遊びでもあろう。小津の生地である東京深川と父祖の地・伊勢平野は、はるかに遠い。現在の距離感で考えては誤る。『東京物語』の尾道・東京は、ゆうにヨーロッパ行きエコノミークラス以上の負荷だろう。

藤田明は熱く志向する。小津の全体へ全体へ。根源へ根源へと。その志向のうしろにあるのは直感と想像力である。「はるか彼方」を結んでしまうのも、かような力なのだ。藤田は『麦秋』の麦の穂に「西への内なる希求」（「小津映画をめぐる――全作品解題――」）を読む。西は西方浄土にほかならない。兵士・小津安二郎にとって戦地もまた西方であった。大陸と「平野」が繋がる。『お早よう』の富沢汎（東野英治郎）は「どこまでつづくヌカルミぞ」と嘆くが、小津研究もまた果てしない。藤田明の仕事は、その大きな里程標として、今私たちの前にある。

「山」か「水」か、一字の違いが気にかかる。
――小津安二郎の戦跡一斑

二〇一三年最初の土曜日、241教室でスクリーンに小津安二郎『戸田家の兄妹』（一九四一年）、『父ありき』（一九四二年）を映しながら、ひがな原稿書き。夕方、札幌は狸小路八丁目の古書店八光書房に電話。おっ、通じるではないか。というのは、昨年末何度か店舗に足を運んだものの、入り口ドアが開かない。店の明かりが点いているのにもだ。その場で電話してみるものの、応答なし。

サイト日本の古本屋に気になる資料を見つけていたのだ。「南京・上海地方詳細図」。千八百円。『キング』（一三巻一四号、一九三七・一二）の附録だという。どの程度の地図か、現物を見なければ分からないが、一九三七年十二月号といえば、南京陥落（一九三七・一二・一三）直前の発行。気になるではないか。もちろん、ネット上で申し込んでしまえば済む話で、その方がずっと手間もかからない。でも、札幌市内の、しかも昔はよく通った店なのだから直接行ってみたいでしょう。今にも本の山が崩れてきそうな店だったなあ。

毎日は大げさでも、週に何度も古本屋に通っていたのは、一九七〇年ころから二十年ほどだろう。

一九七六年に北海道大学文学部の研究生になった。古本屋は毎日通わなくてはいけない、新入荷本のチェックを怠らぬためにとは指導教官・亀井秀雄先生の言だった。亀井先生・和田謹吾先生・神谷忠孝先生の講義やゼミで挙げられた本を買うために、授業後すぐにクラーク書房や南陽堂・弘南堂へ走ったこと数知れない。『異徒』の仲間となる大森秀治さんや小森陽一さんを悔しがらせたことが何度もある。みんな、南陽堂の何番目の棚にあの本がとチェックしていたから。そうそう、一九七二年六月二十二日、金阜山人（永井荷風）の「四畳半襖の下張」を掲載した野坂昭如編集『面白半分』七月号が発禁とのニュースが流れた。サッポロビール第一工場の東となりに住んでいた私は、札幌グランドホテル向かいのなにわ書房に走り、見事入手したのだった。この『面白半分』、後年誰かに持ち去られてしまったが。

古本屋はおろか新刊本屋にもほとんど顔を出さなくなって久しい。honto、amazon、日本の古本屋のへビーユーザーである私は、ネット社会の便利さにかまけて堕落したのであるか。まあ、きょうび古本屋巡りは特別な贅沢ですよね。一昨年暮れ急逝した『ふるほん行脚』（二〇〇八・四、みすず書房）の田中眞澄さんはよく語っていたなあ。

閑話休題。八光書房との電話。当方が地図のことを伝えても要領を得ない。電話予約には応じられないからメールかファクスでと。札幌市内からだというと、すぐには分からないのでパソコン開いてみると。しかし、操作が苦手だといい、手間取っている様子。フリーズしてしまったと。日本の古本屋らしくもない。やり直してのちほど掛けなおすとのこと。しばらく待ったが、いつのことやらと実家へ車を走らす。新川通りからエルムトンネルに左折するあたりで、八光書房の長谷川興生さんから電話。地図を一束にしておいた筈なのに、当該品だけがないと。万引きされたに違いない、こんな狭い店で信じられないことだがと。えらく憤っている。まあ、残念だけれども、仕方ない。縁がなかったんだね。手数を掛けたことを謝した。ややあって、長谷川さんから再び電話。東三丁目南への一方通行旧帝国製麻あたり、路肩というより雪山間の歩道に停車。ありました、と弾んだ声。買いますと即答。二時間以内に伺うと。母をピックアップして、頓宮南一条通りから狸小路へ向かう。街路樹の電飾が青と白に煌めく。右折して対向車線に入ってくる黄色い軽がゆっくりとほぼ一回転。運転の女性、意外と平気な顔をしている。

長谷川さんに年末からの経緯を話すと、外で雪かきをしていたかもしれないという。それにしても、古本屋はどこもかしこも総潰れですと。確かに、札幌では薄野の石川書店も薄野から西十八丁目に移転して久しかった並樹書店も廃業してしまった。早速地図を出してもらう。A2判よりやや小ぶりの裏表黒青二色刷り。表が「南京・上海地方詳細図」。左下に「南京附近」図。裏は「上海附近明細図」。左下に「閘北」。閘北は上海北駅（現・上海駅）あたり。私が南京・句容間に湯水鎮を見つけほくそ笑んでいると、長谷川さん、その辺りは死体が沢山浮かんでいたんですよねという。一瞬、きょとんとする。頭に浮かんだのは関東大震災の隅田川や被服工廠。でも、すぐに頭の映像が切り替わった。長谷川さんは、南京虐殺の揚子江のことをいっているんだと。そうですねと生返事。私が探している地名がありました、大変貴重な地図ですと、そそくさと新渡戸稲造じゃなくて樋口一葉を出し、領収書を書いてもらう。湯水鎮のことは話さなかった。ほかの地図も見たかったが、母を待たせているのでと引きあげる。次はゆっくり見せてもらおう。

ようやく「山」と「水」の話だ。小津安二郎と山中貞雄はともに日中戦争に従軍。部隊は違うが、南京作戦・徐州作戦に加わっている。山中は一九三八年九月十七日、河南省開封《カイフォン》の野戦病院で戦病死。死因は急性腸炎。蒋介石の黄河決壊自傷作戦で川水を飲んだためだ。小津は後輩の山中を可愛がっていた。小津と山中が最後に会ったのは中国大陸のこと。南京入城すぐあと、一九三八年一月十二日だった。小津日記にそう書かれているためだ。それが南京東方の句容でのことというのが定説だった。今でも多くの人がそう思っている。「去年の今日上海から滁県に帰るさ句容で山中に会った」（一九三九年一月十二日の項、田中眞澄編纂『全日記小津安二郎』一九九三・一二、フィルムアート社）。だが、私は二〇〇五年三月十六日から二十七日の中国臨地調査によって、それは句容ではなく南京郊外の湯山鎮の現・人民解放軍南京砲兵学院のことではないかと推定し何度か書いた。（小津安二郎・山中貞雄の南京へ行く（メモランダム）『ブレーメン館』三、二〇〇五・六ほか）。中国行き直前に出た矢野維之「戦場紙風船映画監督・山中貞雄と支那事変」第三回（『諸君！』二〇〇五・四）の山中側の資料には湯水鎮に小津が訪ねてきたとあった。伊藤大輔の遺品から見つかったという日本映画監督協会宛の山中の手紙に「〇湯水鎮の或る日、小津伍長が訪ねて来て呉れました」とあるという。さらに、「湯水鎮の砲兵学校」という記述も。二〇〇五年の春の私の手がかりは句容・湯水鎮・砲兵学校という情報のみ。湯水鎮は句容の中にあると思い込んで出発した。

句容の町で入った食堂・聚友餐館の主人に湯水鎮という場所はあるかと尋ねると、湯水鎮ではなく、湯山鎮ではないかという。しかも、湯山鎮は南京の中。自分の車で連れていくという。このあとひともめあるのだが、それは省略。結局タクシーで湯山鎮に向かい、南京砲兵学院（日本軍接収以前は中華民国の陸軍砲兵学校（通称湯山砲校）を発見。ここが小津・山中最後の面会地だろうと、私は確信したのだった。

なぜ湯水鎮が湯山鎮となってしまったのかは謎である。二〇〇五年調査行の帰路、上海浦東国際空港の書店で入手した『瀘蘇浙地図集』（二〇〇四・七、中国地図出版社）にもはっきり湯山鎮とある。ただ、湯水河という川も流れている。その後確認した戦前日本の資料もみな湯水鎮。「山」をなんらかの事情で「水」と誤り踏襲されたのではないかというのが、二〇〇五年の私の判断だった。だが、戦前文献にも湯水と湯山を同時に書いているものもあり、このあたりきちんと整理しなければならないと、今は思っている。「戦場紙風船」の矢野維之は「妄想映画史：映画監督山中貞雄」というブログ中に「湯山（湯水鎮の西側標高三百八十二メートルの山）」（二〇一〇・六・二七）の存在を記している。

私自身の結論、つまり小津安二郎と山中貞雄が再開したのは句容ではなく湯山鎮の砲兵学校だという判断はゆるがないが、「山」と「水」の問題は、さらなる文献調査と臨地調査を重ねていき、いずれ明らかにしたいと思っている。

佐藤忠勇と井阪栄一——小津映画の三重一斑

そのルーツを松阪に有する小津安二郎が、十代の多感な青春期をまるまる三重県で過ごした軌跡は波瀾に富んだものであった。宇治山田中学の時代や掉尾を飾る宮前尋常小学校のことなどなど。大河ドラマ級でしょう。生誕の地・深川、脚本執筆の茅ヶ崎・蓼科と並んで、三重を小津の四大聖地のひとつに数えたい。

とはいえ、小津映画は基本的に東京セントラリズム。海が眩しい架空の港町・波矢を舞台に女と男の激情を描く『浮草』（一九五九年）が、三重ロケの作品として強い印象を残しているものの、ほかにめぼしい関連作品はない。

現存するフィルムや脚本から判断する限り、小津映画が初めて三重に言及するのは、不運な名作『東京暮色』（一九五七年）の冒頭。渋谷（脚本では池袋）の国電ガード付近にある小料理屋にやってきた杉山周吉（笠智衆）が、女将（浦辺粂子）・相客（田中春男）と交わす会話。女将が的矢の牡蠣が入ったという。女将が志摩の出だと分かり、安乗《あのり》・波切《なきり》・賢島《かしこじま》といった地名に次いで、「御木本はん」（脚本は「御木本《みきも》ッつあん」）の名まで飛び出す。今なら、どうということのない会話だから、聞き流してしまいそうであるが、的矢の牡蠣に注意したい。ふたりは酢牡蠣や雑炊で食うという。

『東京暮色』は女たちに雪が降る物語であり、もちろん牡蠣は季節感を添える役割を果たしている。だが、それだけではない。中《あた》りやすい食物である牡蠣の生食が手軽にかなうようになったのは、的矢湾養蠣《ようれい》研究所・佐藤忠勇《ただお》の発明による。佐藤は御木本幸吉との真円真珠養殖の特許争いに敗れ、牡蠣の養殖に転じた。佐藤は紫外線海水を用いた無菌牡蠣の製法を確立。一九五五年には浄化法の特許を取得し、的矢牡蠣の名を知らしめることになった。モダニスト小津安二郎は、たとえば『大学は出たけれど』（一九二九年）のカフェー、『一人息子』（一九三六年）の渡辺はま子「忘れちゃいやヨ」、『東京暮色』のニコラス・レイ『理由なき反抗』、そして遺作『秋刀魚の味』（一九六二年）などカラー作品を彩るセキスイポリバケツ（一九五七年発売）に至るまで、新しいもの珍しいものを作品に取り入れ続けた。的矢の酢牡蠣を渋谷で食すというのも、当時の観客には新鮮な映画体験だったのである。

細かなことをもう少し付け加えよう。放屁映画の快作『お早よう』（一九五九年）。押し売り（殿山泰司）と防犯ベル詐欺（佐竹明夫）が落ち合うおでん屋（女将は桜むつ子）の神棚に「神明社御祈禱神璽」というお札が貼られている。神明社は横浜保土ヶ谷（原節子の出身地）にある伊勢神宮分社である。

『Sight&Sound』で世界一になった『東京物語』（一九五三年）。平山周吉（笠智衆）が服部（十朱久雄）を訪ねる。下宿人（糸川和広）が二階から降りてきて「伊坂が来たら、そこのパチンコ屋にいるってそう言ってください」（脚本）という。この「伊坂」には宇治山田中学の同級生・井阪栄一の名が反映している。小津は知友やスタッフの名を役名にすることを常としていたのだ。井阪は終生の親友で、小津日記にもしばしば登場する。なお、伊勢市在住のご子息・井阪徳一さんは子どもの頃、風呂で小津に背中を流してもらったという、とてつもないエピソードをお持ちだ。三男・平山敬三（大坂志郎）が母とみ（東山千栄子）の死に目に会えないのは「松阪の方《まっつぁかのほう》」に出張していたからだった。遺作『秋刀魚の味』には牛肉の佃煮が出てくる。

三重の痕跡は小津映画に確実に刻まれている。飯高には『父ありき』（一九四二年）の父子流し釣りの原点は櫛田川にありという人までいる。その松阪市飯高町宮前に柳瀬才治丹精の小津安二郎資料室があり、松阪市愛宕町には小津安二郎青春館がある。資料室からは小津が下駄ばきで登ったという逸話のある局ケ岳が望める。もちろん誰でも登れる。青春館裏では少年時代の小津を見守り続けた夏ミカンの木が、今も実をつける。三重は小津安二郎を極めるために、必ず訪れなければならない「聖地」なのだ。

アンケート　小津監督に寄せて

①小津作品のベストワンは。また好きな一本は（できれば理由も）。

『麦秋』。小津安二郎が戦争（自らの戦争体験および日本人にとっての戦争）を端的に剔抉した作品。今なお日本人全員が受け止めなければならない問題が描かれている。

②（①とは別に）注目しておきたい作品は（理由も）。

『朗らかに歩め』、『淑女と髯』、『非常線の女』、『お早よう』。小津はモダニズム、サスペンス、ナンセンスも真面目に追求した。

③小津映画、小津監督その人について、この機会にコメントがあれば、ぜひ。

映画のすべてのショットを一幅の絵にしようとした大胆不敵な映像詩人。

④松阪（飯高を含む）や三重について、感想やメッセージがあれば、ぜひ。

三重は小津安二郎揺籃の地。小津を愛する人々の聖地。

小津安二郎、愛読と研究の間

三重県松阪市飯高町のオーヅ先生を偲ぶ集いが二十回を迎えた。笠謙三（笠智衆の孫）の話をしみじみ聞いた。前夜・後夜は、三重・愛知・山形の方々と旧交を温め深更に及ぶ。光陰矢のごとく、田中眞澄さん逝ってはや三歳《みとせ》。話題は必然、その後のあれこれに及ぶ。小津映画に出てきそうな小料理屋へ辿り着く前、私はかつて眞澄さんとふたりで入った愛宕町か京町あたりの喫茶店を求めて彷徨《さまよ》ったが、見つけることあたわなかった。小津研究のトップを走り続けた田中眞澄は、身に着けたオーソドックスな文学研究のスタイルを、かたくななまでに崩さなかった。その間、国文学の方法は揺れに揺れたが、いまや、お里の国文研究が鬼子（笑）の映画史家・田中眞澄に近づいてきたといってよい。まさに、これから面白くなるところだったのに、嗚呼《ああ》。

『ユリイカ』（二〇一三・十一臨時増刊）の旧帝大元総長と教え子映画監督の対談。教えられる点も多いのだが、元総長の田中批判が波紋を呼んだ。いわく「イメージに対する鈍感さ」「限界」。これは田中の仕事に対する嫉妬以外なにものではない。また、『蓼科日記抄』（二〇一三・八、小学館スクウェア）刊行後の照井康夫の仕事（『文學界』二〇一三・八）批判。教え子の映画監督は、「読むに耐えない」と一蹴。これまで触れられることほとんどなかった小津の女性関係をあからさまにしたことを品がないというのだろうが、教え子監督の言そのものが下品だ。小津は偉大な研究テキストなのであるから、多様なアプローチがありうる。その意味で、笹沼真理子「特別寄稿「村上茂子のこと」」（『シナリオ』二〇一四・一二）には注目。戦後長らく小津と深い関係にあった村上について、義姉に取材している。「この種の話題もそろそろオープンに」（『蓼科日記抄』「解説」）との田中の指摘に従ったわけでもなかろうが、こういう仕事こそ小津ネットでしてみたい。

『映画論叢』37（二〇一四・一二）が田中眞澄没後三年追悼を組んでいる。『ユリイカ』につき照井康夫は「坪内祐三の読書日記」（『本の雑誌』二〇一四・一）にある「まったくタメにする批判」との言を紹介し、元総長が田中に感じていた「相当の圧迫」を読む。この雑誌の重政隆文「DVD批評の行方」という文章には唖然とした。DVDを駆使し細部に拘った批評を「映画館体験」のない「根無し草」と批判。その例のひとつとして末延芳晴『原節子、号泣す』（二〇一四・六、集英社新書）を槍玉に挙げる。

末延の仕事は涙を切り口に小津の基本思想を読み取ろうとした労作だと、私は思う。『東京暮色』を「欠陥の目立つ失敗作」とする点など、異論はあるが、小津を文学テキストとして分析しようとする態度は見事である。

重政隆文が「映画館体験」を重んずるのは構わない。しかし、「映画館体験」を絶対化してしまうのはどうか。松阪で酒席を共にした私たちも、小津への向かい方はそれぞれ異なる。愛読と研究の間はなかなか埋めがたい。とはいえ、小津安二郎を縁《えにし》として結ばれていることに感謝し、お互いの仕事を尊重していきたい。

小津安二郎の陰膳、あるいはYou Tubeで卒論を書いてしまう

二〇一二年の三月のことだから、ちょうどあれは三年前。全国小津安二郎ネットワークの藤田明会長らと中国における小津安二郎戦跡調査を行ない、上海交通大学を訪ねた際のことだ。呉保華先生の教え子である日本語専攻の学生たちにキャンパスを案内してもらい、色々な話を聞いた。詳細は忘れてしまったが、細部にわたり、多くの質問も受けた。卒業論文のテーマに成瀬巳喜男『山の音』（一九五四年）を選び、九月には東京での就職が内定しているという女子学生の話に、私は仰天した。川端康成の原作（一九四九〜五四年）と比較しているなど、オーソドックスな分析方法であったと記

憶しているが、私が驚いたのはテキストの問題だった。彼女が使用しているテキストがYou Tube（もちろん中国版の優酷）だというのだ。全部観られるのかと尋ねると、そうだという。中国では著作権の意識が稀薄なので、野放しになっているのだなと、私は理解した。とはいえ、どんなテキストで論じるかは基本的なことなので、DVDなどを入手した方がいいとアドバイスした。ダビングして送ろうか、と喉元まで出かかったが、提出予定日まで間がないこともあり、それは抑えた。

昔話になるが、私が文学研究の訓練を受けていた四十年前から三十年前くらいの頃、テキストクリティークをきちんとして、使用テキストを確定した上で論じるのは当たり前のことだった。普通は、最終的な形態であることが多い全集版と初出雑誌を参照するというような手続きを踏むことが求められていたのだ。その点、マイナー作家を扱うのは楽ということになる。テキスト自体が少ないからだ。そんな状況だったから、やはりその頃、批評家として頭角を現してきた川村湊が、テキストに文庫本を使っていたこと、その自由さが、私たち『異徒』のメンバーの中で話題になったりしたものだ。今なら私も堂々と文庫本を使うことがある。テキストクリティークがいいかげんな場合もあるということを重々承知しての上だ。大切なのはテキストをきちんと明示するということの方なのだ。

そんな訓練が身に沁みている私には、専門家になるわけではない学生たちの卒論においても、きちんとテキストを明示するよう口を酸っぱくしていってきたという経緯もある。だから、You Tubeで卒論を書いてしまうという話には心底魂消たのだった。

それが、それがである。今年度、ついにYou Tubeで卒論を書いてしまった強者《つわもの》が、私のゼミに現れた。時代に乗り遅れているのは、私の方なんだろうな。You Tubeというテキストを認めるかどうかの判断を、私は迫られることになった。考えてみれば、川村湊が文庫版であることを明示して論じていたのと、同じことではないのか。たとえYou Tubeで観ようと、きちんと断れば、なんの問題もないではないか。結局はずるずると、認めてしまう結果とあいなったのである。

それどころか、このYou Tube学生には、さらなる技を伝授してもらうことになったのである。私が危惧していたのは、スマホせいぜいパソコンの小さな画面で観ていたのでは、細部の解析が難しく、観落としてしまう部分が幾つも出てくるのではないかということだった。ところが、WiiをTVに繋いで観ることが出来るというのだ。それなら、プロジェクターにも繋げられる。すごいね。私はまだ試していないが、画質の問題はあるかもしれないものの、DVDと同じということでしょう。恐ろしい。

二年前にはiPhoneで卒論を書いた学生がいて、この時もびっくりした。彼女らがスマホの文字を打つスピードは、私の何倍なのだろう。もうノートパソコンを持ち歩かなくても、多少の不自由を乗り越えれば、世界中どこからでもスマホを使って原稿が送れるんだね。ちなみにこのiPhone学生。親元の大手銀行にいやいや就職し、あっという間にお局さまにケツまくり、派手なパンクヘアで札幌に舞い戻って、私の前に現れたのだった。あっぱれ。

またぞろ、昔話だけれど、私の出身講座では手書きでなければ、卒論・修論が認められなかった。誰が書いたか分からないからという理由だった。うたた隔世の感がある。今だって基本的にはそうであろうはずだが。同僚が嘆いていた。独創性ある優れた卒論だったので、呼んでいろいろ訊ねてみたところ、押し黙っていて何も応えられなかったと。どうやら代作だったのだという。

さて、そんなインターネット環境下において、プライオリティーの問題も揺らいでいるのではないか。所詮プライオリティーなんてけちな話と達観することも出来まい。

この三月一日のことだ。ＦＢ「ＯＺＵ小津安二郎　松阪は青春のまち」にシェアされていたブログを、私も二日後にシェアした。スペイン在住の Maximilliano という女性の「アンダルシアのネコ便り」。女性という以外、プロフィールは公開されていない。まあ、日本人でしょう。紹介されていたのは二〇一三年十月二十四日午後九時五十三分（スペイン時間だろうか）に投稿された「小津映画にみられるちゃぶ台配膳の謎」という記事。Maximilliano は『麦秋』（一九五一年）と『お早よう』（一九五九年）、『晩春』（一九四九年）にあるちゃぶ台の空ショットに触れ、その「不思議」を指摘する。ごはん茶碗が右に汁椀が左に置かれているというのだ。戦前の『生れてはみたけれど』（一九三二年）では左右逆になっているという。つまり、戦後小津映画においては、茶碗汁椀の並びが陰膳の作法に従っているというのだ。次いで書かれた「泥中の蓮…小津安二郎のことば」という記事（二〇一三年十一月三日午前五時五十九分）では、「山中貞雄へ捧げる「陰膳」」と論を進めている。これを承ければ、私は山中貞雄と小さく限定するよりも、あの戦争で亡くなった無数の死者への陰膳であると捉えたい。紀子（原節子）が日本のファムファタール（運命の女）として措定されたように、戦後小津映画には、死者たちへの鎮魂が散りばめられているのである。

改めて注意すべきは、茶碗汁椀の位置の発見である。細部に拘り、小津の戦争についてずっと考えてきた私も見逃していた。プライオリティーは研究の命。この発見にプライオリティーがあるとすれば、おそらくはそんなものには執着なく映画を凝視している Maximilliano のような発見が、まだまだ埋もれているかもしれない。
もっともっと目を凝らさなければ。恐ろしい時代だ。

（2015・3・9。マヨネーズ記念日）

ウサギと毒ガス――小津安二郎の大久野島

瀬戸内海に浮かぶ大久野島（広島県竹原市）を再訪した。周囲四キロの小さな島。二〇一六年二月七日、八日の二日間。前に来たのはいつだったろう。かれこれ十年経っているだろうか。そのときは日帰りだった。竹原市忠海《ただのうみ》港から渡ったのは確かだが、帰りは忠海ではなく、愛媛県今治市の大三島盛《さかり》港へ入ったのだったろうか。『東京物語』（一九五三年）に出てくる大三島にも二度三度調査に行っているから。調べてみると、盛港から大山祇《おおやまずみ》神社へのアクセスは悪いようなので、やはり竹原に帰ったのだろう。大三島の二度目は、私の小津旅を助けてくれた松山市在住の友人に連れていってもらった薪能であった。

一般車両の通行が禁止されている大久野島。前回とは驚くほどのさま変わり。島にウサギがあふれているのは同じだが、中国語や英語が飛び交っていた。私の住む小樽にもニッパチはなく、アジアの言葉が毎日響き渡っている。駅前のビルには「歓迎你来小樽」（小樽以外はもちろん簡体字になっている）の大きな垂れ幕がかかっている。去年おととしと比較すると大変化なのだ。大きな特徴は個人旅行のアジアの人々が増えたこと。新千歳空港や札幌から、スマートフォン情報を頼りに、JRで小樽を目指す彼らの行動力には驚かされっぱなしである。大久野島観光の目玉はウサギである。忠海港からの小さなフェリーにも大勢の中国人観光客が乗っていた。所要時間わずかに十二分。島の桟橋に船が着くや、野生のウサギが餌を求めて群がってくる。もちろん近場の人が多いのだと思うが、人参・キャベツといった野菜やラビットフードの大袋を抱えた親子連れやカップルが嬉々としてフェリーに乗り込んでくる。餌を与えることを禁じられてはいないのだ。野生といい条、彼らはすっかり人に慣れている。このウサギとの交流を目当てに人々はやってくるのだ。アジアの人たちも、インターネットなどで情報を仕入れているのだろう。

私がこの島に行くのは、もちろんウサギ目的ではない。一九二九年から敗戦まで、旧帝国陸軍の毒ガス工場（陸軍造兵廠火工廠忠海兵器製造所）が存在していたからだ。小津安二郎は毒ガス兵。小津自身がこの島に渡ったことはないが、彼が扱った毒ガスは、大久野島で生産された。毒ガスは第一次世界大戦時、ヨーロッパ戦線で使用された。日本の毒ガス開発は遅れを取ったが、東京の戸山ヶ原にあった陸軍科学研究所などで一九一九年頃から始まった。のちに毒ガス部隊に配属された小津が、戸山ヶ原を『大学は出たけれど』（一九二九年）の舞台に使っていたのは無気味な暗合だった。

小津の毒ガス使用の一例を田中眞澄編纂『全日記小津安二郎』（一九九三・一二、フィルムアート社）から引く。一九三九年三月二十日。日本軍は修水河渡河作戦を決行。「堰頭湖をまわつて陳庄を距て資材red8を携行して尖山で日の昏れるのを待つて修水河に出て敵前二百五十米で壕を掘る。二人一組三十米間隔の放射壕だ。僕ハ大塚と指揮班になる。暗闇の中で芝生の堆土を掘ると墓場であるらしく円匙の先に棺桶がコツコツあたる。作業ハ極めて静粛だ。少し音がすると対岸から盲目打ちに小銃がとんでくる。その音が川面に拡がり　雨気を孕んだ夜空にこだまする」（十八日）。「雨。今日ハ菜の花も蓮華畑も杏のさかりも雨の中にある。修水河総攻撃の日だ。（略）＊19・25より19・28まで　特種《（殊）》弾　射撃（略）十九時二十五分、特種《（殊）》筒放射の命令だ。三十分渡河の開始。四十八分にハ青い吊玉が対岸に上る。この歴史的の敵前渡河も十八分で成功する」（二十日）。

「red8」はくしゃみ性ガス（あか弾）、「特種《（殊）》弾（筒）」は糜爛性ガス（きい弾）（イペリット、ルイサイト）を指す。小津日記によれば、九江（小津は「nine river」としゃれた）着が二月五日。南昌（小津は「south day day」としゃれた）を落とすべく南進した日本軍は、三月上旬から国民党軍と修水河を挟んで対峙。小津は「前線に資材を運」んだ（八日）りしていた。「資材」に毒ガスを含むこと、いうを俟たない。「〈X〉」デイの二十日、日本軍は対岸空爆砲撃に次ぎ毒ガスの使用で一気に制圧した。

　毒ガス使用はハーグ陸戦条約（一八九九年）以来の国際法違反。敗戦後も日本政府は旧軍の毒ガス使用を認めていない。中国大陸での被害が明らかになってきているにもかかわらずである。七三一部隊の実体とともに日本の毒ガス研究についても東京裁判は断罪しなかった。研究成果をアメリカが欲したからだ。大久野島に貯蔵されていた大量の毒ガスも瀬戸内海や太平洋に廃棄された。そればかりでなく、戦中毒ガスは日本国内各地に貯蔵されていた。札幌では陸軍兵器補給廠厚別常駐班厚別弾薬庫に、小樽では同小樽出張所に貯蔵の記録が残る。ソ連に近い重要港だったためならん。小樽は忠海と並ぶ毒ガス貯蔵地だった（「国内における毒ガス弾集積拠点は小樽（北海道）・忠海（広島県）が指定され、毒ガス弾が配備された」環境省総合環境政策局環境保健部企画課・環境安全課「昭和48年の「旧軍毒ガス弾等の全国調査」フォローアップ調査報告書」二〇〇三・一一・二八）。時に今でも発見される不発弾のように、私たちの周りから毒ガス兵器が姿を現すことがあるかもしれない。

闇に葬られてしまったことがたくさんある。少しずつでも明らかにしていきたい。大久野島では毒ガス実験用にウサギが飼われていた。「現在のウサギは、大久野島が一九六三年に国民休暇村となり観光地として整備された時、飼い始めたものが増えたもの」（山内正之編『おおくのしま平和学習ガイドブック』二〇一二・一〇、大久野島から平和と環境を考える会。ここでの引用は二〇一四・一、第二版2刷による）というが、本当だろうか。二百羽飼われていたという実験用ウサギは、敗戦後どうなったのだろう。そんな細かなことも含め、調べるべきことは山ほどある。大久野島は広島や呉ともきわめて近い。戦争遺構もたくさん残されている。ウサギと戯れるついでもいい。若い人びとに歴史の闇に触れる旅に出てもらいたい。

一九三九年三月十四日、小津安二郎はその日記に「寒気がするので本日は資材運搬に行かない。一日ねる。夕方雲が切れて久々に陽が出る。夕焼。明日ハ待望の晴天になるらしい。遠く砲声しきり」と記した。

（二〇一六年三月十四日）

マージャン賭博と広子の指輪

一九三四（昭和九）年三月十八日の『東京朝日新聞』夕刊（当時の夕刊は翌日の日付で発行。つまり同日付朝刊の前に出た）は、十七日、文壇の大御所・菊池寛、探偵小説作家の大下宇陀児《うだる》、甲賀三郎、海野十三《うんのじゅうざ》、松竹女優の飯田蝶子、八雲理恵子（恵美子）、筑波雪子がマージャン賭博で検挙と報じた。松竹蒲田撮影所長・城戸四郎の「平生部下に対していばつてゐるのだからかうした際につくしてやらねばならない、女の事だから極力歎願してもらひさげをしたい、撮影中ではないから困りはしないが、といつて捨てゝも置けない」という談話も載った。同紙同日付の朝刊は、十七日午後、結城一郎、吉川満子、奈良真養《しんよう》、小林十九二《とくじ》、松井潤子、古川緑波《ろっぱ》検挙を続報した。緑波を除けば、皆松竹のスターであった。

さかのぼって、三月十七日付同紙は、やはりマージャン賭博で十六日に洋画家・東郷青児検挙、作家・宇野千代は後に取り調べを受けることを報じていた。さらに、尺八奏者・福田蘭童が松竹女優の川崎弘子宅に居たところを拘引されたとも。福田蘭童は別件の結婚詐欺で拘留が長引く。

続いて三月二十二日付同紙に「福田蘭童行状記　竹の音は色仕掛　娘、未亡人、女優を手玉に　結婚詐欺の凄腕」という見出しが躍った。記事には「尺八界の鬼才《かいきさい》も遂に『希代《きだい》の色魔《ま》』に顚落《てんらく》」、「福田蘭童が留置場でアルコール中毒の如く苦悶して見せたのは全くの芝居ださうで同人が川崎弘子に与へたエンゲージ・リングを突つけて『これはなんだ』とつめよると福田は『それは指輪です』と白々しく答へるといふ図太さで福田は今更川崎弘子や梶原富士子、佐久間未亡人等と婚約した覚えがないといひはつてゐるさうだ」とある。梶原富士子は本郷湯島にあったカフェー・パウリスタの娘。佐久間とし（仮名）は神田の家具商の未亡人という。戦前は大《おお》新聞といえども、プライバシーなんてあったもんじゃあない。未亡人（この熟語はすごすぎる）が仮名になっているのはややましだが、「恋故せまい」東京（西條八十《やそ》「東京行進曲」一九二九年）のこと。身元はすぐに割れたろう。

さてさて、川崎弘子は出身地川崎ゆかりの芸名を持つ大スター。福田蘭童は洋画家・青木繁の息子。松竹に出入りし、女優・飯塚敏子とも浮名を流した。一九三五年川崎弘子と正式に結婚するが、前妻との間にのちのクレージー・キャッツ石橋エータローを生していた。

私は長らく、小津安二郎『淑女と髯』（一九三一年）の広子（川崎弘子）の指輪が気になっている。髯男・岡嶋喜一（岡田時彦）を射止める淑女タイピスト広子の左手薬指に指輪が燦然と輝いているのだ。この謎の答えの候補として、私は福田蘭童の存在を考えてみたのだが、決定的な証拠がない。時期的にもやや早いかもしれない。とはいえ、広子が勝ち抜くライバルのひとりが行本男爵の妹・幾子（飯塚敏子）だというのも、話として面白すぎるではないか。

小津安二郎の「ペンディング」

　小津安二郎『麦秋』（一九五一年）の開巻しばらく。間宮紀子（原節子）が勤める丸の内のオフィス。紀子の問いかけに、専務の佐竹宗太郎（佐野周二）が「ありゃ、まだペンディングだ」（ここでの引用は、井上和男編『小津安二郎全集［下］』二〇〇三・四、新書館による。以下『全集』）と応える。佐竹の温顔とソフトな声音《こわね》が強い印象を与える。ちなみに、この作品で紀子は秋田県に嫁ぐが、『父ありき』（一九四二年）、『晩春』（一九四九年）にも現れた「佐竹」から連想される佐竹氏久保田藩（秋田藩）にまつわる種々《くさぐさ》については、『精読　小津安二郎　死の影の下に』所収の『父ありき』論で述べた。

『麦秋』を初めて観た時（おそらく四十年ほども前）から、佐竹専務の「ペンディング」という言葉が耳の底に残っているのは、当時の私にとって、馴染みの薄い横文字だったからに違いない。本来、宙づりという意である「pending」が未決定、懸案とか検討中とかいう意味で使用されるのは、今や何も珍しいことではない。

　では、いつごろから「ペンディング（検討中）」は日本語シーンの中で大方の認知を獲得したのか。新村出編『広辞苑』第一版（一九五五・五、岩波書店）には載っていない。「ペンディング」が『広辞苑』に収録されるのは、一九六九年五月発行の第二版からである。『広辞苑』は新語の収録に際し、定着度を見極める傾向があるので、『麦秋』の時点で、「ペンディング」は、それほどポピュラーな言葉ではなかったということだろう。

次に援用するのは、あらかわそおべえ『角川外来語辞典第二版』（一九七七・一、角川書店）。「ペンディング」の用例がふたつ引かれている。「「書類はきちんとファイルし、ペンディング（懸案中）は別に紙挟みに入れて」大岡昇平『雲の肖像』1957／「成約したまゝペンディングになっていた」『中日』1962.3.1」。

大岡昇平『雲の肖像』が「ペンディング（懸案中）」とカッコ書きで説明しているのは、この語の認知度が、まだそれほど高くなかったことを示していよう。『雲の肖像』は、一九五七年二月八日から十一月十九日まで三社連合の『北海道新聞』、『中部日本新聞』、『西日本新聞』に連載された。大岡は単行本（一九七九・三、新潮社。未見）の「あとがき」に「作品の背景をなす、静岡地区の電波争いについて、書き尽すことができなかったのが不満で、今日まで単行本にしなかったものです」（ここでの引用は一九八四・一、新潮文庫による。以下同）と書いている。

『角川外来語辞典第二版』の当該部分は、新潮文庫版では「書類はきちんとファイルし、ペンディングは別に、紙挟《かみばさ》みに入れて」（「鰯雲」）となっている。読点追加はともあれ（初出未確認ではあるが）、カッコ書きが削られているのは、文庫本の時点（あるいは未見ながら単行本の時点）では、説明の必要なしということだろう。つまり、『広辞苑』第二版が「ペンディング」を収録して十年ほどのこの時点では一般に定着していたと確認出来る。

先に引いた「あとがき」にも言及されているが、『雲の肖像』は、静岡県におけるＮＨＫと民放の電波獲得争いを背景に、若き人妻と彼女に同情する青年の「よろめき」を描く。「よろめき」は作品中にも出てくる流行語だが、三島由紀夫のベストセラー『美徳のよろめき』（一九五七年）による。『雲の肖像』の「よろめき」は、さしたる実態を伴わぬ他愛ないものなのだが、大磯海岸での海水浴のときめきや、ラブレターならぬ長文の手紙のやりとりなど、今どきの安易な「不倫」とはひと味もふた味も違う恋愛模様を描く。

時まさにテレビの黎明期。作中のテレビ作家・木下大作の感慨を記す。「これからは小説はテレビに食われると思ってる。映画が小説の敵だなんて、五〇年来いわれて来たんだけど、映画は観客が映画館へ出かけて行かなければならない。（略）ところがテレビが茶の間へ入って来た。これは大打撃です。受像機を買うのに少しまとまった金が出て行くだけで、あとはただみたいな値段で、芝居、演劇、音楽、舞踊、スポーツ、お望みなら一日中見ていられる。これは大敵です。大衆の茶の間に侵入してきたということがね。ぼくはテレビ作家に転向することにしました」（「風紋」）。「テレビ映画」の台頭による映画とや小説の危機感など、論じてみたいポイントは多い。『雲の肖像』にも、小津の『お早よう』（一九五九年）にも出てくる「一億総白痴化」という大宅壮一の流行語が登場するのも、この年一九五七年である。

「ペンディング」に戻ろう。『麦秋』に次いで、小津作品に「ペンディング」という台詞が、もう一度登場する。それは、小津最後の完成脚本『青春放課後』（一九六三年）においてである。『青春放課後』は一九六三年三月二十一日にＮＨＫテレビで放映された。小津最後の映画『秋刀魚の味』（一九六二年）公開から、わずかに四カ月後のことである。里見弴の共同脚本だが、執筆の中心は小津である。演出は畑中庸生。テレビという小さな箱の中の映像であり、小津美学からは遠く離れた作品なのだが、小津最後の脚本として、この作品には大きな意味がある。

佐々木千鶴（小林千登勢）は京都から上京し、亡父の親友で大学教授・山口信吉（宮口精二）の家に滞在していた。そこへ、やはり父の親友で自動車メーカー重役・緒方省三（北龍二）から電話が入る。緒方はアメリカの自動車メーカーとも「技術提携」（『全集』）交渉を行なっている。電話の向こうで、緒方は、書類を持って来た部下の長谷川一郎（佐田啓二）に、「ああ、これ、ペンディングになってた奴だね」（『全集』）と確認する。

ここで、先に確認した「ペンディング」という言葉の定着度を想起しよう。『麦秋』の時点ではもの珍しかったであろう「ペンディング」は、『青春放課後』の時点では、ある程度一般化していた。だが、『麦秋』と『青春放課後』の「ペンディング」の間には複雑微妙なゆらぎがある。『青春放課後』の緒方は「ペンディング」を「ペンディックス」（ここでの確認は二〇一三年十月十四日、ＮＨＫＢＳプレミアム「プレミアムアーカイブス」の再放送による）といっている。俳優・北龍二のいい違いなのかどうか。つまり、演出として「ペンディックス」といっているのだろうか。真相は不明だが、実のところそれはどうでもいい。結果的に「ペンディックス」となってしまった『青春放課後』という映像テキストを、ありのままに読解することが重要だ。それこそが、映像読者の特権なのだ。山口は千鶴に、緒方のことを「重役になったら段々日本語の妙味を忘れて来たようだ」（『全集』）と告げる。

千鶴の亡父・山口・緒方の三人組は大正初めの生まれ。青年時代を戦争に翻弄された世代だ。作中、山口は箱根の風呂で軍歌「大日本の歌」を歌っていた。緒方ばかりでなく、千鶴もこの歌に強い親和性を示す。「大日本」は拡張志向の帝国主義日本を示す。しかし、この曲の背骨には歌詞の「緑島山」に象徴される、国土の自然美を愛で寿ぐ心がある。アメリカに犯され続ける敗戦日本は、復興成長の果実を享受しながら、「緑島山」を失っていく。小津安二郎が見つめていたのは、苦い日本の現実だった。

『麦秋』の佐竹専務は、単なるモダニストとして滑らかに「ペンディング」を使っていたのかもしれない。明らかに小津自身のモダニストぶりも反映していただろう。しかし、私はそこにオキュパイドジャパンの傷を読みとる誘惑にもかられるのだ。それこそが小津の毒かもしれない。単に北龍二のい い違いかもしれないが、『青春放課後』における緒方重役の「ペンディックス」に、アメリカかぶれの軽薄才子ぶりを読むことも魅惑的だ。『秋刀魚の味』の「敗けてよかった」(『全集』)の影に覆われた小津安二郎テキストは、「日本語の妙味」を失わされた戦後日本の宙づり状態を描き続けていたのではないか。ここに、一筋縄では解釈出来ない小津安二郎テキストの汲めども尽きせぬ面白さ・豊かさ・深さがある。

私はこれを、小津安二郎の「ペンディング」と呼んでみたい。

小津安二郎の北海道

映像詩人・小津安二郎と北海道にどんな関係があるだろう。『東京物語』（一九五三年）に代表されるように、小津作品の舞台は東京を中心に、幾つかの限られた町々ということになる。小津の映像に北海道が刻まれることはなかった。だが、小津映画の中に何度か北海道は出て来る。しかも、その意味はけして小さくない。小津映画三本、いや正確にいえば四本の中に北海道は登場する。

まずは、『出来ごころ』（一九三三年）。前年の『大人の見る絵本　生れてはみたけれど』、翌年の『浮草物語』と三年連続『キネマ旬報』のトップに輝いた小津戦前のピークにある傑作。細かな経緯は省くが、息子・富夫（突貫小僧）の入院費用捻出のため、喜八（阪本武）は、床屋の「人夫募集／北海道根室〈ヤ漁場」の貼り紙に応じ、北へ向かう。時まさに「おい地獄さ行《え》ぐんだで！」（小林多喜二『蟹工船』一九二九年）の時代。隅田川から利根川へ抜け太平洋へ向かうその時、喜八は船から飛び込み、富夫の居る深川へ向かって泳いでいく。根室に行ってしまえば、二度と息子の顔を見られないかもしれない。北海道の漁場へ行くのは生死を賭けることであった。

基本的事情は、戦後になっても変わらない。『東京物語』の裏バージョンたる『東京暮色』（一九五七年）の大尾近く。娘たち（原節子・有馬稲子）の離反と自殺に絶望した母親・喜久子（山田五十鈴）

は継夫・相島（中村伸郎）とともに北海道室蘭に向かう。京城勤務だった娘たちの父が東京へ戻って間もなく、夫を捨てその部下・山崎と駆け落ちした喜久子は大陸に渡る。アムール（コムソモリスクナアムーレか）に抑留された山崎が亡くなったことを、喜久子はブラゴエチェンスクで聞き、さらにはナホトカへ。そこで新しい男・相島と知り合う。舞い戻った東京に疲れ、ふたりは北海道へ流れていく。ホームでは卒業生の見送りだろうか、明治大学の校歌が高らかに響き、尾羽打ち枯らした喜久子との対比を強調する。夫の相島はともかく、喜久子にとって北海道は再生の場所ですらないだろう。

『小早川家の秋』（一九六一年）の寺本忠（宝田明）は、大阪の大学助手。助教授として札幌へ栄転することになるが、本人の気持ちとしては行きたくないのが本音。思い人の小早川紀子（司葉子）とも離ればなれになる。大阪や東京から見れば、札幌栄転が実質的左遷という気分は今でも顕在ではないのか。

もう一本。高度成長期日本の欲望を描いたキッズムービー『お早よう』（一九五九年）にも北海道が出てくる。子どもたちが夢中になって観ているNHKテレビの大相撲中継。北出清五郎アナウンサーが北葉山、北の洋の出身地を北海道と紹介する。ついでながら、食いしん坊であった小津安二郎が残したいわゆる「グルメ手帖」に「▲札幌市北二條西四丁目／五番館／振替小樽一二二／鮭温燻製」、「札幌市ススキノ市場／小川商店／柳葉魚ヒシヤモ」（ここでの引用は、貴田庄『小津安二郎の食卓』二〇〇〇・八、芳賀書店による）という記述があることも紹介しよう。シシャモを東京弁で「ヒシヤモ」と記しているのが微笑ましい。小津安二郎が北海道にやってきたことはない。私の想像では、今でいうところの通販。小津は五番館や小川商店から北海道の美味を取り寄せていたのではないか。小津の義妹である小津ハマさんが最初で最後の北海道にカシオペアでいらした際、私は娘の小津亜紀子さんともども札幌・小樽をご案内した。その時、すすきの市場にもお連れし、市場の人と小津安二郎について語ったことであった。

小津映画が描いた北海道には、当時の日本人が抱いていた辺境・最果ての地というイメージが反映している。それは小津安二郎自身の意識の反映と、とりあえずはいってもよいかもしれない。だが、それはなによりも、日本人の平均的意識を相対化するものだったのではないか。サイレント時代の『突貫小僧』（一九二九年）に触れよう。この作品に登場する人さらい・権寅親分（坂本武）は台湾ハゲ（台湾坊主・五厘ハゲ）の持ち主であり、家には台北に本社を持つ新高製菓のバナナキャラメルの箱が配されている。この選択は、植民地台湾のイメージを相対化しようとする小津の密やかなたくらみに繋がっている。植民実験地として「開拓」されてきた北海道を、小津映画は鋭く浮かび上がらせる。

思えば、小津安二郎研究の全く新しい地平を切り開いた田中眞澄は北海道釧路の出身。不肖私も全国小津安二郎ネットワークの会長を務めている。田中が遺した膨大な小津研究を軸に小津安二郎と北海道というテーマを掘り下げる仕事もやってみたい。

小津安二郎のキッズムービー、あるいは『突貫小僧』という始まり

小津安二郎のキッズムービーといえば、なんといっても戦前の『大人の見る絵本　生れてはみたけれど』（一九三二年）と高度経済成長期の『お早よう』（一九五九年）に指を折る。ここにいうキッズムービーとは、子ども向けの映画ではない。子どもの視点を中心に、大人の世界を相対化しようとする作品のことである。『大人の見る絵本　生れてはみたけれど』というタイトル自体がその事情をよく示している。尊敬する父親（斎藤達雄）が、重役（坂本武）にこびへつらう様子に衝撃を受け、成長する兄弟（菅原秀雄・突貫小僧）を描く。『大人の見る絵本』のリメイクである『お早よう』は、テレビを買ってくれろとハンガーストライキを決行する兄弟（設楽幸嗣・島津雅彦）の物語。見事に高度成長戦後日本の欲望を反映しており、放屁をライトモチーフに使った快作（怪作）でもあった。

『突貫小僧』（一九二九年）は遅れて来た小津作品である。というのは、今や世界的名声を博すようになった小津安二郎作品でさえ、全五十四本のうち、現存しているフィルムは三十七本。そのうち三本は完全な状態ではない。日本の映画会社が映画を文化遺産とみなしてこなかったからである。不完全な三本（『和製喧嘩友達』（一九二九年）、『大学は出たけれど』（一九二九年）、『突貫小僧』）は、劇場公開のフィルムではなく、パテベビーと呼ばれる家庭観賞用に販売されていた九・五ミリの短縮版から

三十五ミリにブローアップされたものである。長らく失われたものと見られていた『突貫小僧』が神奈川県の愛好家の手元にあることが確認されたのが一九八八年。一部欠落したパテベビー版だったが、二〇一六年、九州の映画ファンが京都のおもちゃミュージアムに寄贈した遺品の中からパテの完全版が発見された。『和製喧嘩友達』も、一九九七年に新潟県の資産家の蔵で発見されたもの。小津作品に限らず、まだまだ眠っている宝はあるに違いない。そろそろ新しい発見があるのではという予感がある。

『突貫小僧』はこんな作品。鉄坊（青木富夫、のち突貫小僧を芸名にする）は人さらい文吉（斎藤達雄）にさらわれ、親分・権寅（阪本武）の家に連れていかれる。ところが、二人は鉄坊のあまりのわんぱくぶりに手を焼き解放する。目玉の松ちゃん（尾上松之助）の顔相模写あり、権寅親分の五厘ハゲ（台湾ハゲ・台湾坊主）を、ゴム吸盤の鉄砲で打ったりと、全編ギャグの応酬。無意識の機転で難を逃れる展開がキッズムービーの神髄。

一見たわいのない作品であるが、それで済まないのが小津映画。ハンチング姿の文吉が鉄坊を狙う路地を背広の通行人が通る。こちらはハット姿。絣の子どもたちの中にスカート姿の女の子や詰襟風の上着を着た男の子も混じっている。『大人の見る絵本』の重役・岩崎（金持ちの記号だ）の子（加藤清一）にも繋がるが、庶民と小市民、あるいはブルジョワの階層差をさりげなく演出しているのだ。ほかにも、台湾ハゲ権寅の家には台北に本社を置く新高製菓のバナナキャラメルの箱が鎮座している。新高製菓の創業者は、北方謙三『望郷の道』（二〇〇七〜〇八年）に描かれた森平太郎である。戦後の高度成長期になっても、サーカスにさらわれるという脅しは、まだまだリアリティーを失っていなかった。ましてや、おそらくは神隠しが現実のものであったこの時代。人さらいは山人・山男に通ずる異人であった。その親分に植民地を連想させるアイテムを配する。

そんな俗情に小津が依拠しているという非難は当たらない。むしろ、手軽な俗情を可視化して相対化する仕掛けになっていると見た方が楽しい。小津のたくらみに付いていくことは、なかなかのことなのだ。サーベル警官がちょっと抜けているのも、また『お早よう』の巡査に繋がる。

キッズムービー『突貫小僧』は始まりの映画でもあるのだ。

宗教学者・島田裕巳の小津安二郎

本のタイトルは重要だ。著者のこだわりばかりではなく、編集者の工夫も問われる。島田裕巳の『ローマで王女が知ったこと――映画が描く通過儀礼』（一九九五・三、筑摩書房）と『映画は父を殺すためにある――通過儀礼という見方』（二〇一二・五、ちくま文庫）は、宗教学者による映画論。どちらも凝った題名だ。私には副題がちょっとうるさいけれども。この二冊、「通過儀礼」というキーワードは共通しているものの、一見違う内容かと思ってしまう。でも、後者は前者の文庫化だ。一部加筆訂正は行なわれているが、大きく変化しているわけではない。一九九五年といえば、地下鉄サリン事件（三月二十日）、麻原彰晃逮捕（五月十六日）の年。オウム真理教に好意的な発言をしていた島田は、日本女子大学教授の職を追われることになった。文庫化に際し、そんなトラウマも消されただろうか。島田がどうオウムを清算（厭な言葉だと総括）するのか、おおいに関心のあるところだが、ここでの任ではない。島田の過去を快く思わない向きも多いようだが、本書はなかなかに読み応えのある映画論であることを、まず指摘しておきたい。

タイトルから想像出来るように、ウィリアム・ワイラー『ローマの休日』（一九五三年）を始め、ロブ・ライナー『スタンド・バイ・ミー』（一九八六年）、宮崎駿作品、山田洋次ほか『男はつらいよ』シリーズ（一九六九〜一九九五年）などが俎上に上がっている。

『ローマの休日』は、アン王女（オードリー・ヘップバーン）と新聞記者ブラッドリー（グレゴリー・ペック）の身分違いの恋。一日だけの恋という時間限定も試練を越える意思を強めると島田はいう。また、通過儀礼の映像表現として宮殿の鉄柵などが「敷居」に使われているとの指摘があり、髪が短くなったことが、王女の成長を表すとも。

さあ、本題に入ろう。注目したいのは、この本が優れた小津本であることだ。「名画の条件は通過儀礼にあり」と主張する島田は、小津の『大人の見る絵本　生れてはみたけれど』（一九三二年）に言及。この作品が引越しから始まり、頻繁に踏切という「敷居」を映し出すのは、まさに通過儀礼をテーマとするからだという。「最後の踏切のシーンは、ことばによって説明することなく、親と子のあいだで共感が成立したことを巧みに表現している」。

アメリカ映画に父を越えて成長してゆく物語（父殺し）が多いことを指摘する島田は、翻って黒澤明や小津安二郎について考える。例えば、池・雨・雪といった水に象徴される「障害物」を越える黒澤映画は通過儀礼を経て成長するという色合いがはっきりしていて分かりやすい。それに対し、小津が表現する通過儀礼は「穏やか」「微妙」だという。『生れてはみたけれど』や『晩春』（一九四九年）のように「小津映画の結末はいつもほろ苦さを含んでいる」。

小津の通過儀礼の特徴として、島田は「旅という要素」を挙げる。『一人息子』（一九三六年）、『晩春』、『東京物語』（一九五三年）の旅は見やすいが、『秋刀魚の味』（一九六二年）のそれは過去へ遡るものだ。「過去への旅のなかで、彼（引用者注：笠智衆演ずる平山周平）にとってとくに衝撃だったのは、恩師の落ちぶれた姿だった。ひょうたんが場末の中華そば屋を営んでいることも予想外のことだったが、妻に先立たれた彼は、一人娘を手放さなかったため、二人暮らしをしていた。しかし、娘の父親に対する態度はとげとげしく、とうてい彼女が幸福であるようには思えなかった。ひょうたんの父親と娘の姿は、周平に、彼が路子を手放さなかったときの未来を暗示していた。周平は、自分の未来を疑似体験することによって、娘を嫁がせる決心をかためる。過去への旅は、周平にとって、『晩春』の紀子にとっての京都旅行と同じ意味を持ったのである」。「小津映画において、旅が疑似体験や追体験の機会として用いられているのは、旅を通して主人公がそれまで隠されていた、あるいは目をつぶってきた真実を知ることになるからである」。

もう一点。島田は「小津映画のいやらしさ」として、小津のフェティッシュな描写や猥談もどきの会話に注目している。「小津映画に登場する男たちは、女性に性的な魅力を求めるとともに、貞淑さを要求する。しかし、そこには矛盾があり、男たちの思いは現実の壁にぶつかり、そのままかなえられることはない。思いと現実とのあいだにはげしい落差があるからこそ、登場人物たちは、最後に現実を受容しなければならなくなる。そこから、小津映画に特有のせつなさが生まれてくる」と島田は論ずる。

さらに、『男はつらいよ』のシリーズに夏目漱石の徴表を見出した島田は、小津の登場人物へと飛翔する。「彼ら（引用者注：漱石と小津の人々）は、自分の思いと現実とのズレに苦しみ、最後には現実を受容しなければならない立場に追い込まれるが、そこではっきりとした変化を経験するわけではないのである」。これが「日本的通過儀礼の特徴」だと島田はいうのである。

島田裕巳が小津映画に発見した「現実を受容しなければならない」「せつなさ」こそは、小津安二郎が歩んだ困難の正体である。『秋刀魚の味』の平山周平が「敗けてよかった」と苦いにこやかさで述懐するのは、その象徴的場面であった。

樹木希林の小津安二郎

小樽の小さな教室で、「話題の新書を読む」という講座を担当している。受講生の方々に推薦してもらった新書を私がサムアップし、皆で議論する月二回の二時間。皆さんは受講料を払い私は些少ながら講師料をいただいている。自分では手を伸ばさないだろう作品にも出会えるのがなんとも有難い。『一切なりゆき〜樹木希林のことば〜』（二〇一八・一二、文春新書）もそんな一冊。

帯に「2019上半期一番売れた本！　120万部突破！」とある。樹木希林は悠木千帆の時代からなんとも奇妙な味わいを持つ、主役級の役者を喰いかねないバイプレーヤーであった。内田裕也との波瀾に満ちた結婚生活や、癌に侵されながらの平然（と見える・見せた）たる言動が人気の背景にあるのは明らかだ。とはいえ、何よりこの女優を貫く芯が私たちを惹きつけるのだ。その芯とは、大きくいってふたつ。まず、靴は三足という「モノを持たない、買わないという生活」。今風にいえば断捨離である。もうひとつは、病を自然として受け入れてしまうことだ。前者は時流に乗っているが、後者は現在の過度な健康ブームとは背馳している。このバランスが読者を揺さぶるのだ。

「小津組の空気を吸ったわけです、私は」（初出は斎藤明美「これがはじまり　最終回　樹木希林」『キネマ旬報』二〇〇八・一二上旬）という文章がある。文学座の駆け出しだった頃、小津の『秋刀魚の味』（一九六二年）に出演する杉村春子の「付き人みたいな仕事」で大船撮影所に行ったという。「私なんかお昼のお弁当が楽しみで行ってるようなもんなのに、杉村さんは何度演ってもNGで、なかなかお昼が食べられないんですよ。／杉村さんが東野英治郎さんのオールドミスの娘役で、ラーメン屋を営ってるんですけど、店の暖簾をしまいながら、奥で父親その友達が自分の噂してるのを聞いて泣くところが、何回やってもダメなんです。それもシーンとした中で、息してもいけないような雰囲気の中で」。ここには場面の記憶違いがある。伴子（杉村）が泣くのは父の教え子たち（河合［中村伸郎］、平山［笠智衆］）を送り出してからで、噂をするのは別の日の河合と平山だ。もっともセット撮影が同じ日だったとは考えられる。それはともかく、杉村春子は小津組の中では特別扱いされており、NGもそれほどではなかったのではないかという私の理解と異なる。『秋刀魚の味』の平山路子（岩下志麻）

や『東京物語』（一九五三年）の平山敬三（大坂志郎）のNG神話に引きずられているだろうか。

さて、その駆け出し時代。悠木千帆は小津最後の脚本『青春放課後』（一九六三年）に緒方家の女中として出演している。台詞は「お帰り遊ばせ」のひと言。クレジットは「文学座新鋭」だが、井上和男編『小津安二郎全集［下］』（二〇〇三・四、新書館）には悠木千帆の名がある。『一切なりゆき』の「樹木希林年譜」には一九六一年十八歳で「文学座附属演劇研究所に一期生として入り、「悠木千帆」の名義で女優活動を開始」とあり、キャリアの始めに記されるのは、一九六四年二十一歳のTBS『七人の孫』の女中役である。悠木千帆（樹木希林）は「小津組の空気を吸った」どころか、紛うことなき小津組の一員となり始めていた。ご本人も忘れていたのかしら。

樹木希林の遺作となったのが、ドーリス・デリエ『命短し、恋せよ乙女』（二〇一九年八月日本公開）というドイツ映画。樹木希林は小津ゆかりの宿・茅ケ崎館の女将を演じている。茅ケ崎館は『そして父になる』（二〇一三年）などの是枝裕和監督の仕事場であり、是枝組常連の樹木希林と小津安二郎の縁も意外と大きい。

あとがき、そして記憶という汽車に乗る死者たち

つい数時間前のことだ。小津映画を読み始めたころのゼミＯＧが私の研究室を訪ねてくれた。毎年開かれている図書館司書のリカレント・プログラムの昼休みだという。ちなみに、私が勤務する北海道武蔵女子短期大学は北海道内で最初に図書館司書課程を設置した大学で、今でも道内図書館の司書比率ナンバーワンを誇っている。Ｏさんは札幌市内の中学校で働いているそうだ。育児がひと段落してからの社会貢献である。彼女たちとのゼミではギリヤーク尼崎を観に行ったりしたな。育児がひと段落し講師をしていた札幌医科大学の標本室にゼミ生を引き連れ訪問し、大学に滅茶苦茶嫌がられたこともある。問題になりそうな人体標本があるからだろう。大学当局は一般公開を避けていたのだ。看護学校の学生ということにして下さいといわれ、見学は叶ったのだが。私自身は高校生の時に、生物の先生に連れられて行った経験からの軽い気持ちだったのだが、認識が甘かったのだろう。医大には二十年以上勤めたが、いろいろと面白い経験をさせてもらった。学生たちには感謝している。私の論文が載っている紀要を講義の参考資料に指定していたのだが、医大図書館は医学に関係ないという理由で廃棄していた。奇特な学生が、指定文献が見当たらないと私にいってきて分かったのだ。図書館と大喧嘩になったという次第。そうそう、大通公園ビアガーデンで、私がビール早飲みコンテストに挑戦なんて無茶なこともあった。かつての大学は今よりずっと牧歌的だったな。出席回数に縛られるなん

てこともなかったし。出席取って教室を出て行く学生がいるなら、こちらが魅力的な講義を心がければいいだけだ。

私のゼミの二大コンセプトは今和次郎的観察と小津安二郎映画の徹底解読だ。Oさんはその最初期の学生だ。昨日、ギリヤークさんのパフォーマンスが札幌丸井今井デパート前であった。八十九歳のギリヤークさん、いつまで踊れるかな。私は『日刊サッポロ』でギリヤーク尼崎にインタビューしたこともある。JR野幌駅のトイレで遭遇した僥倖であった。同じく昨日、恒例の北海道マラソン。Oさんの父君はホノルルに行きたいという市民ランナー。先年亡くなった奥さんの腕時計を身に着けて北海道マラソン（ファンラン＝十一・一キロ）を走ったそう。その写真を見せてもらった。さぞ泣けたでしょう。まるで『東京物語』の原節子ですよね、と彼女。昔、Oさんの母堂も保護者面談で私の研究室を訪ねてくれたことがあるのだ。ぱきぱきと明るい人だった。

「小津の汽車が走る時」という響きが好きだ。小津映画の死者たちは汽車に揺られて何処へ行く。遺された者たちの記憶の海をいついつまでも漂うのか。漂えるのか。それは生者の責任でもある。前著『精読　小津安二郎　死の影の下に』の「あとがき」に、私は大勢の親しき死者たちの名を連ねることになった。医者に匙を投げられた肺炎の母についても記した。当時九十二歳の母は驚異的な生命力を見せ恢復した。なにしろ、肺のレントゲンは真っ白だったから。その母が、今年四月の初め、誤嚥性肺炎でまたも入院。退院は五月末だったが、十日も経ずに再発。この度も医者から婉曲に覚悟をといわれた。こんなことが繰り返されるのかという予感。それでもなんとか二週間で本復。だがこの間、筋力が急速に衰えたのが痛かった。年齢の割に足腰だけは強かったが、車椅子の日常となってしまった。なにしろ九十四歳だからな。それと並行して、言葉もどんどん失われつつある。母の記憶すら十分に継承出来ない親不孝な自分が居て、ただ立ち尽くすのみだ。

昨年八月一日、母の姉が九十五歳で逝った。母と違って、伯母は最後まで頭が明晰だった。中澤の六きょうだいで最後まで残ったのが上のふたり。母と一番仲が良かった伯母からは、もっといろいろ聞いておくんだったな。妹が札幌市立高等女学校に入ったのを追って、両親（つまり私の祖父母）に懇願して札幌静修女学校に入った伯母。方向が同じだから、一緒に通学したかしら。それにしても、姉を差し置いて進学した母も押しが強いね。あれは四十年近く前のこと。六十になるかならずの伯母が胃癌を患った。私の十二指腸潰瘍を治してくれたF先生を紹介した。胃の切除手術を受けた伯母は長寿を得た。当時癌は文字通りフェータルな病いだった。スーザン・ソンタグの時代だから。ある意味、私は伯母の命の恩人である。いつだったか。母が精養軒に勤めていたと伯母がいったことがある。私は、それは両親の東京時代のことなのかと判断した。母は作家を目指していた父を養っていたからだ。最近ひょんなことから札幌にも精養軒があったと知り、調べてみたくなった。なにしろ、市立高《いちりつ》女卒業後、戦中・戦後の札幌鉄道管理局時代、ゴム統制会（北海道ゴム工業協同組合か）時代、東京調布嶺町時代の母については知らないことが多すぎる。

「石灯籠」を求めて「札幌文学」に穴《けつ》をまくった父についても、分からぬことばかりだ。原民喜や柴田錬三郎を介してという『三田文学』との関わりについても。北海道神宮（当時は札幌神社）頓宮の向かいに住んでいた父をよく知っているというMさん（これまた勤務先ゼミOGの父君）から連絡をいただいてから久しい。お会いしようとしながら、徒に時が流れている。北海道文学館の大先輩たちにも聞いておかなければならないことがあった筈だ。最近、ある出版社から父の作品を復刊したいという申し出があった。父の死後二度目のことだ。前回は立ち消えになったが、うまく進むといい。『父ありき』（一九四二年）の堀川良平（佐野周二）ではないが、生きていることは悔恨の積み重ねだ。静かにしずかに記憶の井戸を掘り進めるばかりだ。この思いは死者とともに汽車に乗り込むまで続くのか。

本書所収論文の考察には以下の学術研究費の支援を受けた。日本学術振興会科学研究費補助金基盤研究(C)(2)「小津安二郎研究」（課題番号14510072）（二〇〇二〜〇五年度）、同基盤研究(C)「注釈・小津安二郎全作品固有名詞」（課題番号20520149）（二〇〇八〜一一年度）、北海道武蔵女子短期大学奨励研究費「小津安二郎及びその周辺の研究」（一九九七年度）、同「小津安二郎研究」（一九九九年度）。

イラストは歪《いびつ》さんを煩わした。同人誌『啖《くう》』編集人、『ブレーメン館』同人であり、研究同人誌『異徒』の表紙もデザインしてくれた畏友だ。最後になりますが、今回も言視舎編集長・杉山尚次さんの我慢強い励ましに助けられました。ありがとうございました。

二〇一九年八月二十六日

最近とみに響く機影の見えぬ戦闘機の轟音に驚きながら、一昨日の地蔵盆には絹雨がススキを濡らした夕寒の小樽三角山中腹にて

中澤千磨夫

吉田松陰……………………… 173, 174
吉村公三郎………………………… 208
吉村英夫………………………… 205
吉行淳之介……………………………36
四家文子………………………… 171
淀殿……………………………… 166, 167
與那覇潤（與那覇）……………87, 180

ら

乱歩→江戸川乱歩
蘭妖子…………………………………32

り

力道山……………………………… 127
リチー→ドナルド・リチー
笠謙三……………………………47, 234
笠智衆……… 18, 36, 43, 47, 54, 60, 64, 66, 89, 104, 106, 110, 116, 120, 130, 135, 172, 175, 195, 219, 222, 231, 232, 234, 258, 260
笠さん→笠智衆
良さん→池部良
良輔→齋藤良輔
リンカーン……………………………73

れ

レ・ロマネスク…………………… 101

ろ

ロバート・ホフマン……………… 196
ロブ・ライナー…………………… 257
ロベルト・ヴィーネ……………… 203
ロミ＆ジャン・フェクサス… 148,149
ロミとフェクサス→ロミ＆ジャン・フェクサス

わ

若尾文子…………………………29, 219
脇谷尚弘………………………… 148
若秩父………………………… 124 - 126
若乃花…………………… 124, 126, 130
若ノ花→若乃花（初代）
和田謹吾………………………… 227
渡部直人………………………………48

村上冬樹……………………………… 197
村瀬禅……………………………… 135
村松秀一……………………………………97
め
目玉の松ちゃん→尾上松之助
も
モイセ・シモン…………………… 218
毛利充宏……………………………………36
もとおかしんや…………………… 148
本木雅弘……………………… 192, 198
茂原英雄（茂原）…………… 16, 54, 55
森勝行……………………………… 90, 222
森栄（森）…………………… 56, 82, 83
森崎偏陸……………………………………33
森繁久彌…………………………… 220
森田一義……………………………………34
森永健次郎………………………… 124
森浩章………………………………………70
森平太郎…………………………… 255
森山真弓…………………………… 199
諸角啓二郎（諸角）…… 109, 110, 145
や
矢追婦美子………………… 210, 213
八百屋お七………………………… 27, 94
八雲恵美子→八雲理恵子
八雲理恵子……………………… 28, 244
矢代朝子……………………………………96
矢代静一……………………………………96
安井昌二……………………………………80
安岡章太郎………………………… 184
柳家金語楼………………………… 139
柳瀬かず…………………………… 216
柳瀬才治（柳瀬）……48, 215 - 217, 232
矢部宏冶…………………………… 185
山内正之…………………………… 243
山口久吉…………………………… 161
山口淑子……………………………………97
山下家……………………………… 131
山下登久…………………………… 131
山田五十鈴……………… 25, 43, 65, 251
山田隆弥…………………………… 214
山田洋次（山田）……… 6, 86, 95, 204, 205, 257
矢野維之……………………… 229, 230
山中貞雄（山中）…… 49, 50, 57, 58, 66, 103, 220, 229, 230, 239
山内（静夫）…………………………83
山内湘三…………………………… 161
山田隆弥…………………………… 214
山村聡………………………… 36, 89, 222
山本一次…………………………… 159
山本和子……………………………………96
山本喜久男…………………………………26
山本晋也…………………………… 158
ゆ
結城一郎…………………………… 244
悠木千帆……………… 182, 260, 261
湯川純幸……………………………………42
由起こうじ………………………… 217
よ
横井庄一……………………………………20
横山大観…………………………… 205
横山隆一……………………………………16
吉岡秀隆…………………………… 206
吉川英治……………………………………82
吉川満子…………………………… 244

フランク永井…………………122, 179
古川緑波…………………………244
古澤憲吾…………………………107
フレミング→ビクター・フレミング
文れいじ…………………………168

へ

ベルナール・ノエール……………149
ヘンリー・ミラー…………………36

ほ

ホ・ジノ…………………150, 196
星野貞志……………………………93
星野哲郎…………………………168
堀内真直…………………………125
堀口大學…………189, 191, 192, 194
ホルスタイン→J・A・ホルスタイン
本多猪四郎………………………217
本間清…………………………29, 219

ま

マイク・ダニーン…………………182
前田英樹（前田）…………116, 117
Maximilliano ……………………239
増田順二……………………………92
マタハリ…………………………100
松井潤子………………………54, 244
松井由利夫………………………102
真鍋悦子…………………………209
真山青果…………………………221
黛敏郎（黛）………………120, 121
黛りんたろう……………………120
マリオ・モニチェルリ……………149
毬谷友子……………………………96
マルクス…………70 - 73, 114, 118
マルグリット・ローエンフェルト…31
マルコ・フェレーリ………………149
丸橋忠弥……………………………94
万城目正……………………………22

み

三上寛………………………………34
三上真一郎（三上）………………216
御木本幸吉（御木本）……………231
三木露風…………………………207
三崎千恵子………………………204
三島雅夫…………………………120
三島由紀夫………………………248
ミス・コロムビア…………………22
水島亮太郎（水島）………209, 210
水の江滝子………………139, 140
溝口健二……………………………23
美空ひばり………………………218
美ち奴………………93, 97, 100
三井財閥…………………………115
三井弘次………………………28, 107
三井秀男……………………………28
ミッチー→桑野通子
水戸光子……………………………18
三波春夫…………………133, 142
宮川泰……………………217, 218
宮口精二……………87, 97, 162, 165, 249
三宅邦子………………89, 129, 135, 163
宮崎駿…………………………67, 257
宮澤賢治…………………194, 207
宮武外骨…………………………129
宮本明子…………………162, 169
三好栄子…………………………131

む

村上茂子（村上）……82, 83, 161, 235

の

ノーマン・タウログ…………………96
野坂昭如…………………………227
野田高梧（野田）………56, 80 - 82, 91, 106, 126, 132, 160, 221
信三→小津信三
野間宏……………………………165
野村浩将…………………………22, 46

は

倍賞千恵子………………………204
芳賀秀次郎………………………171
萩原哲晶…………………………107
端田宣彦…………………………14
はしだのりひことクライマックス…14
橋本国彦…………………………171
芭蕉………………………………124
パスクワーレ・フェステ・カンパニー……………………………………149
蓮實重彦…………………………37, 72
長谷川興生（長谷川）………227, 228
畠山重忠…………………………124
畑中庸生（畑中、畠中）……159, 161, 172, 185, 249
秦昌弘……………………………98
ハナ肇……………………………107, 218
ハナ肇とクレージーキャッツ……107
ハマ→小津ハマ
林丈二（林）……………………152
林芙美子…………………………82
葉山正雄…………………………17
原節子……………37, 43, 51, 60, 62 - 68, 78, 90, 120, 135, 164, 176, 190, 195, 196, 203, 204, 220, 222, 223, 232, 235, 239, 246, 251, 263
原田勝正（原田）………………15
原民喜……………………………264
春江………………………………52, 53
春丘典子…………………………218, 219

ひ

東山千栄子…20, 36, 37, 95, 219, 222, 232
氷川きよし………………………101, 102
ビクター・フレミング……………16
常陸宮……………………………118
秀頼→豊臣秀頼
日守新一…………………………17
平岡敏夫…………………………6
ビリー・ワイルダー………………67
浩章→森浩章

ふ

フォスター………………………41
深沢七郎…………………………133
福田幸彦…………………………76
福田蘭童（福田）……75 - 77, 244, 245
フクちゃん………………………16
藤木満寿夫………………………122
藤代佳子…………………………167
藤田明（藤田）………48, 224, 225, 236
藤田千枝…………………………150
藤田嗣治…………………………191
富士錦……………………………196
藤乃高子…………………………108
藤原辰史…………………………87
藤原亮子…………………………92
双葉山……………………………191
二村元夫（二村）………………137
フライシャー兄弟………………209

ディズニー→ウォルト・ディズニー
ディノ・リジ……………………… 149
寺本忠………………………………25, 252
寺山修司（寺山）…… 32, 34, 35, 46, 55
照井康夫…………………………… 235
天皇→昭和天皇

と

十朱久雄……………………………48, 232
東郷青児…………………………… 244
東野英治郎………… 110, 115, 225, 260
ドーリス・デリエ………………… 261
富樫→柏戸（十一代目）
鴇明浩………………………………49
時津風……………………………… 124
時任謙作……………………………61
登久→山下登久
徳山璉……………………………… 171
栃錦………………………………… 126
突貫小僧………… 21, 72, 134, 195, 251, 253 - 256
独歩→国木田独歩
ドナルド・リチー…………………26
刀根博樹…………………………… 47, 48
殿山泰司………………………… 132, 232
豊田四郎…………………………… 208
豊臣鶴松…………………………… 167
豊臣秀吉…………… 114, 166, 167, 219
豊臣秀頼………………………… 166, 167
寅之助→小津寅之助
ドリフ→いかりや長介とザ・ドリフターズ

な

内藤裕子…………………………… 158
永井荷風…53, 62, 82, 84, 86, 87, 162, 192, 196, 227
中井貴一……………………………91
中井益子………………………… 82, 91
長岡輝子………………………… 122, 138
中河伸俊……………………………42
中川秀人……………………………20
中北千枝子…………………………87
なかにし礼……………… 100 - 102
中村鴈治郎…………………… 29, 218
中村喜春（中村）……… 169, 181 - 183
中村草田男………………………… 167
中村伸郎……… 25, 44, 108, 223, 252, 260
中村はやと………………………… 204
仲本工事…………………………… 101
夏目漱石………………………… 162, 259
浪花千栄子……………………… 167, 219
鍋山（貞親）………………………71
奈良真養…………………………… 244
成瀬巳喜男………………………… 236

に

新高恵子……………………………35
ニコラス・レイ…………………… 232
西川ひかる………………………… 206
西川正也…………………………… 190
西口紀代子………………………… 163
西沢正史……………………………75
新渡戸稲造………………………… 228
二本柳寛……………………………25

ね

根岸明美………………………… 82, 83
根岸仙蔵………………………… 82, 83
ねね→北政所

高田稔……54
高遠弘美……148, 149
高野浩幸……41
高橋幸治……180
高橋世織……33
高橋貞二……92, 110, 220
高橋とよ……122
高橋豊子→高橋とよ
高松栄子……17
高峰秀子……204, 218
高峰三枝子……21
高山千草……34
宝井誠明……196
宝田明……25, 252
滝口新太郎……203, 204
多喜二→小林多喜二
田口哲……203
田口正浩……193
竹内良一……214
武田泰淳……3, 4, 166
竹田法一……128
竹中直人……60, 193, 195
太宰治……53
立花千栄子……150
立川志らく……120, 121
伊達里子……73
田中絹代……20, 22, 51 - 61, 75, 80, 119, 204, 209
田中春男……92, 138, 231
田中眞澄（田中）……4, 18, 23, 47, 49 - 51, 53, 68, 69, 71, 80, 81, 84, 116, 121, 126, 140, 160, 216, 227, 229, 234, 235, 241, 253
谷口千吉（谷口）……97
谷崎純……92
谷崎潤一郎……82, 162
谷沢永一……6
田端義夫……101
環三千世……165
田村泰次郎……98
タモリ……34
田山花袋……221
檀一雄……53
団玲子……165

ち

秩父殿→畠山重忠
千村洋子……139
チャーリー・チャップリン……16, 190, 192
チャップリン→チャーリー・チャップリン
長新太……150, 152

つ

司葉子……25, 220, 252
月田一郎……71
筑波雪子……244
津島恵子……91
津田晴彦……18, 64
土橋……16
筒美京平……14
坪内祐三……235
坪内美子……28
鶴田浩二……219
鶴松→豊臣鶴松

て

ディーン・マーティン……96

J・F・グブリアム……………………42
ジェラール・フィリップ………96, 104
ジェリー・ルイス……………………96
志賀直哉………………… 61, 82, 91, 162
茂女→村上茂子
重政隆文……………………67, 235, 236
設楽幸嗣………………………122, 254
シドニー・ベケット………………218
篠原哲雄………………………………95
柴田錬三郎…………………………264
島田裕巳（島田）……………256 - 259
島津雅彦………………………122, 254
島津保次郎………………… 6, 75, 208
清水富二………………………………139
清水宏（清水）…… 23, 53 - 55, 57, 127, 214
清水美砂……………………………193
清水保雄………………………………92
下條正巳……………………………204
ジャニーズWEST ………………101
ジャン・コクトー… 189 - 192, 194, 195, 200 - 202
ジャン・ジロー……………………149
ジャン・レノ………………………149
シューベルト………………………108
ジュール・ヴェルヌ………………190
ジュリアン・デュヴィヴィエ……108
松陰→吉田松陰
蔣介石………………………………229
城卓也………………………………168
庄野潤三………………………………82
昭和天皇………………117, 118, 129
ジョン・ランディス………………149
白子屋お熊……………………………94
白田肇………………………………122
信欣三………………………………133
す
スーザン・ソンタグ………………264
末延芳晴（末延）… 62 - 66, 68, 235, 236
周防正行（周防）… 6, 60, 121, 188, 189, 194, 195, 198
菅井一郎…………………20, 37, 120
菅貫太郎………………………………34
須賀不二夫……………………92, 130
菅原通済……………………108, 143
菅原秀雄…………………21, 134, 254
杉村春子……25, 29, 36, 87, 123, 126, 176, 222, 260
杉本良吉……………………………203
杉森久英………………………………53
杉山昭夫………………………………41
鈴木則文……………………………149
スティーヴン・スピルバーグ……204
せ
関口宏…………………………………18
仙厓義梵（仙厓）…………………147
先帝→明仁
た
ターキー→水の江滝子
太閤→豊臣秀吉
泰淳→武田泰淳
太地喜和子…………………………205
田浦正巳…………………………43, 113
高木ブー……………………………101
高杉早苗……………………………209
高田隆雄……………………………163

小中陽太郎……………………………… 159
小錦……………………………………… 193
近衛文麿………………………………… 115
近衛………………………………… 115, 173
小林旭……………………………… 101, 168
小林多喜二……………………………… 251
小林千登勢………………… 163, 165, 249
小林十九二……………………………… 244
呉保華…………………………………… 236
小森陽一………………………………… 227
是枝裕和（是枝）……………………… 261
近藤朔風………………………………… 108
今和次郎…………………………… 152, 263

さ

西園寺公望……………………………… 115
西條八十……………………………22, 102
斎藤明美………………………………… 260
斎藤高順………………………………… 159
斎藤達雄………………… 21, 134, 254, 255
齋藤良輔（齋藤）… 61, 79, 80, 82 ,126
佐伯孝夫…………………………………92
早乙女光………………………………… 210
堺正章……………………………………14
栄→森栄
榊原るみ………………………………… 207
坂口安吾……………………………53, 153
坂庭省悟…………………………………14
坂本武…………………… 18, 27, 253, 254
佐川洋平………………………………… 148
佐久間とし……………………………… 245
桜井センリ……………………………… 207
桜むつ子…………………… 133, 196, 232
佐々木（祇園の宿）…………………… 163
佐々木亜希子（佐々木）… 70, 72 - 74, 77
佐々木四郎高綱………………………… 170
佐々木高綱→佐々木四郎高綱
佐々木康………………………………… 218
笹沼真理子……………………………… 235
山茶花究………………………………… 162
定→阿部定
佐田啓二（佐田）…… 91, 113, 128, 169, 176, 179, 249
佐竹明夫…………………………… 133, 232
佐藤蛾次郎……………………………… 204
佐藤清彦（佐藤）……………… 129, 147
佐藤武……………………………………53
佐藤忠男（佐藤）……………… 25,26
佐藤忠勇………………………………… 231
佐藤千広…………………………………53
サトウハチロー…………………………93
佐藤春夫…………………………………53
さと子→佐登子
佐登子……………………………………83
里見弴（里見）………82, 159 - 162, 248
佐野（学）………………………………71
佐野浅夫………………………………… 205
佐野周二（佐野）… 18, 20, 64, 116, 119, 176, 246, 265
ザ・ピーナッツ………… 217, 218 - 220
佐分利信…………………… 21, 219, 220
澤登翠…………………………………… 216
沢村貞子………………………………… 131

し

シェークスピア…………………… 51, 69
J・A・ホルスタイン ………………42

川頭義郎……58
川端康成……203, 236
川村湊……237, 238
川本三郎……42

き

希一→小津希一
樹木希林……182, 259, 260, 261
菊五郎→尾上菊五郎
菊池寛（菊池）……76, 244
岸恵子……79, 88
北方謙三……255
貴田庄……252
北出清五郎（北出）……124, 125, 252
北の洋……124 - 126, 252
北政所……166
北葉山……124 - 126, 252
北原じゅん……168
北村小松……71
北山修……14
北龍二……163, 165, 177, 249, 250
城戸四郎……76, 244
衣笠貞之助（衣笠）……203, 204
絹代→田中絹代
木下恵介……16, 120, 121, 133, 208
木全公彦……53
木村政彦……127
木村益夫（木村）……49
京マチ子……29, 219
きよし→氷川きよし
霧島昇……22
今上→明仁
今上→昭和天皇
金田一春彦……171
金皐山人……227
金文学……146 - 148

く

久我美子……130
久世光彦（久世）……14, 15
国木田独歩……221
グブリアム→J・F・グブリアム
久保田澄子……48
熊谷久虎……64
久米昭二……159
栗島すみ子……75
クリスチャン・シャムタン……149
グレゴリー・ペック……257
黒木和雄……49
黒澤明……64, 66, 97, 120, 183, 257
桑野通子（桑野）……23, 66, 138
桑野みゆき……23

け

ゲーテ……108, 109
謙吉→矢部謙吉

こ

小絲源太郎……82 - 86
甲賀三郎……244
皇太子→明仁
古賀政男……93
コクトー→ジャン・コクトー
小暮実千代……91
小桜葉子（小桜）……23
小島信夫……82
五所平之助……16, 209
古関裕而……217
後藤久美子……206
後藤直樹……95

大宅壮一…………………… 143, 248
岡田宗太郎……………………………73
岡田時彦…………………… 70, 196, 245
岡田茉莉子………………………… 113
岡田嘉子（岡田）…203 - 205, 207 - 209, 214
岡村文子……………………………23
岡本太郎…………………………… 147
岡本美夜…………………………… 216
小川宏……………………………… 139
奥野匡……………………………… 176
お熊→白子屋お熊
奥山和由…………………………… 120
小栗風葉…………………………… 221
おさと→佐登子
小澤栄太郎…………………… 97, 98
小澤栄→小澤栄太郎
お七→八百屋お七
小田切進……………………………98
オズボーン…………………………47
小津亜紀子…………………… 121, 253
小津あさゑ…………………… 58, 60
小津希一……………………………91
小津寅之助…………………… 18, 19, 56
小津信三…………………… 91, 132, 164
小津ハマ…………………… 91, 216, 253
小津安二郎…………………… passim
音羽たかし………………………… 218
音羽屋→尾上菊五郎
尾西康充……………………………98
おね→北政所
尾上菊五郎（六代目）……… 190, 191
尾上松之助………………………… 255
小野正子……………………………32
川島芳子…………………………… 100
小畑実………………………………92
大日方傳（大日方）………… 208, 209
おゆう………………………………82
お芳…………………………………29
ORANGE RANGE……………… 101

か

香川京子…………………………39, 223
香川照之…………………………… 209
柏戸（十代目）…………………… 124
柏戸（十一代目）…………… 124, 125
梶原源太景季……………………… 170
梶原富士子………………………… 245
かず→柳瀬かず
葛城文子（葛城）…… 21, 209, 211, 213
桂木洋子（桂木）…………… 120, 121
加藤二郎………………………… 26, 44
加藤清一…………………………… 255
加東大介…………………… 103, 104
加藤茶……………………………… 101
加藤典洋（加藤）…………… 183 - 185
叶弦大……………………………… 168
荷風→永井荷風
神谷忠孝…………………………… 227
亀井秀雄（亀井）………………… 227
鴨下信一…………………… 223, 224
加山雄三……………………………23
河合隼雄……………………………31
川内和子…………………………… 168
川内康範…………………………… 168
川口浩………………………… 29, 219
川崎弘子…………… 73, 75 - 77, 244, 245

伊藤大輔……58, 229
糸川和弘……48
稲垣千頴……116
稲野和子……180
井上和男……16, 72, 87, 126, 159, 223, 246, 261
井上金太郎……103
猪俣賢司……87, 88
歪……265
今村昌平……133
岩倉具顕……23
岩倉具視……23
岩下志麻……109, 260
いわせたいち……147
岩谷時子……217
岩田祐吉……209, 211
イルカ……14
う
ウィリアム・ワイラー……257
植木等……107, 218
上原謙（上原）……22, 23, 127
上原葉子……91
ウェルナー……108
ヴェンダース……197
ウォルト・ディズニー……16
ヴォルフガング・シベルブシュ……26, 44
宇佐美淳……65, 90
内館牧子（内館）……199
内田裕也……260
宇野重吉……205
宇野千代……244
梅崎春生（梅崎）……166
梅本律子……196
浦辺粂子……91, 95, 231
海野十三……244
え
S・バクスボーム……150
エットーレ・スコラ……149
江藤茂博……62
江戸川乱歩……27
エノケン→榎本健一
榎本健一……218
江間美津子（江間）……23
柄本明……189
エルンスト・ルビッチ……75, 78
お
王→明仁
大泉滉……124, 125, 219
大岡昇平（大岡）……98, 106, 166, 177, 247
大木惇夫……210
大久保邦彦……163
大河内伝次郎（大河内）……58
大坂志郎……38, 109, 223, 232, 261
大下宇陀児……244
太田和彦……63
大高ひさを……97
太田光……95
太田房江……199
大塚……242
オーヅ先生……47 - 49, 215 - 217, 234
オードリー・ヘップバーン……257
大場建治（大場）…51 - 56, 58, 60 - 62
大森秀治……227
大庭秀雄……64

人名索引（作品登場人物は除く）

あ

アーノルド・ファンク…………… 190
R・ゲルマン ……………………… 150
逢初夢子（逢初）………… 51, 208, 209
青木繁………………………………76, 245
青木富夫……………………… 195, 255
青山真治……………………………50
青山芳之……………………… 123, 127
赤塚不二夫…………………………34
亜紀子→小津亜紀子
明仁………………………… 118,127
アキラ→小林旭
芥川龍之介…………………… 17, 162
明美→根岸明美
浅井茶々→淀殿
浅丘ルリ子………………………95, 206
朝青龍…………………………… 199
浅野ゆう子……………………… 197
麻原彰晃………………………… 256
あさゑ→小津あさゑ
厚田雄春（厚田）…… 37, 72, 139, 218
渥美清……………… 86, 95, 204, 206
阿部定………………………… 190, 192
安部徹……………………………38
綾昇……………………………… 191
鮎川潤………………………………42
荒井注…………………………… 101
あらかわそおべえ…………… 177, 247
荒川洋治………………………… 206
有栖川志栖子………………………32
有馬稲子……………… 43, 65, 114, 251
淡島千景……………………… 87, 91
安西愛子………………………… 171

い

飯塚敏子………………… 71, 76, 77, 245
飯田景応…………………………97
飯田蝶子（飯田）… 16, 17, 28, 54 - 56, 59, 126, 209, 244
いかりや長介……………… 100, 101
いかりや長介とザ・ドリフターズ…… 100, 101
井川邦子………………………… 120
池田成彬………………………… 115
池田忠雄………………………… 126
池波正太郎……………………… 149
池部良（池部）…25, 79, 80, 97, 104-107, 109, 119
井阪栄一……………… 48, 230, 232
井阪徳一………………………48, 232
石坂昌三…………………… 23, 106
石田吉蔵………………………… 190
石橋エータロー…………………77, 245
泉京子……………………… 125, 126
伊勢正三…………………………14
伊勢ノ海………………………… 124
磯田啓…………………………… 110
磯田道史（磯田）…………… 173, 174
磯野秋雄（磯野）…………… 208, 209
市川猿之助（四代目）…………… 209
市川中車（九代目）→香川照之
一休宗純………………………… 147
伊藤俊治（伊藤）……… 21, 22, 24, 26

第 9 号、2012 年 2 月 29 日）
藤田明の仕事――伊勢平野から――（『NEWS LETTER ～小津安二郎監督を愛する人々のネットワーク通信～』（全国小津安二郎ネットワーク）第 71 号、2012 年 3 月 11 日）
「山」か「水」か、一字の違いが気にかかる。――小津安二郎の戦跡一班――（『キネマむさし』（北海道武蔵女子短期大学 2012 年度中澤千磨夫専門ゼミナール）第 10 号、2013 年 3 月 5 日）
佐藤忠勇と井阪栄一――小津映画の三重一班――（『小津安二郎生誕一一〇年記念事業 in 松阪　記念誌』（小津安二郎生誕一一〇年記念事業実行委員会［事務局担当］松阪市教育委員会文化課）2014 年 3 月）
小津安二郎、愛読と研究の間（『NEWS LETTER ～小津安二郎監督を愛する人々のネットワーク通信～』（全国小津安二郎ネットワーク）第 85 号、2015 年 3 月 9 日）
小津安二郎の陰膳、あるいは You Tube で卒論を書いてしまう（『キネマむさし』（北海道武蔵女子短期大学 2014 年度中澤千磨夫専門ゼミナール）第 12 号、2015 年 3 月 10 日）
ウサギと毒ガス――小津安二郎の大久野島――（『キネマむさし』（北海道武蔵女子短期大学 2015 年度中澤千磨夫専門ゼミナール）第 13 号下、2016 年 3 月 14 日）
マージャン賭博と廣子の指輪（『キネマむさし』（北海道武蔵女子短期大学 2016 年度中澤千磨夫専門ゼミナール）第 14 号、2017 年 3 月 9 日）
小津安二郎の「ペンディング」（『OZUNET NEWS LETTER』（全国小津安二郎ネットワーク）第 102 号、2018 年 2 月 28 日）
小津安二郎の北海道（公益財団法人北海道文学館編『創立 50 年記念アンソロジー　北海道文学館から』（北海道立（要確認）文学館）2018 年 6 月 30 日）
小津安二郎のキッズムービー、あるいは『突貫小僧』という始まり（絵本・児童文学研究センター編『心の宇宙に跳んで　絵本・児童文学研究センター 30 周年記念』（絵本・児童文学研究センター）2018 年 11 月 18 日）
宗教学者・島田裕巳の小津安二郎（『OZUNET NEWS LETTER』（全国小津安二郎ネットワーク）第 107 号、2019 年 3 月 28 日）
樹木希林の小津安二郎（書き下ろし）

初出・原題一覧

Ⅰ　痙攣するデジャ・ヴュ

第1章　痙攣するデジャ・ヴュ——ビデオで読む小津安二郎——④小津の汽車が走る時（『北海道武蔵女子短期大学紀要』第32号、2000年3月31日）

第2章　痙攣するデジャ・ヴュ——ビデオで読む小津安二郎——⑱大場健治と末延芳晴の小津本から（『北海道武蔵女子短期大学紀要』第47号、2015年3月15日）

第3章　『淑女と髯』再読（『ブレーメン館』第6号、2008年6月18日）

第4章　痙攣するデジャ・ヴュ——ビデオで読む小津安二郎——㉒『早春』——長屋のインテリ・生きる哀しみ、あるいは死んだ兵士が出来なかったこと——（『北海道武蔵女子短期大学紀要』第51号、2019年3月31日）

第5章　痙攣するデジャ・ヴュ——ビデオで読む小津安二郎——⑧『お早よう』——放屁とテレビ——（『北海道武蔵女子短期大学紀要』第36号、2004年3月15日）

第6章　痙攣するデジャ・ヴュ——ビデオで読む小津安二郎——㉑『青春放課後』——岡惚れ女と下駄ばき男、あるいは「日本語の妙味」——（『北海道武蔵女子短期大学紀要』第50号、2018年3月31日）

Ⅱ　小津安二郎の方へ

第7章　越えていく者たち——周防正行『シコふんじゃった。』から——（『ブレーメン館』第7号、2009年6月24日）

第8章　岡田嘉子のことを考えるために『隣りの八重ちゃん』、『男はつらいよ　寅次郎夕焼け小焼け』あたりから再読してみよう（『ブレーメン館』第17号、2019年6月14日）

第9章　コラム

小津安二郎に学ぶもてなしの心——柳瀬才治という生き方——（『北海道新聞』夕刊、2002年1月24日）

南京・小津・ザ・ピーナッツ（『キネマむさし』（北海道武蔵女子短期大学教養学科2009年度中澤千磨夫専門ゼミナール）第7号、2010年3月9日）

〈世界映画遺産〉茅ケ崎館（『大法輪』第78巻第5号、2011年5月1日）

葦の髄から『東京物語』——「汚い下駄」考——（『キネマむさし』［北海道武蔵女子短期大学2011年度中澤千磨夫専門ゼミナール］

[著者紹介]
中澤千磨夫（なかざわ・ちまお）
1952年、札幌市生まれ。小樽市在住。北海道大学水産学部卒業。同大学大学院文学研究科（国文学）博士後期課程単位取得満期退学。北海道大学文学部助手などを経て、現在北海道武蔵女子短期大学教授。全国小津安二郎ネットワーク会長。児童文学ファンタジー大賞選考委員。専門は日本近代文学、映像詩学、現代文化論、考現学。
数次にわたり、中国大陸で小津安二郎・山中貞雄の戦跡調査を敢行。2005年3月には、河南省開封に山中貞雄が戦病死した野戦病院址を訪ねた。2012年3月には、日本軍が蔣介石軍と川を挟んで対峙し、小津が毒ガス兵として参加した修水河渡河作戦の現場を訪ねた。
著書に『荷風と踊る』（三一書房）、『小津安二郎・生きる哀しみ』（PHP新書）、『精読　小津安二郎　死の影の下に』（言視舎）、共著に『大江健三郎とは誰か』（三一新書）、『だから子どもの本が好き』（成文社）、『永井荷風　仮面と実像』（ぎょうせい）など。北海道で小津安二郎展をと夢見ている。

装丁………山田英春
中扉イラスト………岩川正樹
DTP制作………REN
編集協力………田中はるか

小津の汽車が走る時
続・精読　小津安二郎

発行日❖2019年9月30日　初版第1刷

著者
中澤千磨夫

発行者
杉山尚次

発行所
株式会社**言視舎**
東京都千代田区富士見2-2-2　〒102-0071
電話03-3234-5997　FAX 03-3234-5957
https://www.s-pn.jp/

印刷・製本
モリモト印刷（株）

ISBN978-4-86565-157-7 C0074